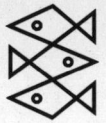

»Mir pfeift niemand hinterher«, beschwert sich Doris. Vera muß ihren Mitmenschen ständig beweisen, daß sie ihren vier Kindern eine gute Mutter ist. Rose erinnert sich genau: »Die Stelle als Sekretärin bekam ich nicht, weil der Chef mich seinen Geschäftspartnern nicht zumuten wollte.«

Zwölf verschiedene Frauen berichten von ihren Erfahrungen – zwölf Frauen, die sich in einem einzigen gemeinsamen Merkmal von anderen Frauen unterscheiden: Sie leben mit einer Behinderung. Diese eine Eigenschaft läßt ihr Leben von Anfang an anders verlaufen als das nichtbehinderter Frauen. Viele werden zur Dankbarkeit, alle als geschlechtliche Neutren ohne Aussicht auf einen Mann erzogen. Nur mit Schwierigkeiten dürfen sie die Regelschulen oder gar Universitäten besuchen. Besonders problematisch wird die Partnersuche, weil Frauen mit Behinderung dem gängigen Schönheitsideal nicht entsprechen. »Der Erstkontakt zu Jungen war leicht, weil ich kontaktfreudig bin«, erzählt Barbara aus ihrer Jugendzeit. »Sobald ich aber signalisierte, daß ich mehr von ihnen wollte, reagierten sie mit brutalem Rückzug.«

In diesem Buch kommen Frauen zu Wort, die häufig nicht einmal von ihren eigenen Geschlechtsgenossinnen als Frauen wahrgenommen werden und auch in der Frauenliteratur kaum vorkommen. Die Autorin Sigrid Arnade sprach mit Frauen, die spastisch gelähmt, contergangeschädigt, querschnittgelähmt, an Kinderlähmung erkrankt sind oder von klein auf mit einer anderen Körperbehinderung leben. In bewegenden Porträts zeigt sie, daß Frauen mit Behinderung doppelt diskriminiert werden: als Frauen und als Behinderte.

Sigrid Arnade, Jahrgang 1956, lebt in Berlin. Die promovierte Tierärztin erkrankte 1977 an multipler Sklerose (MS) und ist zur Fortbewegung auf einen Rollstuhl angewiesen. Seit 1986 arbeitet sie als Journalistin / Übersetzerin für Printmedien und für das Fernsehen in den Bereichen Medizin / Soziales mit dem Schwerpunkt Behinderung.

Sigrid Arnade

Weder Küsse
noch Karriere

Erfahrungen
behinderter Frauen

Fischer Taschenbuch Verlag

Die Frau in der Gesellschaft
Lektorat: Ingeborg Mues

Fotos: Privatarchiv der Gesprächspartnerinnen
und Sigrid Arnade

Originalausgabe
Veröffentlicht im Fischer Taschenbuch Verlag GmbH,
Frankfurt am Main, September 1992

© 1992 Fischer Taschenbuch Verlag GmbH, Frankfurt am Main
Umschlaggestaltung: Ingrid Hensinger, Hamburg
Umschlagfoto: Harro Wolter
Farbverfremdung: Creative Colour, Hamburg
Gesamtherstellung: Clausen & Bosse, Leck
Printed in Germany
ISBN 3-596-10624-9

Gedruckt auf chlor- und säurefreiem Papier

Inhalt

Statt eines Vorwortes: Na, wie geht's uns denn heute? 7

Barbara: ...als Kopf und Seele, aber ohne Körper 11
Rose: So eine kann ich meinen Geschäftspartnern
    nicht zumuten 29
Vera: Ich will mich nicht ständig beweisen müssen! 45
Sofia: Ein winziges blaues Blümchen 61
Else: Eine behinderte Frau heiratet nicht 77
Irmgard: ...weil du mir nicht weglaufen kannst 92
Daniela: Lauf doch mal anständig 108
Gabi: Der Intimbereich ist gar nicht so intim 126
Alida: Ich konnte nicht konkurrieren 143
Marie: Eine genauso gute Mutter wie jede andere 158
Doris: Mir pfeift niemand hinterher! 170
Carolin: Du mußt doch dankbar sein 185

Nachwort: Konkrete Lebensbedingungen –
    Doppelt diskriminiert 201
Literatur 207

Für Lea
und Lino

Statt eines Vorwortes:
Na, wie geht's uns denn heute?

Abends nach dem Kinobesuch sind wir noch in eine Kneipe gegangen, meine Freundin und ich. Wir trinken etwas, unterhalten uns. Es ist voll. Zwei junge Männer, etwas jünger als wir, kommen herein und setzen sich an unseren Tisch. Wir unterhalten uns, diskutieren über die weltpolitische Lage, über Arbeitslosigkeit und Wohnungsnot. Nach einiger Zeit bitte ich meine Freundin, mir meinen Rollstuhl zu holen, weil ich zur Toilette will. Als ich mich vom Stuhl in den Rollstuhl umsetze, bemerke ich die entsetzten Gesichter der beiden Männer. Nachdem ich wiedergekommen bin, mich wieder auf den Stuhl gesetzt habe, mein Rolli zusammengeklappt in der Ecke steht, stockt das Gespräch. Die beiden jungen Männer wirken verkrampft, was sie mit einer betonten Lässigkeit zu überspielen versuchen. Nach einigen vergeblichen Anläufen, das Gespräch wieder in Gang zu bringen, stehen sie auf, zahlen und verabschieden sich.

Für mich, die ich mich seit meinem 30. Lebensjahr, also seit fünf Jahren in einem Rollstuhl fortbewege, waren solche Erfahrungen zunächst ungewohnt und neu. Als ich feststellte, daß mich niemand mehr mit den Blicken halb auszog, niemand mir hinterherpfiff oder versuchte, Po und Brüste anzugrapschen, freute mich das. Als ich dann feststellte, daß man mir statt dessen über den Kopf strich und mitleidig fragte: »Na, wie geht's uns denn heute?«, wich meine Freude wachsender Wut.

Auch im beruflichen Bereich erlebte ich, daß ich nicht ganz ernst genommen werde. Das kannte ich schon, weil ich als nichtbehinderte Tierärztin in der Großtierpraxis mit ähnlichen Problemen zu kämpfen hatte. Wenn ich erstmals auf einen Hof kam, um eine kranke Kuh zu behandeln, fragten die Bauern ungläubig, ob ich denn auch schwere Geburten leiten könne. Es nervte mich, immer wieder dasselbe erzählen zu müssen, meine Fähigkeiten immer wieder von neuem unter Beweis stellen zu müssen, aber die Bauern ließen sich wenigstens überzeugen.

Diese Probleme lägen jetzt hinter mir, vermutete ich, als ich – inzwischen rollstuhlfahrend – in einer Redaktion arbeitete. Büroarbeit wird Frauen schließlich eher zugetraut als Ringkämpfe mit Kühen, dachte ich. Ich habe mich getäuscht: Obwohl ich von allen Mitarbeiterinnen und Mitarbeitern im Büro am seltensten wegen Krankheit oder Arztbesuchen fehlte und die meisten Dienstreisen unternahm, sagte mir ein Vorgesetzter nach zwei Jahren, ich sei mit meiner Behinderung ein Risiko für den Betrieb und wegen eingeschränkter Mobilität nicht voll einsetzbar, sprich: nicht für Auswärtstermine zu gebrauchen. Im Gegensatz zu den Bauern hatte er sich durch Leistung nicht überzeugen lassen.

Ich war empört. Noch empörter wurde ich, als ich mich in Frauenbuchläden vergeblich nach Literatur zur Situation behinderter Frauen umsah. Bis auf wenige wissenschaftliche Arbeiten gab es bis Mitte der 80er Jahre kaum etwas. Seitdem sind einige wenige Bücher zu dem Thema erschienen. Daraus folgere ich, daß nicht nur Männer dazu neigen, Frauen mit Behinderung auf ihre Behinderung zu reduzieren und beispielsweise mich nur noch als Rollstuhl mit Inhalt zu sehen, sondern daß es nichtbehinderten Frauen ähnlich geht und auch sie behinderte Frauen nicht als Frauen wahrnehmen. Schließlich sind behinderte Frauen keine ernstzunehmende Konkurrenz für nichtbehinderte Frauen. Ich wage zu behaupten, daß behinderte Frauen genau aus diesem Grund für die meisten Frauen ohne Behinderung uninteressant sind.

Mit wachsenden Erfahrungen als behinderte Frau reifte in mir der Wunsch, betroffene Frauen selbst zu Wort kommen zu lassen. Also begann ich, dieses Buch zu konzipieren. Als Interviewpartnerinnen habe ich bewußt nur solche Frauen gewählt, die von klein auf behindert sind. Da diese Frauen schon immer mit ihrer Behinderung leben, ist ihre körperliche Verfassung für sie nichts Ungewöhnliches, sondern ganz normal. Hätte ich auch Frauen einbezogen, die später durch Unfall oder Krankheit behindert geworden sind, so wäre die eben erwähnte »Normalität« im Alltag behinderter Frauen eventuell durch die außergewöhnliche Krisen- und Verarbeitungszeit überlagert worden. Das wollte ich nicht, denn wenn eine Frau bereits längere Zeit mit einer Behinderung lebt, ist diese lediglich für Außenstehende ungewöhnlich oder gar schlimm.

Schlimm für die betroffenen Frauen ist das, was die anderen daraus machen, wie sie sich verhalten, wie sie ständig bewußtmachen, daß frau anders ist, eigentlich nicht richtig dazugehört.

Die zwölf Frauen, die ich interviewt und porträtiert habe, haben zwar für behinderte Frauen typische Erfahrungen gesammelt, sind aber sicherlich nicht als die ›typischen behinderten Frauen‹ schlechthin zu bezeichnen. Das liegt zum einen an den zwölf völlig verschiedenen Charakteren, zum anderen daran, daß diese Frauen sich ihrer Situation bewußt sind und die erfahrene doppelte Diskriminierung als Frau und als Behinderte artikulieren können. Ich befürchte, daß die Mehrheit der behinderten Frauen ein trauriges, aber stilles Dasein am Rande der Gesellschaft fristet, primär dankbar und unauffällig. Mein Anliegen ist es einerseits, den betroffenen Frauen Mut zu machen, die bestehenden patriarchalischen Wertmaßstäbe anzuklagen und ihnen eigene Normen entgegenzusetzen. Andererseits möchte ich dazu beitragen, daß behinderte Frauen als das gesehen werden, was sie sind: als Frauen.

Meinen Gesprächspartnerinnen Alida, Barbara, Carolin, Daniela, Doris, Else, Gabi, Irmgard, Marie, Rose, Sofia und Vera danke ich für ihre Offenheit, ihr Vertrauen und die Kooperation beim Überarbeiten der Manuskripte. Ich habe sie alle liebgewonnen, jede in ihrer Art.

Barbara

... als Kopf und Seele,
aber ohne Körper

»Er war der erste Mann, der mir von Anfang an signalisierte, daß er mich als Frau sah. Er entdeckte in mir eine liebenswerte Frau, auch auf sexuellem Gebiet. Er war auch der erste Mann, der Teile meines Körpers als schön bezeichnete. Ich war lange Zeit eher verunsichert als glücklich, wenn er von meiner schönen Brust sprach. Anfangs war ich verkrampft, hatte keinen Mut, mich gehen und fallen zu lassen. Aber er ging sehr behutsam mit mir um und brachte Geduld und Verständnis auf, um mit mir gemeinsam meine ablehnende Haltung zu meinem Körper abzubauen. Mit ihm gab es auch nie Probleme wegen der eingeschränkten sexuellen Techniken, die sich durch meine Behinderung ergeben.« So berichtet Barbara von einer Partnerschaft, die sie mit 30 Jahren zu einem 55jährigen verheirateten Mann einging.

Barbara, das ist eine spastisch gelähmte Frau. Mit ihren blauen Augen blickt sie aus dem von einer dunklen Kurzhaarfrisur eingerahmten Gesicht ihr Gegenüber offen an. Wenn sie so dasitzt und erzählt, bemerkt man ihre Behinderung kaum. Manchmal, wenn sie aufgeregt wird, nach Worten ringt, die Erinnerung ihr Inneres aufwühlt, wird ihre Sprache langsamer und undeutlicher. Dann kann es vorkommen, daß sie sich eine Weile unterbricht, bis sie sich wieder gefangen hat und mit der Erzählung aus ihrem Leben fortfährt.

Ewald hieß der Mann, der in Barbara primär die Frau sah. Er war der Vater eines Freundes von Barbara. Er und seine Frau hatten Barbara eingeladen. »Und da gab es eine einschneidende Situation«, erzählt Barbara. »Die Atmosphäre zwischen den beiden war merkwürdig. Die Frau sagte, sie habe von mir geträumt. Da sagte er plötzlich, er habe sich in mich verliebt. Mein Kopf war zu. Ich habe am ganzen Körper gezittert und überhaupt nichts mehr verstanden. Die beiden erzählten, daß sie seit Jahren eine offene Ehe führten. Aber ich war total neben der Spur und habe mir erst mal Bedenkzeit ausgebeten.« Das widerfuhr der damals 30jährigen Barbara im Sommer 1980. Barbara mußte ihre Entscheidung allein treffen, denn alle ihre Freundinnen waren im Urlaub. Ewald hätte Barbaras Vater sein können, und sie spürte, daß »meine Mutter die verkehrteste Person war, mit der ich über dieses Problem hätte reden können. Ich wußte, daß ich meiner Mutter jetzt besser kilometerweit aus dem Weg gehen mußte«, berichtet Barbara mit einem verschmitzten Lächeln. Das Stichwort ›Mutter‹ veranlaßt sie dazu, die ersten zwei Jahrzehnte ihres Lebens zu schildern:

Kindheit und Jugend

Geboren wurde sie 1950 in einer Großstadt als älteste von drei Geschwistern. Sowohl der elf Monate jüngere Bruder als auch die drei Jahre jüngere Schwester sind nichtbehindert. Barbaras Behinderung, die von Geburt an bestand, entdeckten die Ärzte erst, als sie bereits anderthalb Jahre alt war. »Damals reichte es aus, wenn ein Kind mit allen Gliedmaßen geboren wurde. Man machte keine speziellen Untersuchungen.« Ihre Mutter, die Barbara als selbstbewußte, starke Frau schildert, erzog ihre behinderte Tochter von Anfang an zur Selbständigkeit und legte viel Wert auf ihre Integration. »Meine Mutter lehnte Spastiker- und Behindertenvereine ab. Sie hatte das Gefühl, daß die Leute dort ihre Kinder ›an der Garderobe abgeben‹. Die ganze Bewegung steckte ja noch in den Anfängen, und solche Sonderkindertagesstätten waren die reinsten Aufbewahrungsanstalten. Daher kam es für meine Eltern nie in Frage, mich in ein Heim zu geben. Ich hatte auch nie Kontakt zu anderen behinderten Menschen, sondern lebte immer in einem Umfeld von Nichtbehinderten. Und meine Mutter bemühte sich, mich überall zu integrieren. So gab es nichts, was die Familie ohne mich unternommen hätte.«

Als größte Leistung ihrer Mutter sieht Barbara deren Trick, sie in eine normale Grundschule einzuschleusen: »Als mein Bruder, der ja nur elf Monate jünger ist als ich, eingeschult wurde, hat sie

für mich einen Schulranzen ausgeliehen, mir eine Zuckertüte gekauft und mich einfach neben meinen Bruder gesetzt. Dann hat sie mit der Rektorin geredet und konnte erreichen, daß ich probeweise auch zur Schule kommen durfte. Ein halbes Jahr später wurde ich dann regulär eingeschult.«

In der Schule sei sie sehr eifrig gewesen, erzählt Barbara, während sie sich Kaffee einschenkt. Sie hantiert vorsichtig und langsam, um ihre angespannten, verkrampften Hände nicht unkontrolliert zu bewegen. »Ich stand ständig unter diesem Beweisdruck. Ich war ja die einzige Behinderte in der Schule und somit immer etwas Besonderes«, erläutert sie. Sie habe ihre Behinderung eben durch Leistung wettmachen wollen. Als es darum ging, sich für weiterführende Schulen zu entscheiden, lag Barbara drei Monate lang im Krankenhaus und wurde an der Achillessehne operiert. »Ich weiß es nicht – kürzlich habe ich überlegt, ob meine Eltern vielleicht dachten, für ein Mädchen sei es nicht so wichtig, die Realschule oder das Gymnasium zu besuchen. Die Operation war nämlich nicht unbedingt zu diesem Zeitpunkt erforderlich«, fügt sie erklärend hinzu. So blieb sie auf der Hauptschule, ihr Bruder wechselte zum Gymnasium.

Als Barbara zwölf Jahre alt war, starb ihr Vater überraschend an einem Herzinfarkt. »Das war ein gravierender Einschnitt für meine Mutter und mich. Denn neben dem Schock und der Trauer wurde uns auf drastische Weise bewußt, wie wichtig meine Selbständigkeit ist. Wir setzten alles daran, daß ich so selbständig wie möglich leben kann.«

In diese Zeit fiel auch Barbaras erste Menstruation. Auch wenn sie sonst den Erziehungsstil ihrer Mutter lobt, bemängelt sie, daß sie im Hinblick auf ihre weibliche Entwicklung wenig persönliche Unterstützung durch ihre Mutter erfahren hat. In diesem Punkt habe die Mutter ausgesprochen schwach und hilflos reagiert. Sie wich den Fragen der Tochter aus. Dieses Verhalten führt Barbara nicht auf ihre Behinderung zurück, denn auch der jüngeren Schwester ging es diesbezüglich nicht besser.

Über ihre pubertären und andere mädchenspezifische Probleme konnte Barbara mit einer guten Freundin sprechen, die sie mit elf Jahren im Konfirmandenunterricht fand. »Wir haben uns sehr gut verstanden, sie konnte sich sehr gut in mich hineinfühlen, wir hatten wirklich eine sehr enge Beziehung zueinander«, beschreibt Barbara mit weicher Stimme diese Freundschaft. »Später gab es einen herben Einschnitt, aber das war später...«

Ihre Augen blicken in die Ferne, als durchlebte sie vergangene, schwierige Situationen jetzt noch einmal. Auch ohne daß sie etwas sagt, kann man aus ihrer Mimik ihren Gemützzustand ablesen:

14

Mal blicken die blauen Augen verschmitzt und heiter aus einem entspannt wirkenden Gesicht. Dann wieder scheint sie ganz in sich zurückgezogen zu sein und sich in ihrer inneren Welt zu bewegen.

Aus dieser in die Realität zurückgekehrt, erzählt sie weiter. Zunächst schloß sie mit 16 Jahren die Hauptschule ab. »Ich wollte einen sozialen Beruf ergreifen. Dieser Wunsch hat sicherlich etwas mit meiner Mutter zu tun. Sie konnte sich diesen Traum nie erfüllen und übertrug ihn auf ihre Kinder. Auch meine Geschwister ergriffen soziale Berufe. Aber der Wunsch war auch sehr stark in mir. Schon mit zehn oder elf Jahren wollte ich nichts anderes werden. Und obwohl es ungeheuer schwer war, nun für mich etwas zu finden, lehnte ich eine Stelle bei Rowenta ab.« Barbara erzählt von ihrer Suche nach einem Ausbildungsplatz: »Meine Mutter und ich liefen von Pontius zu Pilatus. Jeder gab uns freundliche Tips, an wen wir uns wenden könnten, und war heilfroh, wenn er uns wieder los war.«

Schließlich endete die Odyssee bei einer Frauenfachschule, die Kindergärtnerinnen ausbildete. Barbara absolvierte dort die Hälfte der Zeit und verließ die Schule als Kinderpflegerin. »Alle Lehrerinnen attestierten mir besonders große Reife. Aber sie meinten, als Kindergärtnerin sei ich nicht geeignet. Denn was wollte ich machen, wenn ein Kind auf die Straße liefe. Ich mußte ja zugeben, daß ich mit den manuellen Dingen tatsächlich Schwierigkeiten hatte, und so akzeptierte ich letztlich die Sicht der Lehrerinnen, gab auf und ging.«

Barbara beschloß mit ihrer Mutter, eine weiterführende Schule zu besuchen. Wieder begann die bekannte Odyssee: Niemand wollte sie aufnehmen. Aber ihre Hartnäckigkeit machte sich schließlich bezahlt, und so fand sich eine Realschule, auf der sie die mittlere Reife nachholen konnte. »In dieser Zeit – ich war zwischen 16 und 20 Jahre alt – habe ich mich oft sehr einsam gefühlt. Meine Mitschüler waren zwei oder drei Jahre jünger als ich, und das macht in dem Alter viel aus.«

In diese Phase fiel auch der Einschnitt in der Beziehung zu Barbaras Freundin. Die Freundin begann nämlich eine Freundschaft mit Barbaras Bruder. Die beiden machten ihre ersten sexuellen Erfahrungen. »Plötzlich spürte ich, daß es für Partnerschaft keinen

Ersatz gibt. Vieles andere kann man kompensieren, das nicht. In einem schmerzhaften Prozeß erkannte ich meine eigenen Grenzen. Ich befand mich in einer Identitätskrise, war allein mit meinen Problemen. Von meiner Mutter erhielt ich keine Hilfe. Sie vertröstete mich bloß auf später, auf reife Männer. Das hat mir wenig geholfen. Für sie zählten primär meine schulischen Leistungen und mein weiterer beruflicher Werdegang.«

Einen reifen Mann fand Barbara dann mit 30 Jahren in Ewald. Der Altersunterschied beängstigte sie nicht, wohl aber die Perspektive, eine Dreierbeziehung führen zu müssen. Aber die Offenheit, mit der die Eheleute über ihre Probleme und ihre außerehelichen Beziehungen sprachen, machte Barbara Mut. »Mir gefiel der Mann rein menschlich, und ich hatte Lust, auszuprobieren, was daraus werden könnte. Also habe ich ›ja‹ gesagt.«

Besonders beeindruckt war sie von der liebevollen Art, mit der Ewald auch mit ihrem Körper umging. Sie hatte es noch nie erlebt, daß sie auf ihr Äußeres eine positive Rückmeldung erhielt. Mit seiner einfühlsamen Unterstützung gelang es Barbara erstmals, ein positives Verhältnis zu ihrem Körper aufzubauen. Sie beschreibt ihr Körpergefühl: »Meine Beziehung zu meinem Körper ist stark abhängig von meinem jeweiligen Partner. Wenn er meinen Körper ablehnt, dann habe ich auch Schwierigkeiten, ihn zu akzeptieren. Kopfmäßig sage ich mir: ›Entweder, es nimmt mich jemand so, wie ich bin, oder nicht‹, aber das ist eben Theorie.« Unterstrichen werden ihre Worte durch ihr ungeschminktes Gesicht und ihre natürliche, offene Art zu reden. Dann fällt ihr noch etwas zu ihrem Körpergefühl ein: »In einem Selbsterfahrungsseminar erlebte ich mich während einer Meditation mal als Kopf und Seele, aber ohne Körper. Ich war vollkommen fertig.«

Ihre Beziehung zu Ewald sei mit seiner Familie im Hintergrund und der daraus resultierenden zeitlichen Begrenzung ihres Zusammenseins recht kompliziert, aber dennoch wunderschön gewesen, resümiert Barbara und schwärmt: »Das war eine so innige Beziehung, wie ich es vorher nie erlebt habe.«

Sie erzählt von dem ›Vorher‹, den Erfahrungen, die sie vor Ewald mit Jungen und Männern gesammelt hat: Als Jugendliche erkannte Barbara zwar, daß sie aufgrund ihres behinderten Körpers dem Schönheitsideal, dem vor allem Mädchen zu genügen versuchen, nicht entsprechen kann. Das hielt sie aber nicht davon ab, sich dem anderen Geschlecht zu nähern: »Mein Bedürfnis nach einer Beziehung war sehr stark. Der Erstkontakt zu Jungen war leicht, weil ich sehr kontaktfreudig bin. Was mich als Person angeht, gingen auch die Jungen offen auf mich zu. Sobald ich aber signalisierte, daß ich mehr von ihnen wollte, reagierten sie mit brutalem Rückzug und Ängsten. Sie waren erschrocken, gerieten in Panik und kamen nie wieder, waren einfach weg.«

Diese Zeit als Jugendliche, die von anderen Menschen zumindest rückblickend meist als unbeschwert und aufregend geschildert wird, war für Barbara hart. Sie fühlte sich einsam, empfand ihr Leben als trostlos und spielte sogar mit Selbstmordgedanken.

Aber sie beging keinen Selbstmord, sondern stellte sich den Problemen. Trotz der frustrierenden Erfahrungen, die sie gesammelt hatte, gab sie nicht auf, sondern bemühte sich auch während ihres Studiums um ihre männlichen Kommilitonen, die sich prinzipiell nicht anders verhielten als vorher die Mitschüler: »Als Mensch war ich angesehen. Aber die Kommilitonen reagierten auf mich als Frau mit derselben Unsicherheit und Abwehr wie vorher die Schüler, der Rückzug fiel eher noch intensiver aus. Ich kam zu dem Schluß, daß die Probleme, die eine behinderte Frau hat, durch die Hilflosigkeit der anderen bedingt sind. Meine sexuellen und partnerschaftlichen Probleme kompensierte ich durch viele intensive Kontakte, vor allem zu Frauen. Dabei sammelte ich viele Erfahrungen, erlebte aber auch viel Frust, denn oft drehten sich die Gespräche um die Beziehungsprobleme anderer. Dann wurde mir immer wieder schmerzlich bewußt, daß ich eigentlich auch noch etwas anderes suchte als diese persönlichen Gespräche.«

Barbara hatte große Sehnsucht nach einer Partnerschaft. Wollte sie auch Kinder, eine Familie gründen? »Nein«, sagt sie. »Unabhängig von einer Partnerschaft habe ich die für mich sehr schmerzliche Entscheidung getroffen, nicht schwanger zu werden. Ich liebe Kinder und möchte ihnen das Schicksal einer Behinderung, die eventuell durch meinen behinderten Körper – vor allem durch meine schiefen Hüften – hervorgerufen werden könnte, ersparen.«

Sie steht langsam auf. Dabei stützt sie sich am Tisch ab. Mühsam, mit krummen Beinen und leicht gebeugtem Rücken geht sie zur Tür. Ihre Füße stecken in klobigen Spezialschuhen, die ihnen Halt geben und so Barbara das Gehen ermöglichen. Vorsichtig tastend setzt sie einen Fuß vor den anderen. Es sieht aus, als sei jeder Schritt genau durchdacht und vorausgeplant. Sie geht zur Toilette. Als sie wiederkommt, bewegt sie sich wieder sehr bedächtig, setzt sich hin und fährt mit ihrer Erzählung da fort, wo sie sich unterbrochen hatte – im Alter von 25 Jahren.

So alt mußte sie werden, ehe ihre erste, lang ersehnte Beziehung zu einem Mann begann. Barbaras erster Liebhaber war ein blinder verheirateter Student. »Die Grenzen standen von Anfang an fest. Am Wochenende fuhr er zu seiner Frau und seinen zwei Kindern. Obwohl mich die Heimlichtuerei belastete, war es trotzdem eine positive Erfahrung, denn er nahm mich körperlich an, wenn auch natürlich nur in den engen abgesteckten Grenzen. Nach einem Jahr endete die Beziehung, weil meine engste Freundin meinen Platz einnahm. Das schmerzte sehr. Mir wurde vor Augen geführt, daß ich den ästhetischen Normen nicht entspreche und die sexuellen Normen nicht erfülle, weil meine Beinstellung nicht alle sexuellen Praktiken zuläßt.«

Das war also das schmerzliche Ende ihrer ersten Liebesbeziehung. Aber auch Petra, die Freundin, war nicht lange mit dem Mann zusammen. Hinterher bauten die beiden Frauen ihre Beziehung zueinander wieder auf. Es gelang Barbara, trotz der erlittenen Kränkung wieder Vertrauen zu Petra zu fassen. Wenn sie damals schon geahnt hätte, was noch kommen würde...

»Dann begann ein junger Mann namens Fritz sein Studium und zog in das Studentenwohnheim, in dem auch ich wohnte«, setzt Barbara ihren Bericht nach einer kurzen Pause fort. »Wir haben ganz schnell einen ganz tollen Draht zueinander bekommen und eine Beziehung begonnen.« Mit einem zynischen Unterton in der Stimme fährt sie fort: »Zu unserem Erschrecken haben die Kommilitonen auf einmal ihre Kenntnisse ausgereizt. Fritz, der nicht körperbehindert ist, hätte ihrer Meinung nach einen anderen Schaden, wenn er mit einer behinderten Frau eine Beziehung einginge. Sogar in den Seminaren wurde darüber diskutiert, was mit Fritz nicht stimme. Für mich besonders erschreckend war, daß die Frauen dabei die Initiative ergriffen. Diese Reaktion der anderen war für uns beide schlimm und hatte auch zur Folge, daß ich über meine Probleme, die ich mit Fritz hatte, mit niemandem reden konnte.«

Aus dieser negativen Erfahrung mit ihren Mitmenschen zog Barbara den allgemeingültigen Schluß: Als behinderte Frau hat frau ein Neutrum zu sein. Fritz, den Barbara als unruhigen Menschen beschreibt, der zudem im Kontakt mit anderen Probleme hatte, stabilisierte sich während der Freundschaft mit Barbara innerlich. Barbara bezeichnet die über zweijährige Beziehung als eine sehr harmonische Zeit. Zum Schluß lebten sie nicht mehr im Studentenwohnheim, sondern hatten gemeinsam mit einem anderen Pärchen eine Wohnung bezogen.

Und dann kam das, was sie zwei bis drei Jahre vorher noch nicht geahnt hatte, ausgelöst durch ihre Freundin Petra: Zunächst war Petras Verhältnis zu Fritz sehr distanziert, was Barbara als ausgesprochen beruhigend empfand. Petra versuchte sogar, Barbara diese Beziehung auszureden, weil sie sich mit Fritz einfach nicht verstand. Aber mit Fritz' Stabilisierung wurde er annehmbarer für Barbaras Freunde, auch für Petra. Barbaras Stimme klingt belegt: »Die beiden saßen mir gegenüber und sagten, sie würden so gerne mal wandern gehen. Und ich könne doch nicht wandern. So verbrachten Petra und Fritz ein Wochenende miteinander und wanderten.«

Sie legt eine Pause ein. Es ist offensichtlich belastend für sie, an die folgenden Ereignisse erinnert zu werden. Schließlich gibt sie sich einen Ruck und redet weiter: »Die beiden waren verstört, als sie nach Hause kamen. Wir sprachen zu dritt. Sie sagten, meine Ängste seien unberechtigt. Petra versicherte mir, so etwas könne sie mir nicht noch einmal antun. Das würde sie ja selbst gar nicht verkraften. Trotzdem wurde der Kontakt zwischen den beiden immer enger und immer inniger. Es kam sogar so weit, daß sie in unserer Wohnung im Nachbarzimmer miteinander schliefen. Das war eine grauenhafte Demütigung für mich, und ich war oft bei anderen Freundinnen, weil ich es einfach nicht mehr aushalten konnte.«

Barbaras Augen sind gerötet. Sie kämpft mit den Tränen. Ihre Stimme hat bei den letzten Sätzen brüchig und unsicher geklungen. Nun war auch diese Verbindung, von der sich Barbara eine gemeinsame Zukunft erhofft hatte, zerstört worden. Es folgte eine psychisch belastende Zeit mit vielen Diskussionen zwischen den drei Beteiligten, in der Barbara wieder das Gefühl vermittelt wurde, den ästhetischen Normen nicht zu genügen. Als Fritz äußerte, er mache nur deshalb nicht endgültig mit Barbara Schluß, weil er befürchte, sie würde sich das Leben nehmen, beendete sie ihrerseits die Beziehung.

Wieder einmal war sie wegen ihrer Behinderung gedemütigt worden. In der Zeit nach Fritz durchlebte sie depressive Phasen, die sie, wie sie sagt, »ohne die Unterstützung durch meine Freundinnen nicht ausgehalten hätte«.

Einige Zeit später lernte sie in einem Wohnheim für schwerbehinderte Menschen den ebenfalls spastisch gelähmten Werner kennen und lieben. »Ich kämpfte immer um mein selbstbestimmtes Leben. Werner schloß sich mir an, zeigte großes Engagement und wurde weitestgehend selbständig, so daß wir beide zusammen in eine behindertenfreundliche Wohnung ziehen konnten.«

Doch die Ernüchterung kam rasch. Für Werner war die Entscheidung, eine gemeinsame Wohnung zu beziehen, quasi ein Ehevertrag. »Er arbeitete und meinte, ich würde den Rest erledigen. Seine Paschaallüren wurden mir unerträglich, so daß ich mich von ihm trennte.« Die Beziehung dauerte insgesamt anderthalb Jahre, aber die beiden mußten danach noch weitere 15 Monate gemeinsam wohnen, weil Barbara mal wieder keine geeignete Wohnung fand.

In dieser Zeit lernte sie Ewald kennen. Da sie noch in einer Wohnung mit Werner lebte, konnte sie sich mit Ewald dort nicht treffen. Zunächst fuhr sie also zu ihm nach Hause, wobei ihr der gerade frisch erworbene Führerschein zu Hilfe kam. Sie erzählt, wie es ihr mit der neuen Fahrerlaubnis erging: »Erst mal war das eine schwere Geburt, denn einmal bin ich durch die Prüfung gefallen. Nachdem ich es beim zweiten Anlauf geschafft hatte, holte ich schließlich das extra für mich umgerüstete Auto ab und baute gleich auf der ersten Fahrt einen schweren Unfall – Totalschaden. Aber ich gab nicht auf. Vorher war ich immer auf den Fahrdienst angewiesen. Mit Führerschein und Auto erlebte ich ein neues Gefühl von Freiheit und Unabhängigkeit.«

Wenn sie eine Weile nicht Auto gefahren ist, weil es ihr nicht so gut ging, dann befindet sie sich in einem Teufelskreis: Sie hat Angst davor, Fehler zu machen. Die Angst verstärkt ihre Spastik, und als Folge davon macht sie Fehler. Zur Zeit befindet sie sich in einer solchen Phase. Nun übt sie zunächst regelmäßig auf einem großen Übungsgelände, ehe sie sich in den Straßenverkehr wagt und sich wieder frei und unabhängig fühlen kann.

Der Führerschein ermöglichte es ihr damals, zu Ewald nach Hause zu fahren. Aber günstig war dieser Treffpunkt auch nicht. Ewalds Frau wußte zwar um die Beziehung ihres Mannes und billigte sie, aber die ebenfalls noch im Haushalt lebenden Kinder sollten nichts von den außerehelichen Aktivitäten ihrer Eltern erfahren. Barbara und Ewald trafen sich eine Zeitlang in der Wohnung einer Freundin von Barbara, bis Barbara endlich zusammen mit ihrer Fraundin Hanna die seit langem angestrebte gemeinsame Wohnung fand.

Drei Jahre lang lebte sie mit Hanna zusammen, und sie erlebte ihr Verhältnis zu Hanna als sehr harmonisch. Überhaupt sei sie mit Frauen immer gut ausgekommen, erklärt sie. »Ich habe viele enge Kontakte zu Frauen. Dadurch erhielt ich den nötigen emotionalen Beistand in schwierigen Situationen. Ich war und bin in Fraueninitiativen aktiv, auch in parteigebundenen Frauengruppen. Lesbische Angebote habe ich aber immer abgelehnt. Trotz aller Demütigungen, die ich durch Männer erfahren habe, habe ich nämlich keinen grundsätzlichen Männerhaß entwickelt, sondern immer wieder einen neuen Anfang gewagt.«

Hanna akzeptierte auch Barbaras Beziehung zu Ewald. Ihre eigenen Schwierigkeiten mit Ewald konnten in offenen Gesprächen geklärt werden. Nun bestand das Problem eines geeigneten Treffpunktes für Barbara und Ewald zwar nicht mehr, als nach wie vor belastend empfand Barbara aber die engen zeitlichen Grenzen in dieser Beziehung. »Es hat mir zeitweise ziemlich zugesetzt, daß Ewald nicht für mich da war, wenn ich ihn brauchte, sondern nur zu wenigen festgelegten Zeiten. Er war beruflich und familiär so eingespannt, daß er auch oft am Telefon nicht für mich erreichbar war, einfach weil er in ganz anderen Zusammenhängen steckte. Wenn wir zusammen waren, war er ganz bei mir, aber er hatte eben noch seine Familie und einen Beruf, der seinen ganzen Einsatz forderte.«

»Ach ja, Beruf.« Nun möchte sie ihren eigenen beruflichen Werdegang beschreiben. Sie blättert in ihren Unterlagen. Die Bewegungen ihrer Finger sind langsam und vorsichtig. Die Finger können alle Funktionen ausführen, nur etwas langsamer als bei nichtbehinderten Menschen.

Fast vier Jahre lang arbeitslos, weil keine behindertengerechte Wohnung zu finden war

1971 absolvierte sie ihren Realschulabschluß und suchte anschließend eine Ausbildungsstätte, die bereit war, sie aufzunehmen. Sie wollte Sozialarbeit studieren. Dabei traf sie auf dieselben Schwierigkeiten wie vorher auf der Suche nach der Frauenfachschule und später bei dem Versuch, auf eine Realschule aufgenommen zu werden. »Und wieder war ich der besondere, einmalige Fall«, seufzt sie und fügt hinzu: »Wie sollte es anders sein?« Mit fadenscheinigen Argumenten wurde ihr die Aufnahme verweigert, jeder schickte sie weg. Eine evangelische höhere Fachschule für Sozialarbeit in einer anderen Stadt nahm sie schließlich auf.

Barbara lebte während der Studienzeit im Studentenwohnheim. Erstmals war sie allein und sah sich mit Aufgaben konfrontiert, die sie noch nie zu bewältigen hatte: »Ich wußte nicht, ob ich abends noch zur Hausmeisterin gehen konnte, um mir eine Flasche Wasser zu holen. So etwas hatte ich ja noch nie gemacht. Tätigkeiten wie Einkaufen waren kein Problem. Ich kann nämlich gut organisieren«, verkündet sie nicht ohne Stolz. Und mit den Kommilito-

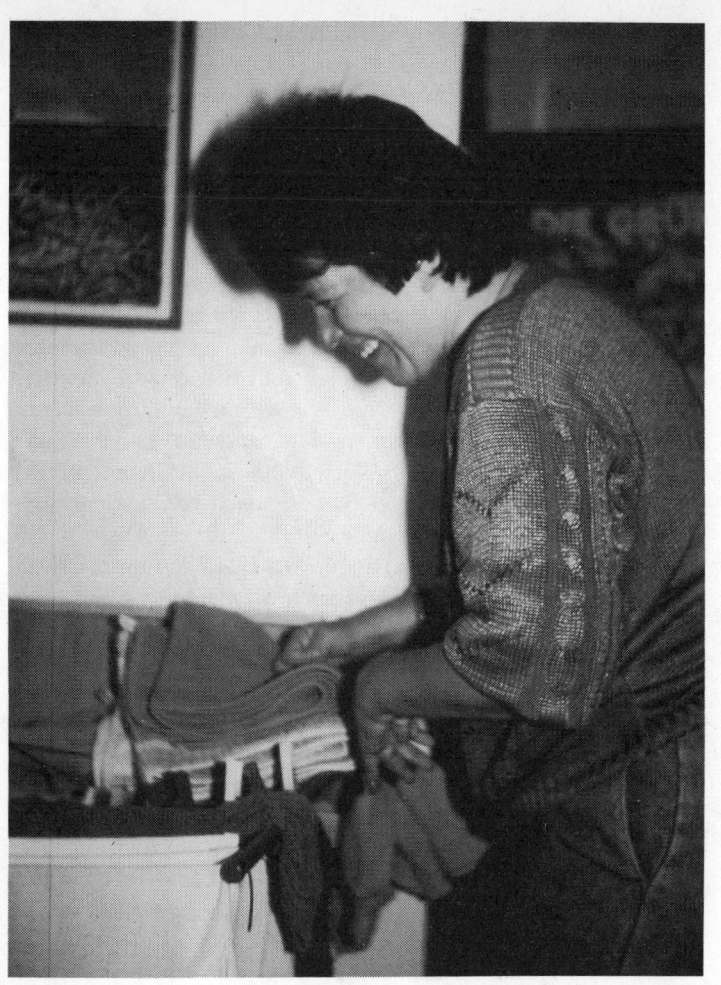

nen, die dann die Besorgungen für Barbara erledigten, kam sie gut aus. Sie war von Anfang an im Wohnheim integriert, in dem sie als einzige behinderte Studentin lebte. »Meine Anwesenheit zwischen den nichtbehinderten Studenten sehe ich als Beitrag zur Integration. Auch die Schulleitung reagierte darauf und nahm nach mir weitere behinderte Studenten auf.«

Das Studium absolvierte sie ohne Schwierigkeiten. Während der Studienzeit arbeitete sie drei Monate lang als Praktikantin in einem Heim für schwererziehbare Jugendliche. Hier habe sie stark gespürt, daß sie sich auf dem richtigen Weg befinde, erzählt sie. Die Arbeit habe ihr Spaß gemacht, und sie sei mit den Jugendlichen gut ausgekommen. »Ich habe von den Jugendlichen sehr viel Solidarität erlebt. Die überlegten sich nie, wie sie mich aufgrund meiner Behinderung ausnutzen könnten. Den anderen Erzieherinnen fehlte schon mal eine Mark im Portemonnaie, mir kein Pfennig.« Eine ähnliche Erfahrung machte Barbara, als sie vor Studienbeginn das Vorpraktikum in einem Kinderhort ableistete: »Ausnahmslos alle Kinder waren in der Lage, mit meiner Behinderung derart positiv umzugehen, daß sie nicht versuchten, meine eingeschränkte Mobilität gegen mich anzuwenden.«

Kinder und schwererziehbare Jugendliche akzeptierten Barbara so, wie sie war. Größere Probleme damit hatten in der Vergangenheit die Schulleiter und sollten künftig potentielle Arbeitgeber haben. Jedenfalls suchte Barbara, nachdem sie ihr Studium beendet hatte, mit den bekannten frustrierenden Resultaten nach einer Stelle für das Anerkennungsjahr. »Die Rektorin half mir nicht, wohl weil ich mich während meiner Studienzeit politisch engagiert hatte.« Aber schließlich fand sie einen Platz beim Diakonischen Werk und konnte aufgrund der räumlichen Nähe weiter im Studentenwohnheim wohnen.

Danach, also nach dem Anerkennungsjahr, arbeitete sie neun Monate lang in »Werkstätten für Behinderte« in einem benachbarten Ort. Sie liest aus einem späteren Bewerbungsschreiben vor: »Ich möchte hier betonen, daß ich ausschließlich wegen einer aufgeflogenen Mitfahrgelegenheit kündigen mußte, denn ich war nicht in der Lage, innerhalb kürzester Zeit eine behindertengerechte Wohnung in der Nähe des Arbeitsplatzes zu finden.«

Deshalb wurde Barbara arbeitslos, und sie blieb es fast vier Jahre lang.

Sie bewarb sich auf eine ausgeschriebene Stelle als Sozialarbeiterin bei einem Spastikerverein, der ein Wohnheim für Schwerstbehinderte und eine Tagesstätte betreute. Angeblich kam sie zu spät, man stellte ihr aber für die Zukunft eine Stelle in Aussicht. Um »am Ball« zu bleiben, arbeitete sie zunächst ehrenamtlich dreimal wöchentlich in dem Spastikerverein. Sie betreute Schüler bis zu deren Hauptschulabschluß. »Mit einem Jungen bin ich sogar mit in die Schule gegangen. Der hatte eine so starke Spastik in den Händen, daß er nicht schreiben konnte. Und so fungierte ich quasi als seine Sekretärin.« Barbaras Engagement wurde mit 50 Mark Weihnachtsgeld honoriert. Aus dem versprochenen hauptamtlichen Job ist allerdings nie etwas geworden.

Knapp vier Jahre lang also währte Barbaras Arbeitslosigkeit. Sie bewarb sich immer wieder, wobei sie über die Schwere ihrer Behinderung und ihre daraus resultierende Einsetzbarkeit auf dem Arbeitsmarkt schrieb: »Die Minderung meiner Erwerbsfähigkeit ist in meinem Schwerbehindertenausweis mit 90 Prozent festgelegt. Das bedeutet für den Arbeitgeber die Möglichkeit, durch mich drei Schwerbehindertenpflichtplätze zu besetzen. Auswirkungen meiner Behinderung auf den Arbeitsplatz liegen in meiner eingeschränkten Mobilität. Ich kann zwar beliebig viele Treppen begehen, benötige dazu aber stets Hilfe, während ich mich sonst innerhalb des Hauses ohne einen zweiten bewegen kann. Außerhalb des Hauses befinde ich mich in der gleichen Situation wie bei den Treppen mit der zusätzlichen Einschränkung der Entfernung von zeitlich gesehen einer halben bis dreiviertel Stunde. Meine Fingerfertigkeit ist in bezug auf die Arbeitsbewältigung (z. B. bei der Bedienung der Schreibmaschine, Blätter einlegen, tippen) durch langsamere Bewegungen eingeschränkt, generell aber für jede Arbeit funktionsfähig.«

Zwar wußte Barbara, daß sie im Prinzip jede Arbeit ausführen kann. Ihre potentiellen Arbeitgeber wußten es jedoch nicht, oder sie glaubten es nicht. Jedenfalls blieb Barbara arbeitslos. Schließlich, nach drei Jahren, war Barbara den Zustand der Arbeitslosigkeit so leid, daß sie unbedingt einen Job wollte und es ihr fast egal war, was für einen. Sie bewarb sich um eine Stelle beim Amt. Man wollte sie nicht, lehnte sie zunächst mit fadenscheinigen Begründungen ab. Barbara schaltete den Personalrat ein, der seinen Einfluß geltend machte. Das Ringen um den Arbeitsplatz dauerte länger als ein halbes Jahr. »Ich kämpfte um eine Stelle, die ich inhaltlich eigentlich nicht und nie wollte, aber ich wollte einfach wieder arbeiten.« Gut vorbereitet erschien sie zum Vorstellungsgespräch, und dem Amt blieb nichts anderes mehr übrig, als sie zu nehmen.

Obwohl ihr die Arbeit nicht lag, weil zu 80 Prozent Verwaltungsaufgaben zu erledigen waren, meinten Freunde und Kollegen, sie müsse froh und dankbar sein, überhaupt eine Arbeit bekommen zu haben. Ja, und ein wenig Dankbarkeit habe sie auch selbst empfunden, gibt sie etwas kleinlaut zu.

Zu den Kolleginnen und Kollegen hatte sie von Anfang an ein gutes Verhältnis, so daß sie sogar zur Vertrauensfrau der Abteilung und auch zur Personalrätin gewählt wurde. Auf gewerkschaftlicher Ebene engagierte sie sich unter anderem, um sich einen Ausgleich zu der Arbeit zu verschaffen, mit der sie recht unglücklich war. Mit ihrem direkten Kollegen konnte sie besonders gut zusammenarbeiten, so daß dieser ihr einiges von den ungeliebten Aufgaben abnahm und sie sich vermehrt dem sozialarbeiterischen Bereich zuwenden konnte.

Als der Kollege, der vorher den unangenehmen Verwaltungskram übernommen hatte, sich Jahre später auf eine andere Stelle bewarb und so Barbara nicht mehr zur Seite stand, wurde ihr die Arbeit regelrecht verhaßt. Damals dachte sie: »Schluß aus, ich mache die Verwaltungsarbeit nicht mehr.« Diesen Entschluß beschreibt sie als so definitiv, daß sie sich lieber hätte erwerbsunfähig schreiben lassen und mit weniger Geld ausgekommen wäre, als sich für ihr Gehalt weiter jeden Tag herumzuquälen. »Die Arbeit habe ich auch nicht gut gemacht, weil ich sie einfach nicht machen wollte.« Ihren festen Entschluß, diesen Teil der Arbeit nicht mehr zu erledigen, habe sie dann auch offiziell kundgetan. Zwar sei das in den Augen der anderen ein Stück Kapitulation gewesen, aber seither bearbeite eine Kollegin auf einer halben Stelle den Verwaltungsbereich, so daß sie sich ganz den sozialarbeiterischen Aspekten der Arbeit widmen könne. »Ich liebe diese Arbeit immer noch nicht, aber es geht jetzt viel leichter«, schildert sie ihre derzeitige berufliche Situation. Über das Verhältnis zu ihrem Chef sagt sie: »Für den bin ich ein Neutrum. Er hat nicht gerne mit mir zu tun. Er guckt bei Frauen primär auf das Äußere, und da kann ich ihn nicht beeindrucken.«

Beeindrucken konnte sie jedoch einen anderen Mann, nämlich Ewald. Je länger die Beziehung andauerte, um so enger wurde sie. Barbara litt gleichzeitig zunehmend unter der zeitlichen Begrenzung. »Einmal verlebten wir eine ganze Woche zusammen.« Ihre Augen leuchten. »Wir waren uns sehr nahe und haben beide die innige Beziehung zwischen Glück und Angst gespürt.«

Obwohl die Beziehung zwischen Barbara und Ewald enger und inniger wurde, herrschten klare Verhältnisse: Es stand nie zur Diskussion, daß Ewald sich von seiner Frau trennen würde. Obwohl sich Barbara gut mit Ewalds Frau verstand, war sie doch zeitweise eifersüchtig auf sie. Umgekehrt hat Barbara nie gespürt, daß Ewalds Frau auf sie eifersüchtig gewesen wäre.

Sie beschreibt ihre Beziehung zu Ewald als sehr erfüllend. Trotzdem wollte sie eigentlich etwas anderes: »Nähe ohne zeitliche Begrenzung stellt für mich alles andere in den Hintergrund«, erklärt sie. Deshalb willigte sie ein, als ein anderer Mann eine Beziehung mit ihr beginnen wollte. Gleichzeitig wollte sie Ewald nicht verlieren und lebte ein halbes Jahr lang mit zwei Männern. »Ich geriet in fürchterliche innere Konflikte und habe gespürt, daß ich das nicht kann. Dazu bin ich nicht der Typ. Ewald dachte, ich könne das so handhaben wie er mit seiner Frau, aber ich habe das nicht gepackt. Es war einfach schrecklich.«

Zunächst konnte sie sich nicht zwischen den beiden Männern entscheiden. Als die Situation aber immer unerträglicher für sie wurde, beendete sie die Verbindung zu Ewald, da sie hoffte, mit dem anderen Mann das leben zu können, was sie sich so sehnlich wünschte: Nähe ohne zeitliche Einschränkung. Dieser aber geriet in Panik, als er merkte, daß es ernst wurde, und zog sich zurück.

Als Barbara über ihre Trennung von Ewald erzählt, klingt ihre Stimme traurig und wehmütig: »Es ist mir sehr schwer gefallen, furchtbar schwer. Und eigentlich habe ich die Trennung bis heute nicht verkraftet«, fügt sie leise hinzu.

Nach der Trennung von Ewald war sie allein. Auch ihre Freundin Hanna, mit der sie zusammengewohnt hatte, war in eine andere Stadt gezogen. Zunächst weinte sie viel. Aber heute sieht sie es rückblickend als Vorteil an, daß sie gezwungen war, das Leben allein zu wagen. Nun konnte und mußte sie wieder ihr ausgeprägtes Organisationstalent einsetzen, und mit der Hilfe von Kolleginnen und Kollegen, die die Einkäufe erledigten, funktionierte es. »Dadurch habe ich mich innerlich stabilisiert. Es war ein gutes Gefühl, allein leben zu können. Mein Selbstbewußtsein festigte sich.«

Nachdem Barbara eine Weile allein gelebt hatte, gab sie gemeinsam mit einer Freundin eine Kontaktanzeige in der ›Zeit‹ auf und lernte dadurch Bernhard kennen. Die beiden lernten sich nicht nur kennen, sondern im Laufe der Zeit auch lieben, und seit 1986 wohnen sie zusammen.

Barbara redet nun langsamer, schleppender. Das viele Erzählen hat sie erschöpft. Sie wirkt müde, und es fällt ihr nicht leicht, weiterzureden, wohl auch deshalb, weil sie nun über die Probleme reden will, die sie momentan belasten. Sie erklärt den Umstand, daß sie über die vielen zurückliegenden Erschütterungen in ihrem Leben so gefaßt erzählen konnte: »In den letzten Tagen habe ich mir alles von früher aufgeschrieben. Dabei habe ich schon vieles verarbeitet. Es ging mir zeitweise sehr schlecht. Ich habe viel geweint«, beschreibt sie die vergangenen Tage.

Dann spricht sie von ihrer Beziehung zu Bernhard, der auch behindert ist: »Er hat große Angst vor meinem Bedürfnis nach Nähe. Das ist ein Bereich, an dem wir gemeinsam arbeiten. Ein anderes Problem ist unsere Körperlichkeit: Wir haben beide in bezug auf unser Geschlecht unzählige Verletzungen erlebt. Bernhard hat, wie alle Männer außer Ewald vor ihm, Schwierigkeiten damit, meinen behinderten Körper zu akzeptieren. Und das beeinflußt gleich mein eigenes Körpergefühl. Ich lehne dann meinen Körper auch ab. Ich habe gemerkt, daß ich nicht die Kraft habe, mit all diesen Problemen allein umzugehen.« Barbara und Bernhard entschieden sich für eine gemeinsame Therapie. Seitdem bewegen sie sich Schritt für Schritt aufeinander zu. Barbara sieht voll Zuversicht in die Zukunft: »Ich habe das erste Mal in meinem Leben das Gefühl, daß wir auf lange Sicht beieinander bleiben können.«

Rose

So eine kann ich meinen
Geschäftspartnern nicht zumuten

»Die stellen jetzt jeden ein, der nur einen Löffel halten kann.« So dachte der Gruppenleiter in der Abteilung für konventionelle Kraftwerke einer großen Elektrofirma, als er Rose zum ersten Mal sah. Das sollte also die neue Mitarbeiterin sein. Jedoch nach kurzer Zeit wußten die Männer in Roses Abteilung ihre Arbeit zu schätzen, das Verhältnis zwischen ihr und den Kollegen war kameradschaftlicher Natur. Da wagte sie es, den Gruppenleiter nach seinen ersten Gedanken bei ihrer Einstellung zu fragen – und sie erhielt eine ehrliche Antwort.

Irgendeine Wachstumsstörung

Diese Begebenheit liegt nun über 20 Jahre zurück. Inzwischen ist Rose Mitte 40 und seit zehn Jahren berentet. Wenn man der kleinen Frau – Rose ist 1,10 Meter groß – ins Gesicht schaut oder sie sprechen hört, so weiß man, daß sie mehr kann, als nur »einen Löffel halten«. Sie ist eben einfach klein und konnte schon immer nur wenig laufen oder stehen. Das bedeutet, daß sie auf einen Rollstuhl angewiesen ist, wenn sie längere Strecken überwinden will. Auch die Beweglichkeit und die Kraft der Arme nehmen mit der Zeit ab. Das fing vor zehn Jahren an: Die Arme und Gelenke schmerzten so, daß sie nicht arbeiten konnte. Immer wieder wurde sie krank geschrieben, sie machte eine Kur, aber es besserte sich nichts. Schließlich blieb ihr nichts anderes übrig, als die Rente zu beantragen. Der beurteilende Arzt, der nach Roses Angaben dafür bekannt ist, daß man bei ihm um die Rente kämpfen muß, war entsetzt: Er stellte fest, daß alle Gelenke kaputt sind, und begriff nicht, wie Rose noch so lange und so viel hatte arbeiten können.

»Ich fand es anfangs ganz schrecklich, nicht mehr arbeiten zu können und schon mit 35 Jahren berentet zu werden«, erzählt sie. Obwohl sie in ihrem Arbeitsalltag bei verschiedenen Arbeitsstellen häufig diskriminiert worden war, war sie gerne berufstätig.

Zur Frührentnerin wurde sie aufgrund ihrer Erkrankung, die auch dafür verantwortlich ist, daß sie seit ihrem vierten Lebensjahr nicht mehr gewachsen ist. Eine exakte Diagnose wurde allerdings erst Anfang der 80er Jahre gestellt: Morbus morquio Typ A heißt die Krankheit. Es handelt sich um eine erbliche Enzymspeicherkrankheit, die zu Wachstumsstörungen, weichen Knochen und Ablagerungen in den Gelenken führt. Die Eltern, beide gesund, wußten nicht, daß sie Erbträger sind. Bei Roses älterem Bruder begann die Krankheit mit zwei Jahren, bei Rose mit vier Jahren. »Meine Eltern sprachen von Rachitis oder irgendeiner Wachstumsstörung, aber so genau wußte keiner, was los war«, berichtet sie. »Es hat sich auch niemand darum gekümmert. Es wurde nie darüber gesprochen. Das Wort ›behindert‹ habe ich von meinen Eltern nie gehört.«

Als sich Rose dann Anfang der 80er Jahre genetisch beraten ließ, weil sie endlich wissen wollte, woran sie war, war die Mutter schockiert. Wahrscheinlich konnte sie mit der Ungewißheit besser leben als mit dem Wissen, Überträgerin einer Krankheit zu sein. Rose erfuhr von den Ärzten aber auch, daß eine Diagnose bei ihrer Geburt 1945 oder in ihrer Kindheit noch gar nicht möglich gewesen wäre. Heute hat die Krankheit zwar einen Namen, behandeln jedoch läßt sie sich bislang nicht. »Das ist keine Krankheit, an der man stirbt«, erläutert Rose. »Damit kann man steinalt werden. Man kann sich nur irgendwann nicht mehr rühren.«

Zur Zeit kann sie sich auch nur sehr begrenzt rühren: Vor einem guten halben Jahr brach bei einer heftigen Bewegung ein Knochenstück vom Oberschenkel ab. Nach der folgenden Operation durfte sie eine Weile gar nicht auftreten und muß jetzt erst wieder trainieren, um ihre alte Beweglichkeit zurückzuerlangen. In der Wohnung kann sie einige Schritte laufen, aber der Weg zur benachbarten Garage ist ihr schon zu weit. Deshalb hat sie jetzt fast ständig Menschen um sich, die ihr in ihrem Alltag assistieren. Sie geht aber davon aus, daß das ein vorübergehender Zustand ist.

Draußen scheint die Sonne von einem wolkenlosen Himmel. Obwohl noch früh im Jahr, ist es schon recht warm, aber Rose möchte sich nicht nach draußen in den Garten setzen, sondern lieber in ihren vier Wänden bleiben. Sie bewohnt eine Zwei-Zimmer-Wohnung im Erdgeschoß, ihre Mutter die erste Etage eines Zweifamilienhauses. Der Vater ist 1982 gestorben. Die Wohnung hat sich Rose ihren Bedürfnissen entsprechend eingerichtet: Die Arbeitsplatte in der Küche ist niedrig angebracht, ebenso die Herdplatten. Alle wichtigen Utensilien befinden sich in einer Höhe, die für sie erreichbar ist. Im Wohnzimmer ist der Wohnzimmertisch höhenverstellbar. Die Wandschränke und -regale aus hellem Holz hat sie sich extra niedrig anfertigen lassen. An den Wänden hängen Bilder und Fotografien so dicht, daß kaum noch eine Stelle frei ist. Sie hängen über den Schränken und Regalen, weil alles, was sie nicht häufiger braucht, in höhere Höhen verbannt wird.

Die kleine Frau mit den von Natur aus gewellten dunkelblonden Haaren und den meist lachenden braunen Augen redet schnell. Ihr Tonfall verrät die süddeutsche Heimat. Sie berichtet von vielen einzelnen Begebenheiten, oft fällt ihr während einer Erzählung noch ein Nebenaspekt ein, den sie schnell auch noch einflicht. Sie kann erstaunlich viele Details in kurzer Zeit erzählen, wobei sie die einzelnen Wörter nicht besonders betont. Dagegen betont sie, daß sie zu anderen Zeiten, wenn sie nicht soviel unter Zeitdruck zu berichten hat, sehr wohl auch schweigen kann.

»Warum wollen ausgerechnet Sie sich weiterbilden?«

Die hohe Geschwindigkeit hält sie zwar mündlich mühelos stundenlang durch, an der Schreibmaschine tat sie sich damit jedoch schwerer. Dieser Umstand, der durch ihre Behinderung bedingt ist, ließ fast ihre Prüfung zur Fremdsprachensekretärin mißlingen.

Nachdem sie zwölf Jahre lang bei der Elektrofirma als Stenotypistin und Kontoristin in der Abteilung für konventionelle Kraftwerke gearbeitet hatte, wollte sie sich weiterbilden, um in eine bessere Gehaltsgruppe aufzusteigen. Sprachen hatten ihr schon in der Schule Spaß gemacht, und da die Firma Projekte im Ausland betreute, wollte sie diese Begabung in beiderseitigem Interesse ausbauen. »Damals hatte ich einen netten Chef«, erzählt sie. »Der wollte mir einen Sprachkurs von der Firma aus in London ermöglichen. Das scheiterte am Personalbüro. Dort sagte man: ›Nein, dafür können wir die spezielle Verantwortung nicht übernehmen. Außerdem ist nicht sicher, daß die Mitarbeiterin später tatsächlich mehr leistet als bisher.‹«

Die ›spezielle Verantwortung‹, die irgendwelche Menschen für sie zu haben glaubten, kannte Rose schon aus ihrer Schulzeit: »Die Lehrer wollten mich nicht zum Schwimmen mitnehmen wegen der speziellen Verantwortung«, erinnert sie sich. Sie ging in die Regelschule, »denn damals gab es keine Sonderschulen für Behinderte. Das war mein Glück«, urteilt sie heute. Rose war zwar kleiner als die Mitschülerinnen und Mitschüler und war wegen ihrer begrenzten Laufkapazität vom Sportunterricht befreit, ansonsten unterschied sie sich aber nicht von anderen Kindern. Sie berichtet von einem weiteren Erlebnis aus ihrer Schulzeit: »In der siebten Klasse, als ich 13 Jahre alt war, sollte die ganze Klasse ins Landschulheim fahren. Ich hatte gerade eine Blutblase auf dem Trommelfell und konnte nicht mit. Ich war todunglücklich, weil ich gerne mit den anderen Kindern zusammen war, und quengelte. Schließlich erlaubte der Arzt mir doch die Fahrt, und mein Vater ließ mich einige Tage später ins Landschulheim bringen. Die Schulkameraden waren begeistert und klatschten, als ich ankam. Der Lehrer machte ein langes Gesicht, als er mich sah. Er war eben wegen der ›besonderen Verantwortung‹ für mich froh gewesen, daß ich nicht mitfahren konnte, und war dann einfach ganz entgeistert.«

Rose lacht bei der Erinnerung an das Gesicht des Lehrers und kehrt zurück zu ihrem Wunsch, sich nach zwölfjähriger Tätigkeit in der Elektrofirma fortzubilden: Das war Mitte der 70er Jahre. Weil die Firma ihr keinen Sprachkurs anbot, faßte sie eine Weiterbildungsmaßnahme durchs Arbeitsamt ins Auge, hätte aber dafür ihre Stelle bei der Elektrofirma kündigen müssen. Beim Arbeitsamt stieß ihr Wunsch jedoch auch auf wenig Gegenliebe: »Warum wollen Sie die gute Stelle aufgeben«, wurde sie gefragt. »Wer weiß, ob Sie später noch einmal eine Arbeit bekommen. Warum wollen ausgerechnet Sie sich weiterbilden?« Rose fand das unverschämt und entgegnete: »Warum ausgerechnet ich nicht? Darf ich mich nicht weiterbilden?« Sie setzte sich durch, kündigte und ließ sich in der einjährigen Fortbildung zur diplomierten Fremdsprachensekretärin ausbilden.

Als sich der Termin der Abschlußprüfung näherte, erfuhr Rose, daß sie beim Schreibmaschineschreiben die vorgeschriebene Anschlagszahl niemals erreichen würde. »Bei der Elektrofirma sind mir Briefe in die Maschine diktiert worden. Das konnte ich, da hatte man zwischendurch Pausen, wenn die Diktierenden sich die nächsten Sätze überlegten. Aber zehn Minuten lang ohne Pause schnell tippen, das konnte ich nie. Dann wurden meine Finger lahmer und taten weh.« Rose klärte diesen Umstand vor der Prüfung mit der Schulleitung und erhielt schließlich ein »prima Abschlußzeugnis«.

Nach der erfolgreich bestandenen Prüfung wollte Rose zu der alten Firma zurückkehren. Sie bewarb sich auf mehrere Anzeigen der Firma, wenn Stellen als Fremdsprachenkorrespondentin oder Fremdsprachensachbearbeiterin ausgeschrieben waren, erhielt aber immer Absagen. »Wenn Stellen als Sekretärin angeboten wurden, habe ich mich erst gar nicht beworben. Da hätte ich sowieso keine Chance gehabt. Das wußte ich schon.« Sie hatte während ihrer langjährigen Tätigkeit bei der Firma erfahren, daß sie frei werdende Sekretärinnenstellen nicht bekam. »Mich hat niemand gefragt, obwohl das genau mein Arbeitsfeld gewesen wäre. Statt dessen wurde ein gut aussehendes Mädel genommen, das mit dem Hintern wackeln konnte, aber nicht viel mehr.« Ebenso wurde sie übersehen oder, genauer gesagt, ausgeschlossen, als Computerkurse für Textverarbeitung angeboten wurden: »Jede Frau wurde gefragt, ob sie daran teilnehmen wollte. Nur ich nicht.« Daraufhin rief Rose die zuständige Abteilung an und erfuhr dort: »Sie können das doch nicht.« Sie war vom Gegenteil überzeugt, setzte sich durch und nahm an dem Kurs erfolgreich teil.

Qualifiziert war sie also, als sie nach der Fortbildung eine Arbeitsstelle suchte. »Ich habe mich nicht getraut, auch nur eine Nacht von zu Hause wegzubleiben«, erzählt sie. »Es hätte ja ein Stellenangebot vom Arbeitsamt kommen können. Jeden Tag lief ich aufgeregt zum Briefkasten. Aber vom Arbeitsamt kam nicht ein einziges Angebot. Acht Monate lang blieb ich arbeitslos.«

Ganz neu war dieser Zustand für Rose nicht: Nachdem sie die Schule mit der mittleren Reife verlassen hatte, wollte sie eine Lehre als Bürokauffrau anfangen und schrieb Bewerbungen: »Ich habe in die Bewerbungen ehrlich geschrieben, daß ich behindert bin, und bekam entweder gar keine Antwort oder nur Absagen.«

»Wer wird dich denn schon nehmen?«

Nach der Grundschule wäre sie gerne zum Gymnasium gegangen, aber damals fuhr noch kein Bus von dem Außenbezirk, in dem sie schon immer wohnte, in die Stadt hinein. Rose hätte mit dem Fahrrad in die Stadt fahren müssen, aber das wollte ihre Mutter nicht, die immer Angst um ihre Kinder hatte.

Bei Roses Bruder Walter war diese Angst auch nicht unberechtigt: Walter hatte dieselbe Enzymspeicherkrankheit wie seine Schwester, bei ihm war sie aber noch deutlicher ausgeprägt: Er war bereits im Alter von zwei Jahren erkrankt, blieb also noch kleiner als Rose, hatte noch weichere, verformbare Knochen und erlangte nie die Selbständigkeit seiner Schwester.

Das Verhältnis zu ihrem Bruder beschreibt Rose als sehr gut. »Ich hatte immer das Gefühl, besser dran zu sein als er. Deshalb habe ich ihm geholfen bei den Sachen, die er wirklich nicht allein konnte.« Walter ging nicht zur Schule. Zweimal wöchentlich kam nachmittags ein Hauslehrer für einige Stunden, um ihn zu unterrichten. Das tat Rose leid: »Ich dachte, das müsse furchtbar langweilig für ihn sein, so ohne Schulkameraden zu lernen. Deshalb habe ich mich zu ihm gesetzt und habe mit ihm zusammen gelernt.«

Mit elf Jahren fiel Walter hin – Gehirnerschütterung. Danach mußte er sechs Wochen lang liegen und konnte nie mehr laufen. Er war fortan zur Fortbewegung auf einen Rollstuhl angewiesen. Bedingt durch den jahrelangen Bewegungsmangel bekam er mit 17 Jahren eine Lungenentzündung, die der geschwächte Körper nicht mehr verkraftete. Er starb 1960, als Rose 15 Jahre alt war.

Sie erinnert sich sehr gut an die Nacht, als der Bruder starb: Sie weiß, daß sie nachts wach wurde und wissen wollte, weshalb die Mutter weinte. Als sie am nächsten Morgen erfuhr, daß der Bruder tot war, konnte sie es nicht fassen. Die Eltern erlaubten ihr, zu Hause zu bleiben und nicht zur Schule zu gehen, aber sie hielt es nicht aus, sich in demselben Haus aufzuhalten, in dem der tote Walter lag.

Also ging sie zur Schule. Sie ging grundsätzlich gerne zur Schule. Als sie ihren Wunsch, das Gymnasium zu besuchen, nicht realisieren konnte, wollte sie wenigstens die Mittelschule abschließen, um ihr Sprachtalent etwas zu nutzen. Mit 16 Jahren hatte sie dann die mittlere Reife, aber aus der gewünschten Lehrstelle wurde nichts. Eine Cousine des Vaters kommentierte die vielen Absagen: »Wer wird dich denn schon nehmen?« Das empfand Rose als herzlos und sehr verletzend. Um nicht tatenlos auf bessere Zeiten zu warten, besuchte sie ein Jahr lang die höhere Handelsschule und begann danach, eine Arbeitsstelle und keine Lehrstelle mehr zu suchen.

Diesmal hatte sie mehr Glück: Bald konnte sie bei einem Rechtsanwalt als Büroanfängerin arbeiten: »Meine Stenokenntnisse waren gefragt, ich habe Briefe getippt und Kostenrechnungen erstellt«, beschreibt sie ihre Tätigkeit. »Es war eine interessante Arbeit, die mir Spaß gemacht hat. Ungünstig waren nur die Arbeitszeiten und die vielen Überstunden. Oft bin ich abends nicht vor acht Uhr nach Hause gekommen.«

Aus diesen Gründen kündigte sie bereits nach acht Monaten und bewarb sich bei der bereits erwähnten Elektrofirma. Auch dort hatte sie Glück: »Als ich mich vorstellte, war im Personalbüro eine Frau, die mir helfen wollte. Der Chef war an dem Tag gar nicht da. Sie wollte mir wohl eine Chance geben und hat mich einfach in die Abteilung für konventionelle Kraftwerke gesteckt. Hätte sie vorher ihre Vorgesetzten gefragt, hätte das bestimmt nicht geklappt.« Davon ist Rose überzeugt.

In der Abteilung angekommen, wurde sie von ihren neuen, durchweg männlichen Kollegen freudig begrüßt: »Oh, endlich eine Frau. Die kann uns Kaffee kochen.« Ihre damalige Reaktion hat sie nicht vergessen: »Mir ist das Herz fast in die Hose gefallen. Ich konnte doch nicht Kaffee kochen und hatte schreckliche Angst, mich zu blamieren. Meine Mutter ließ mich so etwas nicht machen, denn sie hatte Angst, daß ich mich verbrühte.«

Rose lernte Kaffee kochen und fand sich auch bald in ihrem neuen Aufgabenbereich zurecht. »Wenn ich jemanden anfangs fragte, wie dies oder das geht, bekam ich immer die Antwort: ›Weiß ich nicht.‹ Also habe ich es gemacht, wie ich es mir dachte und für sinnvoll hielt, und wurde dadurch sicher und selbständig.«

»Du bist meine Zweitbeste«

Bei der Arbeit fühlte sie sich sicher. Ansonsten beschreibt sie ihr Selbstwertgefühl als schwankend: »Manchmal komme ich mir ganz mies vor und habe das Gefühl, gar nichts zu taugen. Zu anderen Zeiten denke ich: ›Ich bin, wie ich bin, und so sollen die anderen mich nehmen.‹«

Lange Zeit nahm sie aber niemand so, wie sie war. Sie ging zur Arbeit, frotzelte dort mit ihren Kollegen herum und ging wieder nach Hause, wo sie im Haus der Eltern die Erdgeschoßwohnung mit ihrer Großmutter teilte. Seit ihrer Jugend litt sie darunter, daß Jungen und später Männer kein Interesse an ihr hatten: »Zum ersten Mal war ich in der Schulzeit in einen Klassenkameraden verliebt. Das wußte natürlich niemand. Mit seinen Eltern zog er irgendwann in die USA. Ich war todunglücklich und bin mit dem Fahrrad in den Wald gefahren. Da habe ich dann Rotz und Wasser geheult.« Besonders belastend war es für sie, daß sie mit niemandem über ihre Partnerschaftsprobleme sprechen konnte: »Meine Mutter hat das Thema nie angesprochen. Ich glaube, sie denkt, daß die Probleme nicht existieren, wenn man nicht darüber redet.«

Rose ist eine Frau des Wortes. Sie weiß zwar, daß ihr im Endeffekt niemand hätte helfen können, aber sie meint, daß es ihr gutgetan hätte, wenn sie wenigstens hätte darüber sprechen können. Früher traute sie selbst sich aber auch nicht, ihren Kummer anderen Menschen anzuvertrauen: »Wer weiß, ob die noch gerne mit mir zusammen gewesen wären, wenn ich dauernd geklagt hätte. Die Leute denken ja, daß mir meine Männerlosigkeit nichts ausmacht, wenn ich nicht darüber rede.«

Es machte ihr aber etwas aus. Eine Freundin teilte ihr immer schriftlich mit, wenn sie wieder schwanger war. Bei den ersten beiden Kindern freute sie sich für die Freundin. »Als dann aber der dritte und vierte Brief kam, worin sie schrieb, daß sie wieder schwanger sei, habe ich geweint und gedacht: ›Ich hätte auch so gerne Kinder, aber wahrscheinlich werde ich nie welche haben.‹«

In ihrer Kindheit träumte sie davon, einen reichen Mann und zehn Kinder zu bekommen. Später bezweifelte sie, daß sie mit ihren zunehmenden körperlichen Einschränkungen eine gute Mutter sein könnte. Außerdem hatte sie keinen Mann, mit dem sie ihren Traum hätte realisieren können.

Wolfram kommt herein und unterbricht die Erzählung. Er ist ein junger Mann und gehört zu den Menschen, die Rose momentan in ihrem Alltag helfen. Er sagt, daß er kurz zum Arzt fahre, denn er hat Probleme mit seinem Rücken, der jedesmal stark belastet wird, wenn er mit Rose irgendwohin fährt: Dann muß er nämlich den über einen Zentner schweren Elektrorollstuhl in den Kofferraum des Autos heben. Rose ist jedoch auf einen Elektrorollstuhl angewiesen, denn ihre Arme sind nicht gelenkig und kräftig genug, einen leichten Schieberollstuhl fortzubewegen.

Rose geht mit ihrem Assistenten freundschaftlich und locker um. Männern kameradschaftlich zu begegnen war und ist für sie keine Schwierigkeit, das hat sie in ihrem Arbeitsleben gelernt. Größere Schwierigkeiten bereitet es ihr, Liebesbeziehungen zu Männern aufzubauen: Ihre erste derartige Beziehung zu einem Mann hatte sie erst, als sie schon über 30 Jahre alt war: Sie lernte den spastisch gelähmten Jürgen, der sich im Rollstuhl fortbewegt, auf einem Seminar kennen.

Anfangs war Rose sehr verliebt in Jürgen, er war für sie der Mann schlechthin. »Die anderen dachten vielleicht, ich sei eine ausgeflippte Alte, aber ich habe mit über 30 Jahren die Erfahrungen nachgeholt, die andere 15 Jahre früher machen.« Jürgen brachte ihr nicht so viel Gefühl und Liebe entgegen wie umgekehrt, und seine Äußerungen waren manchmal sehr verletzend für Rose: »Er sagte immer: ›Du bist meine Zweitbeste.‹ Anfangs habe ich das nicht beachtet. Dann habe ich mal gefragt: ›Und wer ist deine Beste?‹ ›Die suche ich noch‹, hat er geantwortet.« Tatsächlich war Jürgen ständig auf der Suche nach einer gutaussehenden, nichtbehinderten Frau. Dazu Rose: »Behinderte Männer wollen keine behinderten Frauen. Die wollen eine Frau, mit der sie sich schmücken können.«

Jürgen war also nie ganz zufrieden mit seiner Freundin Rose: »Mal war ich ihm nicht groß genug; mal störte ihn, daß ich keine blauen Augen habe; mal mißfiel ihm, daß ich keine langen, blonden Haare habe. Er hat mich nie einfach so genommen, wie ich bin.« Das blieb nicht ohne Folgen. Innerlich entfernte sie sich im Laufe der Zeit mehr und mehr von ihm und sprach das auch offen aus: »Wenn jemand kommt, der mich mehr mag als du, dann kann ich für nichts garantieren.«

Dieser Jemand kam, als sie 40 Jahre alt war, und sie gerät ins Schwärmen: »Der Typ hat mich von Anfang an angezogen. Da kam was 'rüber wie noch nie – ich konnte es mir selbst nicht erklären.« ›Der Typ‹ ist zwar 16 Jahre jünger als Rose, aber auch er fühlte sich zu ihr hingezogen. Die beiden lernten sich auf einer Reise kennen. Alexander kommt aus einem osteuropäischen Land, und das Liebespaar verständigte sich in englischer Sprache. Rose erzählte ihm von Jürgen, worauf er sie in den Arm nahm und sagte: »You are my best (du bist meine Beste).«

Alexander fuhr nach dem Urlaub in seine Heimat zurück. Briefe gingen hin und her. Ein Jahr später gelang es ihm, ein Visum zu bekommen, und er wohnte drei Wochen lang bei Rose. Sie hat ihn noch mal besucht, aber seitdem haben sich die beiden nicht mehr gesehen. Vor über einem Jahr bekam sie einen Brief von ihm: Er habe sich jetzt ganz der Religion verschrieben, und ihr Verhältnis könnte deshalb nicht mehr so sein wie bisher. »Das war für mich ein Schlag. Wenn ich schon mal jemanden lieb hab', und der hat mich lieb, dann verliere ich ihn nicht an eine andere Frau, sondern an die Religion.«

Wenn Rose von ihren Begegnungen mit Alexander berichtet, wird ihre Stimme leiser, sie spricht langsamer und legt auch schon einmal eine Pause ein. »Ich habe ihn lange nicht mehr gesehen und auch lange nichts mehr von ihm gehört. Aber wenn er jetzt vor der Gartentür stünde, hätte ich wieder weiche Knie und Herzklopfen.«

Was sie bei Alexander besonders schätzt, ist seine Art, sie nicht verändern zu wollen und wirklich sie zu meinen, denn danach sehnt sie sich: »Ich wäre froh, wenn ich jemanden hätte, einen ehrlichen Menschen, der zu mir hält und der mich so nimmt, wie ich bin – da brauche ich keinen Trauschein. Was die anderen von mir denken, ist mir dann sowieso egal.« In letzter Zeit fragt sie sich manchmal: »War das alles, was das Leben mir geboten hat?« Aber ganz hat sie die Hoffnung auf eine Sinnesänderung bei Alexander noch nicht aufgegeben.

»Für die Arbeit bin ich gut genug«

Früher hat sie wohl auch darunter gelitten, keinen Partner an ihrer Seite zu haben, aber nicht so sehr wie heute: Damals hatte sie ja noch ihre Arbeit, die sie beanspruchte und ausfüllte. Nach ihrer Fortbildung zur Fremdsprachensekretärin und ihren vergeblichen Bewerbungen bei ihrer alten Firma war sie zwar erst einmal arbeitslos, das sollte allerdings nicht lange so bleiben: Da das Arbeitsamt keine Stellenangebote für sie hatte, begab sie sich selbst auf Arbeitssuche.

Ohne sich große Hoffnungen zu machen, stellte sie sich eines Tages bei einer Leasingfirma vor. Die Firma beschäftigte Arbeitskräfte, die dann aushilfsweise an andere Firmen geleast, also ausgeliehen wurden. Zwei Frauen betrieben die Firma. Sie sagten zu Rose: »Sie haben sehr gute Zeugnisse. Im Moment haben wir nichts frei, aber wir werden uns bei Bedarf melden.« Rose dachte: »Immer dasselbe. Man will mich nicht, traut sich aber nicht, das offen auszusprechen.« Sie hatte sich jedoch geirrt: Zwei Wochen später riefen die Frauen an und hatten Arbeit für sie. Rose sieht das

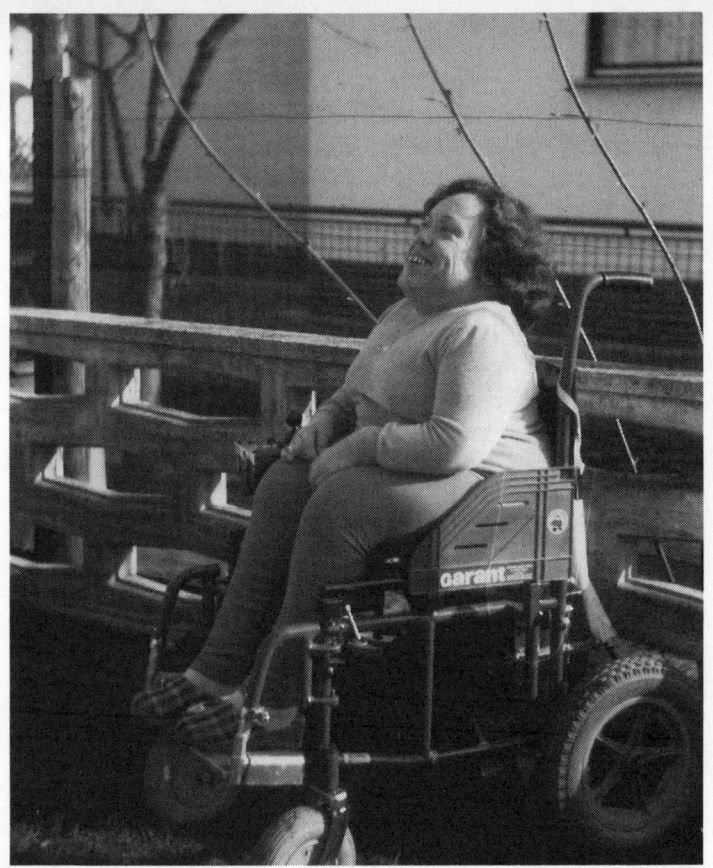

heute so: »Die haben mir echt eine Chance eingeräumt. Denen war
es egal, daß ich behindert bin. Die haben gesagt: ›Wenn Sie sich das
zutrauen, ist es o. k.‹ Als Arbeitskraft hatte ich in deren Augen
Pluspunkte, weil ich ledig und mit meinem Auto flexibel bin.«

So begann in Roses Arbeitsleben eine wechselvolle Periode. Mal
arbeitete sie einige Tage in einer Firma, mal nur eine Woche, mal
einige Monate. Immer hoffte sie, daß aus einem dieser kurzfristi-
gen Arbeitsverhältnisse eine Dauerstellung entstehen könnte. Ihre

beiden Chefinnen von der Leasingfirma wußten das, es machte ihnen nichts. Es machte ihnen auch nichts, daß Rose in Urlaub ging, kaum daß sie bei der Firma angefangen hatte.

Bei ihren vorübergehenden Arbeitsverhältnissen mußte sie meistens eine Sekretärin vertreten. »Wenn ich direkt am Büroeingang einen Parkplatz für mein Auto fand, war das alles kein Problem für mich«, erinnert sie sich. »Ich schleppte immer eine Fußstütze mit mir herum, weil ich mit meinen Beinen nicht auf die Erde komme, wenn der Bürostuhl in entsprechender Höhe zur Schreibmaschine hochgedreht ist. Schließlich konnte ich nicht erwarten, daß jede Firma extra für mich für ein paar Wochen den Arbeitsplatz umgestaltet. Als der Boden mal zu glatt war und der Bürostuhl beim Hochklettern immer wegrollte, haben die Kollegen ein Stück Teppichboden besorgt und druntergelegt.«

Ein gutes Verhältnis zu den Kolleginnen und Kollegen zu bekommen war im allgemeinen für sie keine Schwierigkeit. Nur bei einer Arbeitsstelle fühlte sich Rose anfangs unwohl, weil in den Pausen niemand mit ihr redete. Sie faßte sich ein Herz, ging auf die Kolleginnen zu und fragte: »Haben Sie Berührungsängste?« Das wurde abgestritten, aber von diesem Zeitpunkt an entspannte sich das Verhältnis zwischen den Kolleginnen und ihr.

Nicht ganz so selbstverständlich gingen die Vorgesetzten mit ihr um: In einer Firma hatte sie bereits öfter einmal gearbeitet, und man war mit ihrer Arbeit zufrieden gewesen. Diese Traktorenfirma suchte des öfteren Arbeitskräfte über die Leasingfirma. Wurde eine Arbeitskraft fürs Schreibbüro gesucht, so wollte man Rose gerne nehmen. Bei dieser Tätigkeit sitzt sie den ganzen Tag an der Schreibmaschine und tippt, hat also keinen Kontakt zu Kunden oder Geschäftspartnern. Dafür wollte man sie haben, aber das wollte Rose nicht: »Das war mir zu anstrengend, denn dabei bekam ich Probleme mit meinen Fingern. Solche Arbeit habe ich nur notfalls angenommen, wenn die Leasingfirma nichts anderes für mich hatte.« Suchte die Traktorenfirma jedoch eine Vertretung für eine Sekretärin, so betonte sie gegenüber der Leasingfirma, daß man nicht wieder Rose haben wolle. »Ich bin nichts zum Repräsentieren. Nur für die Arbeit bin ich gut genug, und im Schreibbüro hätte mich ja keiner gesehen«, kommentiert Rose.

Bei einer Firma, die Transportwagen für Milch, Wasser, Flüssiggase etc. baut, arbeitete sie ganze sechs Monate lang. Nach Ablauf der ersten drei Monate wurde ihr Arbeitsvertrag um weitere drei Monate verlängert. Rose vertrat eine Sekretärin in der Exportabteilung, die in Schwangerschaftsurlaub gegangen war. Diese beabsichtigte zu kündigen, nachdem das halbe Jahr abgelaufen war. Das erzählte sie aber zunächst nur Rose und ihren Kolleginnen. Rose wollte die Stelle gerne haben. Die Kolleginnen wußten das und wollten ihr helfen. Als der Chef eines Tages noch nach Feierabend ein Diktat aufgeben wollte und dafür eine Sekretärin brauchte, rieten die Kolleginnen Rose, länger zu bleiben, die Arbeit zu übernehmen und dadurch einen guten Eindruck zu machen. »Der Chef kam mit seinem Geschäftspartner. Ich nahm das Stenogramm auf und schrieb anschließend den Vertrag.«

Als ihre Vorgängerin dann offiziell gekündigt hatte, ging sie zum Exportleiter, mit dem sie sich gut verstand, und zeigte sich interessiert an der Stelle. »Er reagierte verlegen und riet mir, mich auf die Anzeige zu bewerben. Ich entgegnete: ›Das Geld für die Anzeige kann sich die Firma sparen. Mit meiner Arbeit sind Sie doch zufrieden, sonst hätte die Firma mein Arbeitsverhältnis ja nicht verlängert, und ich will die Stelle gerne haben.‹ Er wand sich und sagte nichts mehr.«

Rose bewarb sich »ohne große Hoffnung« auf die Anzeige und erhielt einen negativen Bescheid mit der Begründung, ihr Französisch reiche nicht für die Firmenbedürfnisse aus. Sie weiß, daß dieses Argument nur vorgeschoben wurde: »Meine Vorgängerin war Französin und konnte nicht sehr gut Deutsch. Ich habe mich anfangs gewundert, daß Briefe mit so vielen Fehlern als offizielle Geschäftspost herausgingen. Die können mir doch nicht erzählen, daß ihnen ein perfektes Französisch so wichtig ist – höchstens zehn Prozent des Schriftwechsels wurden in französischer Sprache abgewickelt –, wenn andererseits die Deutschkenntnisse offensichtlich keine Rolle spielen.« Wieder ging sie zum Exportleiter und fragte: »Mal ehrlich, ich bin der Firma nicht schön genug, oder?« Und wieder bekam sie keine klare Antwort.

Kurz darauf erfuhr sie die wahren Gründe für die Ablehnung hintenrum durch eine Kollegin: »Der Chef hatte mich bei dem

Vertragsabschluß kennengelernt. Er sagte: ›Wenn meine eigene Sekretärin mal verhindert ist, müßte eine Sekretärin aus der Exportabteilung bei mir aushelfen. Eventuell müßte ich also auf diese kleine Frau zurückgreifen, und so eine kann ich meinen Geschäftspartnern nicht zumuten.‹ Rose hatte zwar bereits vermutet, daß die Absage mit ihrer Behinderung zusammenhing, als die Ahnung dann aber bestätigt wurde, war sie doch sehr gekränkt. »Wahrscheinlich hat der Chef sich noch bei seinem Geschäftspartner entschuldigt für das Aussehen der Frau, die das Stenogramm aufgenommen und einen so schönen Vertrag aufgesetzt hat«, vermutet sie.

Sie berichtet über diese Erlebnisse sehr sachlich und ohne sichtbare emotionale Erregung. Dennoch ist der Schmerz nach über zehn Jahren immer noch lebendig: »Wenn ich daran erinnert werde, meine ich, es wäre mir erst gestern passiert.« Es sollte aber auch die letzte Kränkung dieser Art gewesen sein, die sie erfahren mußte, denn die Zeit ihrer aktiven Berufstätigkeit währte nicht mehr lange.

Erst mal wollte sich Rose von dem Schock im Urlaub erholen. Kurz vor Urlaubsantritt schmerzten jedoch die Arme und Schultern so sehr, daß sogar der Notarzt gerufen werden mußte. Das war im Sommer 1979. Sie erhielt schmerzstillende Medikamente, die den Schmerz betäubten, nicht aber die Ursache des Schmerzes, nämlich die krankheitsbedingten Gelenkveränderungen, behoben. Die Leasingfirma bot ihr erneut eine Stelle an. Sie wäre gerne wieder arbeiten gegangen, aber die Schmerzen ließen es nicht zu. Ein halbes Jahr lang wurde sie immer wieder krank geschrieben, und sie hoffte auf Besserung, aber ihr körperlicher Zustand veränderte sich nicht, jedenfalls nicht zum Positiven.

Schließlich war es 1980 klar, daß sie nicht wieder würde arbeiten können, und sie mußte die Rente beantragen. Ihre beiden Chefinnen von der Leasingfirma verzichteten nur ungern auf Rose als Arbeitskraft. Die Abschiedsworte der beiden Frauen trösteten Rose ein wenig, wenn sie auch nicht die vielen erlittenen Diskriminierungen ausgleichen konnten: »Mit Ihnen gab es nie Probleme. Sie sind eine unserer besten Kräfte gewesen.«

Vera

Ich will mich nicht ständig
beweisen müssen!

»Die meisten Leute, die mich nicht kennen, sehen mich als asozial an, denn ich bin behindert, habe vier Kinder, lebe von der Sozialhilfe, und mein Mann hat uns verlassen«, erzählt mir Vera am Telefon. Sie will noch viel mehr erzählen, von ihrer Angst um ihre Wohnung und auch von dem Auto, das sie nicht bekommt, weil sie ja ›nur‹ Hausfrau und Mutter ist und ›nicht arbeitet‹. So genau wollte ich das alles noch gar nicht wissen, sondern nur einen Termin vereinbaren.

Als ich schließlich vor dem rußgeschwärzten Haus aus den 30er Jahren in einer Ruhrgebietsstadt parke, weiß ich jedenfalls, daß ich auf eine Frau mit einer ereignisreichen Lebensgeschichte treffen werde. Vera mit den kurzen, glatten blonden Haaren und den großen braunen Augen öffnet die Tür und geht etwas schwerfällig mit steifen Beinen vor mir her ins große Wohn-Spielzimmer im Parterregeschoß des Hauses, das sie mit ihren vier Kindern bewohnt. Wir sitzen an einem langen Tisch, der auch Ritter Artus und seiner Tafelrunde genügend Platz geboten hätte. Hatte ich aufgrund des Telefonats erwartet, von einem Redeschwall überrollt zu werden, so sehe ich mich nun getäuscht: Vera, eine Frau Mitte 30, hat viel zu berichten, aber sie läßt sich Zeit damit und spricht ruhig in kurzen Sätzen im breiten Ruhrgebietstonfall. Es ist neun Uhr morgens. Anke ist im Kindergarten, die drei älteren Kinder sind in der Schule. So kann ich mich mit Vera zunächst ungestört unterhalten. Die Haushaltshilfe steckt nur einmal kurz den Kopf zur Tür herein, um Bescheid zu sagen, als sie gegen Mittag das Haus verläßt.

Einen ›asozialen‹ Eindruck macht Vera auf mich nicht. Wohl ist es heutzutage ungewöhnlich, vier Kinder großzuziehen. Noch ungewöhnlicher ist es, daß Vera vier Kinder hat, denn sie ist spastisch gelähmt. Die Ärzte nennen ihr Krankheitsbild ›spastische Teiltetraplegie mit linksseitiger Betonung‹ (Tetraplegie bedeutet Lähmung aller vier Gliedmaßen). Sie erklärt, daß alle vier Kinder Wunschkinder sind: »Mit 16 Jahren war ich oft bei einer Freundin zu Hause, die viele Geschwister hat. Dort fand ich es toll, es ging immer so locker zu. Dagegen war es bei uns sehr diszipliniert und ordentlich. Da stand für mich fest: ›Wenn ich mal einen Mann abkriege, dann möchte ich viele Kinder haben, am liebsten vier.‹«

Vera hatte gelernt, daß es für sie nicht selbstverständlich sein würde zu heiraten. In der Pubertät, als die anderen erste Kontakte zum anderen Geschlecht aufnahmen, machte sich auch Vera auf die Suche. »Ich hatte wahnsinnige Sehnsüchte, habe mir was zusammengesponnen, bin auf Leute zugegangen und habe immer eine Abfuhr bekommen, wenn die Jungen gesehen haben, was mit mir los ist. Dann haben sie sich erst gar nicht auf mich eingelassen. Das war sehr verletzend. Nicht einmal ein normaler, fröhlicher Umgang mit Jungen war möglich.« In dieser Zeit war Vera sehr unsicher. Bei jeder Gelegenheit bekam sie einen roten Kopf, und sie wagte kaum, sich zu bewegen. »Wenn ich mit den anderen zum Tanzen ging, wurde ich auch aufgefordert, weil ich ja nett aussah. Nach einem Tanz war es dann aus. Es war sehr prägend für mich, daß ich nicht mit den anderen konkurrieren konnte, und ich entwickelte Minderwertigkeitskomplexe. In der Pubertät kam es eben raus, daß ich anders bin als die anderen.«

Ihre Eltern merkten, daß Vera unter der Ablehnung litt. Die Mutter machte ihr klar, daß sie aufgrund ihrer Behinderung damit rechnen müsse, ohne Mann zu leben. »Das war schlimm und hart für mich. Mir wurde deutlich, daß hier die Welt für mich zu Ende ist, daß ich wahrscheinlich keinen Mann bekommen würde und meine Wünsche nach einer großen Familie reine Spinnerei waren. Indem sie mir das auf den Kopf zusagte, hat meine Mutter mir die

Möglichkeit gegeben, mich mit dieser Perspektive auseinanderzusetzen.«

Aber es kam anders, als es die Mutter vorhergesehen hatte: Vera lernte mit 17 Jahren ihren späteren Mann kennen und erfüllte sich mit ihm ihren Jugendtraum, vier Kinder zu bekommen. Kurz bevor sie zum erstenmal schwanger wurde, zog das Pärchen nach dreijähriger Freundschaft zusammen. Zu diesem Zeitpunkt befand sie sich noch in der Ausbildung. Vera hatte nach dem Hauptschulabschluß die Handelsschule und die höhere Handelsschule besucht. Von klein auf war ihr gesagt worden: »Du gehst ins Büro.« Viel zu spät, erst mit 16 Jahren, stellte sie fest, daß sie »festsaß«. Für mich blieben nur Behörden oder ein Beruf im Wirtschaftsbereich. Meine Vorlieben hatte ich verdrängt. Gerne wäre ich Kinderkrankenschwester oder Kindergärtnerin geworden, auf alle Fälle wollte ich etwas mit Menschen zu tun haben.« Da sie das Fachabitur hatte, hätte sie studieren können. Allerdings nur ein Fach aus dem Wirtschaftssektor, und das wollte sie nicht. Also schrieb sie Bewerbungen. Sie stellte sich vor, beim Arbeits- oder Sozialamt anzufangen, um Kontakt zu Menschen zu haben. Aber nichts wollte klappen. »Irgendwie bin ich schließlich beim Finanzamt reingerutscht als Inspektoranwärterin. Gesetze interessierten mich allerdings überhaupt nicht.«

Die Ausbildung brach sie ab, als sie ihr erstes Kind bekam. »Diese Entscheidung habe ich mir nicht leicht gemacht. Ich wußte, daß eine Ehe keine Garantie darstellt. Aber ich wollte ja noch mehrere Kinder haben und für meine Kinder ganz da sein. Damals dachte ich, ich könnte später vielleicht einen Lehrgang absolvieren oder eine Ausbildung nachholen und dann das Berufsleben aufnehmen. Heute wäre es natürlich besser, wenn ich ein Papierchen hätte.«

Erst mal war Vera aber schwanger. In dieser Zeit bekam sie wieder zu spüren, daß sie anders ist. Das Kind war zwar noch nicht geplant, aber durchaus gewollt, und die werdende Mutter freute sich. Nachdem die Ärztin die Schwangerschaft festgestellt hatte, fragte sie als erstes, ob Vera das Kind tatsächlich haben oder lieber abtreiben wolle. Vera war geschockt: »Ich spürte, daß ich mich mit meinem Kinderwunsch sogar gegen die Frauenärztin durchsetzen mußte. Außerdem mußte ich aufpassen, daß sie mir keine Abtreibung aufschwatzte.«

Nicht nur die Ärztin, die gesamte Umwelt reagierte auf Veras Schwangerschaft anders als auf die Schwangerschaft einer nichtbehinderten Frau: »Die Leute haben mich gefragt, ob ich sicher sei, daß meine Behinderung nicht erblich sei. Die haben bestimmt gedacht: ›Wie kann die auch noch ein Kind kriegen?‹« Ohne die Reaktionen der Umwelt wäre sie nie auf die Idee gekommen, an ihrer Befähigung zu einer guten Mutter zu zweifeln. Aber die Fragen und Einschätzungen der Mitmenschen glitten nicht spurlos an ihr ab: »Jede schwangere Frau hat Angst um ihr Kind. Das ist normal. Bei mir sind die Ängste durch die Fragen der anderen noch verstärkt worden. So begann ein innerer Kampf, und manchmal fragte ich mich: ›Habe ich denn nicht das Recht, ein normales Familienleben mit eigenen Kindern zu führen? Bin ich verantwortungslos, wenn ich das will? Kann eine Frau wie ich nur behinderte Kinder produzieren?‹ Andererseits wußte ich, daß ich nicht erblich belastet bin. Also waren die Chancen, ein behindertes Kind zu bekommen, genauso groß oder klein wie bei jeder anderen Frau. Ich war mir sicher, daß ich auch mit einem behinderten Kind leben könnte, wenn es denn so sein sollte. Mir war aber klar, daß sich dann meine Außenseiterposition noch verstärken würde.«

An eine Außenseiterposition war sie von klein auf gewöhnt. Wenn sie mit ihrer Mutter auf der Straße war, wurde sie neugierig bis argwöhnisch, manchmal mitleidig betrachtet. Es gab auch Mitmenschen, die sie bewunderten und ermutigten. Auf alle Fälle fiel sie durch ihre Behinderung immer auf. Die Behinderung, die durch eine Sauerstoffunterversorgung während der Geburt entstanden ist, zeigte sich, als Vera zwei Jahre alt war und gerade erst anfing zu laufen. Sie lief mit einem Spitzfuß, das heißt, daß sie wegen der Verkürzung der Achillessehne nur die Zehen belastete, und sie lief immer an der Wand entlang. Ihrer Mutter rechnet sie es an, daß sie nicht abgeschoben wurde. Sie kam in den Kindergarten, und sie wurde ›ganz normal‹ eingeschult. Die anderen Kinder hänselten sie oft, Vera setzte den Hänseleien ihren Dickkopf entgegen und ärgerte die anderen Kinder oder versuchte, sie auszutricksen. »Für mich war die Behinderung nichts Besonderes. Ich wollte normal sein. Das wurde mir aber durch die nichtbehinderte Umwelt abgestritten.«

Schon damals machte Vera die Erfahrung, daß es für sie schwierig ist, in eine neue Umgebung mit fremden Menschen zu kommen. Nach einem Umzug fing in der neuen Schule alles von vorne an: »Die anderen Kinder hänselten mich diesmal nicht, denn sie waren vorher auf mich vorbereitet worden. Trotzdem dauerte es eine Weile, bis ich akzeptiert wurde.« Einen Augenblick schweigt Vera, macht ein nachdenkliches Gesicht und fügt hinzu: »Es ist seltsam, daß alle vorbereitet werden müssen, wenn so eine wie ich kommt.«

An der Haustür klingelt es. Die Haushaltshilfe ist noch da und öffnet. Es ist die neunjährige Katrin, Veras drittes Kind. Heute ist die Schule früh für sie beendet. Das blonde Mädchen begrüßt die Mutter, legt den Ranzen ab und fängt am anderen Ende des Tisches an zu spielen. Sie macht einen stillen, aber keinen verschüchterten Eindruck.

Auch Torsten, Veras erstes Kind, was als Baby ein ausgesprochen ruhiges Kind. Zunächst wollte er allerdings nicht trinken und nahm die Flasche nicht an. Die Leute, die im Krankenhaus Veras erfolglose Versuche beobachteten, ihren Sohn zu füttern, sagten: »Die kann noch nicht einmal mit dem Kind umgehen.« Sehr schnell stellte Vera jedoch fest, daß sie gut mit dem Baby zurechtkam. Sicher war sie sich vorher nicht, weil auch ihre Arme von der spastischen Lähmung betroffen sind. Mit dem rechten Arm hat sie keine Schwierigkeiten, aber links kann sie nur grobmotorische Bewegungen ausführen. Sie hält den linken Arm ständig in einer angewinkelten Stellung, weil die Sehne im Ellbogen verkürzt ist. »Die Kinder haben sich auf meinen Körper eingelassen. Ich habe sie mit rechts hochgenommen und mit links nur ein wenig unterstützt. Von Anfang an haben die Babys gespürt, daß sie mithelfen müssen, und haben sich festgeklammert. In ihren motorischen Fähigkeiten waren meine Kinder weiter entwickelt als Gleichaltrige.« Wenn sie mit den Kindern Treppen überwinden mußte, ließ sie sie entweder krabbeln oder bat um Hilfe. Im Umgang mit anderen kleinen Kindern ist Vera eher unsicher, weil die nicht an ihren Körper gewöhnt sind. Sie wußte aber, daß sie ihre eigenen Kinder versorgen kann.

»Mensch Meier, du kannst das auch«

Aufgrund ihrer positiven Erfahrungen mit Torsten traute sie sich weitere Kinder zu, wurde wieder schwanger und bekam knapp zwei Jahre nach Torsten ihren zweiten Sohn Bernd. Torsten war mit einem Kaiserschnitt entbunden worden, nicht nur wegen seiner Steißlage, sondern auch, weil die Ärzte Vera keine normale Geburt zutrauten. Vera wußte, daß sie per Kaiserschnitt maximal drei Kinder gebären konnte. Sie wollte aber gerne vier Kinder haben und lehnte deshalb weitere Kaiserschnitte ab, wenn es nicht unbedingt sein mußte. Außerdem sagte sie sich: »Wenn die anderen das allein können, kann ich das auch.« Mit ihrem Dickkopf setzte sie sich durch und gebar Bernd ohne Kaiserschnitt. »Vorher hatte ich schon ein Kribbeln im Bauch. Während der Geburt stand ich dann Todesängste und Schuldgefühle gebündelt aus. Ich dachte, daß es meine Schuld wäre, wenn etwas passieren würde, weil ich keinen Kaiserschnitt wollte.« Es passierte aber nichts, und Vera hatte sich ihren Traum von vier eigenen Kindern schon zur Hälfte erfüllt.

»Nun hast du vier«, wirft Katrin trocken ein, ohne von ihrem Bild, das sie gerade malt, aufzublicken. Es tat Veras Selbstbewußtsein gut, zu heiraten und ihre Wunschvorstellung von einer großen Familie nach und nach zu realisieren. Ihr Mann, der ehemalige Nachbarssohn, war ursprünglich zum Radio- und Fernsehtechniker ausgebildet worden und arbeitete später im Bergbau als Elektroniker. Er hat sie als vollwertig anerkannt und ihre Behinderung nicht mehr wahrgenommen. »Ich glaube, er wollte sie auch nicht sehen. Dadurch hat er mich ständig überfordert, denn er hat meine Grenzen nicht akzeptiert, obwohl ich sie ihm immer wieder klarzumachen versuchte. Ich fühlte mich mit den Kindern immer mehr im Stich gelassen.« Vera heiratete ihn, obwohl es von Anfang an schwierig für sie war, mit ihm zu reden, an ihn heranzukommen. »Ich dachte, die Ehe ist ein Lebenswerk und bietet die Chance, sich immer näherzukommen. Ich hoffte, wir würden uns gegenseitig ausgleichen, ich mit meinem Temperament und er mit seiner ruhigen Art.« Statt dessen wurde das Verhältnis der beiden etwa gleichaltrigen Eheleute im Laufe der Jahre immer schwieriger. Veras Mann empfand ihren Wunsch nach Nähe als Bedrohung, wurde immer verschlossener und zog sich mehr und mehr zurück. Sie kam immer schwerer an ihn heran.

Eheschwierigkeiten haben andere Menschen auch, dachte sich Vera. Zunächst freute sie sich, daß sie entgegen aller Prognosen so leben konnte wie andere auch, sogar ohne ständig an die Behinderung zu denken und unabhängig von der Meinung anderer. »In der Pubertät war das ein Wunschtraum, mit Mann und Kindern zu leben. Dann stellte ich plötzlich fest: ›Mensch Meier, du kannst das auch.‹ Das hat meinem Selbstbewußtsein ordentlich Auftrieb gegeben.«

Mit gestärktem Selbstbewußtsein traute sie sich weitere Kinder zu. Zwei Jahre nach Bernd kam ihr drittes Kind, Katrin, zur Welt. Wie schon während der anderen Schwangerschaften fühlte sie sich pudelwohl, als sie das Kind austrug: »So wohl wie zwischen dem fünften und dem achten Monat habe ich mich in meinem ganzen Leben weder vorher noch hinterher gefühlt. Die Gewichtsverteilung war wohl mit einem Kind im Bauch günstig, so daß mein Rücken gerade war. Ich konnte besser laufen und habe weniger gehumpelt. Zu meinem Mann sagte ich damals: ›Ich müßte immer schwanger sein.‹« Wieder brachte sie das Kind auf natürlichem Weg ohne Komplikationen zur Welt.

Zwei Jahre nach Katrins Geburt war Vera wieder schwanger. Diese Schwangerschaft beschreibt sie als schrecklich. Sie fühlte sich unwohl und hatte das Gefühl, einen »Klumpen im Bauch zu haben, der da nicht hingehört«. In der 23. Schwangerschaftswoche kam es dann zur Fehlgeburt. Diese Schwangerschaft war solch ein Schock für sie, daß sie kein weiteres Kind austragen wollte. Das Ehepaar freute sich über die drei gesunden Kinder und entschied sich gegen weitere eigene Kinder. Vera und ihr Mann spielten aber mit dem Gedanken, eventuell einem fremden Kind zu helfen und ein Pflegekind aufzunehmen.

Es geht auf Mittag zu. Die Haushaltshilfe hat sich verabschiedet. Vera unterbricht das Gespräch, weil sie Anke, ihr jüngstes Kind, vom Kindergarten abholen muß. Ich bleibe mit Katrin allein, und Vera fährt in einem roten Lada fort. Sie ist auf ein Auto angewiesen, denn sie kann nicht schwer tragen und braucht das Auto zum Einkaufen. Als sie noch mit ihrem Mann zusammenlebte, besaß die Familie zum Schluß zwei Autos: den älteren Lada und einen Kleinbus. Beide Fahrzeuge sind Schaltwagen, denn ihr Mann hielt Schaltwagen für technisch besser, obwohl Vera mit einem Automatikfahrzeug besser zurechtkommt. Der Kleinbus war für Vera leichter zu handhaben, besonders wenn sie mit allen Kindern unterwegs war. Als ihr Mann auszog, nahm er aber den Bus mit und hinterließ ihr den Lada, dessen Lenkung schwergängig ist und dessen Bremsen und Kupplung kaputt waren. Vera kratzte Geld zusammen und ließ ihn reparieren. Inzwischen hat sie versucht, sich ein Auto von staatlicher Stelle finanzieren zu lassen – bislang ohne Erfolg. Denn Autofinanzierungen sind vorgesehen für behinderte Menschen, die berufstätig sind, nicht aber für behinderte Hausfrauen. Vera hat ihren nun 18 Monate währenden Kampf um ein Auto noch nicht aufgegeben. Vorerst muß sie aber mit dem Lada vorliebnehmen und ist froh, daß sie überhaupt über ein Auto verfügt. Sie hat Angst vor dem nächsten Winter, denn bei glatter Fahrbahn macht es ihr noch mehr Mühe, das Fahrzeug zu kontrollieren.

Im Türschloß wird ein Schlüssel gedreht – Mutter und Tochter kehren zurück. Die vierjährige, ganz hellblonde Anke, bekleidet mit einer Latzhose, stürmt herein und plappert munter drauflos. Vera folgt etwas langsamer. Die beiden Kinder spielen nun gemeinsam. Ihre Mutter sitzt wieder neben mir und setzt ihre Erzählung fort. Ab und zu kommt Anke, weil sie etwas fragen oder zeigen will, und spielt dann weiter mit ihrer älteren Schwester.

Nachdem Vera ihr viertes Kind verloren und sich gegen eine weitere Schwangerschaft entschieden hatte, reifte die Idee in ihr, ein Pflegekind aufzunehmen. Ganz neu war dieser Gedanke nicht für sie, denn schon nach den beiden Jungen hatte sie sich diese Möglichkeit überlegt für den Fall, daß sie körperlich nicht in der Lage sein sollte, weitere Kinder auszutragen. Nun wurde die Überlegung wieder akut. Judith, die im Alter von Katrin war, kam in die Familie. »Vom Jugendamt wurde ich besonders überprüft und wohl auch mehr kontrolliert als andere. Aber als man sah, daß ich mit Kindern umgehen kann und den Haushalt bewältige, war man beruhigt. Das einzige Problem waren unsere beengten Wohnverhältnisse. Wir bekamen Judith mit der Auflage, uns eine größere Wohnung zu suchen.« Gerade hatte Judith sich eingelebt, da stabilisierten sich die Verhältnisse ihrer leiblichen Eltern, und sie mußte wieder weg. Nach einem Jahr aber war sie wieder da, weil die familiäre Situation untragbar geworden war. Judith lebte dann noch zwei Jahre mit Vera und den Kindern. Doch bereits zwei Monate nach Judiths Rückkehr stellte Vera fest, daß sie wieder schwanger war.

Mittlerweile sind auch die beiden Jungen, die schon zum Gymnasium gehen, aus der Schule nach Hause gekommen. Bernd, der Zweitälteste, bereitet für uns und seine Schwestern Butterbrote und serviert sie uns. Ich wundere mich, wie problemlos es möglich ist, die konzentrierte Erzählung fortzusetzen, obwohl vier Kinder im Raum sind. Die Kinder beschäftigen sich selbst und sind recht ruhig, nur Anke spricht manchmal etwas lauter. Dann hebt auch Vera, um ihre Tochter zu übertönen, ihre Stimme, die einen lachenden Unterton bekommt.

Jetzt ist es auch noch schiefgegangen

Vera war also wieder schwanger, und wieder war es eine komplizierte Schwangerschaft. Sie mußte viel liegen. Gleichzeitig erhielt die Familie die Nachricht, daß sie im Sommer eine größere Wohnung in einer anderen Stadt beziehen könne. Vera hoffte, das heranreifende Kind noch bis nach dem Umzugstermin bei sich behalten zu können, aber es kam anders: Anke wurde drei Monate zu früh geboren. Die Fruchtblase war gesprungen, so daß die Geburt eingeleitet werden mußte. Der Arzt sah für das Kind keinerlei Chance zu überleben. Er meinte, das Kind hätte nur dann eine geringe Überlebenschance, wenn es mit Kaiserschnitt entbunden würde, wovon er aber mit Rücksicht auf Vera abriet. Außerdem seien die meisten Kinder, die unter solchen Umständen geboren würden und überlebten, behindert. Vera weigerte sich, das Kind aufzugeben, ehe es geboren war. Sie ließ sich gegen ärztlichen Rat nicht unter Drogen setzen und wollte alles für das Kind tun, was ihr möglich war. In dieser Situation, in der sie den schmalen Grat zwischen Leben und Tod deutlich am eigenen Leib erfuhr, fand Vera zu einem intensiveren Glauben. Sie sagte sich: »Ich nehme es an, wie es ist. Auch wenn das Kind schwerstbehindert ist, wird es eine Lösung geben.«

Das Wunder geschah: Anke wurde geboren und lebte. Nun brach in der Klinik Hektik aus, denn da man dem Kind keine Überlebenschance eingeräumt hatte, war auch kein Brutkasten vorbereitet worden. Die kleine Anke mußte als Baby vieles durchmachen: Sie wurde künstlich beatmet und am Herzen operiert, die Nieren versagten, sie bekam eine Hirnblutung, sie litt unter Blutarmut, und ihr Magen nahm zunächst die Muttermilch nicht an. Drei Monate lang blieb sie in der Klinik.

Vera beschreibt ihren Tagesablauf in der Zeit, als der Umzug in die neue Wohnung abgeschlossen war: »Morgens stand ich um sechs Uhr auf und pumpte Milch ab, was ich im Laufe des Tages alle vier Stunden wiederholte. Dann kümmerte ich mich während des Tages um die drei eigenen Kinder und Judith, die immer schwieriger wurde. Die beiden Jungen waren sehr unruhig und aggressiv, bis ich durch einen Zeitungsartikel darauf kam, daß sie allergisch auf bestimmte Lebensmittel reagierten. Ich stellte die ganze Kost um. Immerzu fragte ich mich, ob Anke überleben würde. Damals hatten wir nur ein Auto, mit dem mein Mann zur Arbeit fuhr. Wenn er abends wiederkam, bin ich in die andere Stadt in die Klinik zu Anke gefahren, weil ich davon überzeugt war, daß das Kind mich brauchte. Morgens gegen zwei Uhr kam ich dann wieder, und vier Stunden später begann der neue Tag. Heute weiß ich nicht mehr, wie ich das überstanden habe.«

Von ihrem Mann erfuhr sie immer weniger Unterstützung: »Je mehr Streß es gab, um so mehr hat er sich zurückgezogen. Er hat sehr viel gearbeitet, dauernd Überstunden gemacht und beschäftigte sich in seiner Freizeit mit seinem Computer oben unterm Dach. Es war fast unmöglich, Absprachen wegen des Autos oder sonstiger Hilfen mit ihm zu treffen. Er warf mir vor, daß ich alles organisierte, was unter dem Zeitdruck auch notwendig war, und begriff die besondere neue Lebenssituation gar nicht.«

Erschwerend kam hinzu, daß Vera nach dem Umzug in einer neuen Umgebung lebte, an die sie sich erst gewöhnen mußte. »Anfangs war es hier sehr, sehr schlimm. Die Menschen waren vorsichtig und stur. Es hat sehr lange gedauert, bis ich mich eingelebt hatte. Ich werde mit anderen Augen angesehen als andere. Und wahrgenommen wird meistens das, was ich nicht kann, nicht das, was ich kann.« Während die meisten Leute »doof guckten, aber nichts sagten« und sich eine bedrückende Stimmung verbreitete, sei sie von den Erzieherinnen im Kindergarten gut akzeptiert worden.

»Mein Kindergarten?« fragt Anke und reißt die Augen auf. Als sie eine positive Antwort erhalten hat, haucht sie noch ein ergriffenes »Oh«, um dann eine Weile ganz ernst und still zu sein. Heute geht Anke in den Kindergarten, damals wurden Katrin und Judith auf Notplätzen des Kindergartens untergebracht.

Als Vera schließlich ihre jüngste Tochter mit nach Hause nehmen durfte, fielen zwar die nächtlichen Autofahrten weg, dafür wurde sie nun mit fünf Kindern von ihrer Umgebung noch stärker begutachtet, und zwar eher zweifelnd und ablehnend als wohlwollend. Wenn die Leute in den Kinderwagen schauten, sagten und fragten sie: »Wo ist es denn? Ist das aber klein!« Dann litt die Mutter vor allem unter den Blicken, »ohne Worte, aber vielsagend«. Vera weiß, daß es anderen Eltern frühgeborener Kinder ähnlich geht, bei ihr fand zusätzlich eine Übertragung auf die Behinderung statt: »Ich las die Gedanken: ›Wie kann die sich so viele Kinder anschaffen? Jetzt ist es auch noch schiefgegangen, da sieht man es ja.‹ Mehr als nichtbehinderte Mütter in einer ähnlichen Lage muß ich ständig beweisen, daß ich nicht asozial und nicht geistig behindert bin. Besonders schlimm ist es, wenn ich in eine fremde Umgebung komme.«

Vera glaubt, daß sie sich mehr gefallen lassen muß als nichtbehinderte Menschen. »Teilweise denke ich mir, daß nicht ich, sondern die anderen behindert sind, weil sie sich ›vollkommen‹ fühlen. Dadurch machen sie mich erst zur ›Behinderten‹. Die Schwächen der anderen sind ja nicht so offensichtlich wie bei mir und können toll vertuscht werden. Meine Schwäche kann ich nicht vertuschen, und so habe ich mich vor den Mitmenschen zu beweisen.« Sie, die sonst ruhig und gleichmäßig spricht, wird erregt und von Satz zu Satz lauter: »Ich möchte den elenden Druck loswerden, mich den anderen immer beweisen zu müssen. Ich habe genug bewiesen. Aber immer, wenn ich neue Kontakte knüpfe, geht es wieder von vorne los. Ich will mich nicht ständig beweisen müssen!«

Sich selbst muß sie schon lange nichts mehr beweisen. Als Anke klein war, lebte Vera mit fünf Kindern und wußte inzwischen, daß sie mit Kindern umgehen konnte. Bei Judith, dem Pflegekind, zeigten sich nach der ersten Eingewöhnungsphase, in der für das

Kind alles fremd, neu und aufregend war, immer stärkere Verhaltensstörungen. Diese Probleme fielen ausgerechnet in die Zeit, in der die Pflegemutter mit Anke voll ausgelastet war. Nach und nach fand Vera auch die Gründe für Judiths Verhaltensstörungen heraus, die in der Ursprungsfamilie lagen. Vera empfand das Verhalten des Pflegekindes als bedrohlich für ihre Familie und suchte einen Psychologen auf. Der riet ihr indirekt, das Kind wieder abzugeben. »Das war eine schwere Entscheidung«, berichtet Vera. Sie sah ihre Familie als gefährdet an, wollte sie retten und entschied sich gegen Judith. »Es war eine harte Trennung. Das Jugendamt verlangte, den Kontakt ganz abzubrechen. Das war schlimm.« Vera bekommt eine brüchige Stimme und kämpft mit den Tränen. »Es fällt mir schwer, darüber zu sprechen.«

Er ist der Held

Vera hatte nun noch vier Kinder, wobei Anke mit ihren häufigen Infektionen zunächst einmal viel Aufmerksamkeit erforderte. Doch im Laufe der Zeit stabilisierte sich ihr körperlicher Zustand. Vera hoffte, nun ruhigeren Zeiten entgegenzugehen, aber sie hatte sich geirrt: Ihr Mann verliebte sich in ihre beste Freundin.

Mann und Freundin strebten eine Dreiecksbeziehung an mit dem Argument, Vera sei aufgrund ihrer Behinderung auf die beiden angewiesen. Darauf ließ sie sich nicht ein und drängte auf eine Entscheidung ihres Mannes zwischen ihrer Freundin und ihr. Das Ehepaar besuchte eine Eheberatung, und Vera stellte ihrem Mann ein Ultimatum. Er reagierte verletzt und setzte sie psychisch unter Druck, indem er ihr beispielsweise Geldunterschlagungen unterstellte. Schließlich zog er aus, und Vera konstatiert: »Jetzt, wo es ansonsten bergauf geht, stehe ich allein da.«

Sie muß wieder etwas lauter reden, denn Anke singt ein Lied, das sie wohl im Kindergarten gelernt hat. Nach einer Weile stimmt auch Katrin mit ein, und die beiden Mädchen singen von jemandem, der an ein schönes Haus kam und dort ein Mädel herausholte. Wie die Geschichte weiterging, registriere ich nicht, weil ich mich wieder auf Vera konzentriere.

Die muß nun nicht nur allein mit ihren vier Kindern fertig werden, sondern sie wird außerdem von einigen Verwandten dafür verantwortlich gemacht, daß die Ehe zerbrach. »Alle sahen es als ungeheures Glück für mich an, daß ich einen Mann gefunden hatte. In deren Augen hätte ich ihn anbeten müssen. Mein Mann ist der Held, weil er mich genommen hat. Er wurde als der Supermann angesehen, obwohl ich es fast ausschließlich war, die die Familie in jeglicher Hinsicht versorgte.« Ihre Eltern waren die einzigen, die nicht Vera beschuldigten, sondern von Veras Mann enttäuscht waren: »Vor unserer Hochzeit haben sie ihn beiseite genommen und ihm gesagt, er solle sich gut überlegen, ob er mich heiraten wolle. Schließlich sei ich sehr willensstark und hätte eine Behinderung, die immer da sein werde. Es werde nicht leicht für ihn sein, eine behinderte Frau zu haben, weil er doch ein gesunder Mann sei.« Die Eltern sind nun enttäuscht, weil sie Veras Mann doch vorher gewarnt haben. Vera selbst erfuhr von dieser Aktion ihrer Eltern erst kürzlich im Zuge der Trennung von ihrem Mann.

Veras Mann machte seine Drohung wahr, seine Frau materiell unter Druck zu setzen, wenn sie sich trennen würde: Er zahlte keinen Unterhalt. Vera ging zum Sozialamt und bekommt seitdem von dort Geld. Nachdem sie allein war, entschloß sie sich, alle Hilfen auszuschöpfen, die ihr zustehen. Nur eine Haushaltshilfe ist ihr genehmigt worden, ansonsten sind ihre Bemühungen bislang erfolglos geblieben.

Die Schwierigkeiten gehen weiter: Nach der Scheidung werden Vera und die Kinder die jetzige Wohnung wahrscheinlich verlassen müssen. Das geräumige Haus, in dem Vera wohnt, ist nämlich eine Werkswohnung ihres Mannes. Das Haus mit seinen Treppen ist zwar für sie nicht optimal – je nach Tagesform läuft sie die Treppen manchmal rückwärts hinunter –, sie weiß aber, daß sie als alleinerziehende behinderte Mutter von vier Kindern, die von der Sozialhilfe lebt, so schnell kein vergleichbares Zuhause finden wird.

Die Kinder werden unruhiger. Die beiden Jungen gehen nach draußen, um Fahrrad zu fahren und mit Freunden zu spielen. Obwohl Vera mir sicherlich noch vieles erzählen könnte, beenden wir langsam das Gespräch. Ehe ich gehe, mache ich noch Fotos von Vera. Das ist für die Kinder – Bernd ist inzwischen wieder hereingekommen – eine angenehme Abwechslung: Reihum wandert der Apparat, und jeder schießt Aufnahmen von jedem. Währenddessen berichtet Vera von der Besuchsregelung, die für den Kontakt der Kinder zu ihrem Vater getroffen worden ist: »Der Richter kannte mich vorher nicht, also bestanden zunächst einmal die üblichen Vorurteile. Das Mißtrauen des Richters gegen mich als behinderte Mutter ging so weit, daß er meine Erziehungsfähigkeit anzweifelte.« Diesmal mußte sich Vera nicht selbst beweisen, sondern ein psychologisches Gutachten nahm ihr diese Arbeit ab. Sie fügt hinzu, daß der Richter eventuell auch dann mißtrauisch gewesen wäre, wenn sie nicht behindert wäre. Von anderen Frauen hat sie nämlich schon ähnliche Geschichten gehört.

Der Film ist voll, und ich verabschiede mich. Vera und die Kinder stehen am Straßenrand und winken, als ich davonfahre. Einen letzten Blick werfe ich auf das schwarze Haus, aus dem die Familie vielleicht bald ausziehen muß, auf den klapprig wirkenden roten Lada, für den sie keinen Ersatz bekommt, auf die Kinder, die so einen zufriedenen, glücklichen Eindruck machen, und auf Vera, die ständig beweisen muß, daß sie nicht asozial ist.

Sofia

Ein winziges blaues Blümchen

»Wie hättest du es denn gerne?« – »Sag mir, wie ich mich setzen oder stellen soll«, sagt Sofia zu mir und nach einer Weile: »Noch immer nicht genügend Aufnahmen? Na ja, wenn du meinst...«

Wir haben uns an einem Spätnachmittag im Februar in dem Gästehaus getroffen, in dem ich für zwei Tage wohne. Weil es bald dunkel wird, habe ich gleich nach der Begrüßung vorgeschlagen, erst einmal zu fotografieren und uns danach zu unterhalten. Sonst bevorzuge ich die umgekehrte Reihenfolge, weil es für die Fotografierte meistens leichter ist, wenn zuvor ein Vertrauensverhältnis zu der Frau hinter der Kamera aufgebaut werden konnte.

Bei Sofia ist das anders: Obwohl wir uns erst einige Minuten kennen, fügt sie sich freundlich und bereitwillig allen meinen Wünschen. Sie steht, sie sitzt, sie kämmt sich die Haare mit dem Fuß, sie schreibt mit der Hand, dann mit dem Fuß. Kein Protest, ihre eigenen Vorstellungen und Ansprüche meldet sie nicht an, sie meidet die Konfrontation – Fotografen würden sich wohl freuen, hätten sie immer mit solchen Modellen zu arbeiten. Mir fällt zunächst nur auf, daß diese knapp 30jährige Frau es mir leicht macht. Erst später bemerke ich, daß ich gleich zu Beginn unserer Begegnung einen ihrer wesentlichen Charakterzüge kennengelernt habe...

Man leistet sowieso das Doppelte

Sofia ist nämlich vorzugsweise lieb. Freundlich, manchmal etwas spitzbübisch schaut sie aus ihren großen braunen Augen, in die der Pony fast hineinhängt. Seitlich und hinten fallen die krausen dunkelblonden Haare locker über ihre Schulter und enden nahezu in derselben Höhe wie ihre kurzen Arme. Sofia ist contergange-

schädigt, wodurch sie nicht nur kurze Arme hat, sondern auch Hüftprobleme an beiden Seiten, ein zu kurzes Bein, eine fehlende Kniescheibe und einen überzähligen Zeh, der wegoperiert wurde. Wegen der Hüftprobleme hat sie bis zu ihrem 20. Lebensjahr immer Schienen tragen müssen.

Mit 20 war Sofia dann plötzlich gar nicht mehr lieb. Sie zog nicht nur die Schienen aus, sondern widersetzte sich auch den Leistungsansprüchen, die von außen an sie herangetragen wurden: Ihr war von klein auf beigebracht worden, sie müsse sich zurücknehmen und ihre Behinderung durch ihre Intelligenz wettmachen. Kurz vor dem Abitur verließ sie aber die Schule. Sie weiß selbst nicht genau, warum sie so handelte. Vielleicht war es eine Trotzreaktion, mutmaßt sie. Es habe sie einfach geärgert, daß alle zu ihr sagten: »Du machst das schon.« Und sie habe sich nach dem Sinn gefragt und keinen gesehen. Besondere Schwierigkeiten habe sie jedenfalls nicht gehabt, aber »Ehrgeiz geht mir total ab«, stellt sie fest.

Sofia spricht schnell, manchmal wirkt es fast ein wenig gehetzt. Sie spricht zwar reines Hochdeutsch, trotzdem habe ich wegen ihrer undeutlichen Aussprache manchmal Schwierigkeiten, sie zu verstehen. Zwischen den Sätzen entstehen oft lange Pausen. Sofia läßt sich Zeit, sie versucht, meine Fragen gründlich zu beantworten. Wenn sie dann weiß, was sie sagen will, legt sie los. Ohne Punkt und Komma prasseln die Worte auf das Gegenüber ein.

Schnell ist Sofia mit dem Sprechen, nicht so schnell fand sie eine Ausbildung, die ihr gefiel. Nach der Schule jobbte sie zunächst in einer Taxizentrale, bis sie merkte: »Wenn ich hier noch länger bleibe, wird es gefährlich, dann stürze ich ins Niveaulose ab.« Bis sie 1987 mit dem Studium der Sozialpädagogik begann, versuchte sie sich in anderen Ausbildungsgängen, jobbte, bewarb sich hier und da und absolvierte ein einjähriges Praktikum für die Anerkennung ihrer Fachhochschulreife, die sie mit abgeschlossener 12. Klasse erreicht hat. Die exakte Reihenfolge ihrer verschiedenen Aktivitäten weiß Sofia selbst nicht mehr so genau. Im Gedächtnis geblieben sind ihr die Reaktionen verschiedener Menschen auf ihre Behinderung:

»Ich bewarb mich bei einem selbst körperbehinderten Anwalt,

um mich zur Rechtsanwalts- und Notargehilfin ausbilden zu lassen. Er nahm mich nicht, weil er befürchtete, ich könnte nicht Schreibmaschine schreiben. Ich war erschüttert und dachte: ›Wenn selbst der mir das nicht zutraut...‹«

Schreibmaschine schreibt Sofia mit den Händen. Für fast alle Tätigkeiten, die andere Leute mit den Händen ausüben, setzt auch Sofia ihre Arme und Hände ein. Sie hat aber auch gelernt, ihre Füße für vieles zu benutzen: Schreiben kann sie sowohl mit dem Fuß als auch mit der Hand. Da sie aber Probleme mit den Hüften hat und das linke Bein wegen der fehlenden Kniescheibe nicht so gelenkig ist, ist der Aktionsradius ihrer Beine eingeschränkt, so daß sie sie nicht so weitgehend einsetzt wie einige andere contergangeschädigte Menschen.

Häufig erlebte Sofia, daß man ihr aufgrund ihrer Behinderung nichts zutraute. Sie stieß aber auch auf gegenteilige Reaktionen: »Beim Vorstellungsgespräch in einer Sprachenschule schwärmte man mir von einer ehemaligen Schülerin vor: Sie sei zwar blind gewesen, habe aber hervorragende Leistungen gebracht. Da war mir klar: Entweder du leistest auch Hervorragendes, oder du wirst abgesägt. So war's dann auch. Ich wurde abgesägt.«

Auf meine Frage, ob ihrer Meinung und Erfahrung nach behinderte Menschen mehr leisten müssen als nichtbehinderte, antwortet Sofia, ohne zu zögern: »Als behinderter Mensch leistet man doch sowieso schon das Doppelte, weil alles viel schwerer fällt. Und dann kommen noch die überzogenen Erwartungen von außen dazu.«

Diesem Appell an ihr Leistungsvermögen konnte und kann sich Sofia entziehen. Was ihr aber bleibt, ist das Gefühl, aufgrund der Behinderung mit einem Makel behaftet zu sein, den es auszugleichen gilt. »Erlaub dir bloß nichts Abwegiges, habe ich mir immer gesagt. Du fällst sowieso schon auf. Wenn du jetzt noch lila Haare hast oder schwanger wirst, bist du ganz weg vom Fenster...« Das war mit 16. Wie ist es heute? »Ich verstecke mich hinter einer großen Klappe und meinen dummen Sprüchen über mich selbst und meine Behinderung. Und ich dränge mich nicht auf, will niemandem lästig werden.«

Sie erzählt ein Beispiel: »Wenn ich in einer Gruppe höre, daß andere ins Kino gehen wollen, sage ich nicht, daß ich den Film auch gerne sehen möchte. Die sollen mich fragen, ob ich mitkommen will.« Sie stockt einen Moment. Dann bricht es aus ihr heraus: »Das ist ja absolut bescheuert von mir! Total doof! Völlig bekloppt!« Langsam wird sie wieder ruhiger: »Das werde ich ändern«, beschließt sie und fügt erklärend hinzu: »Wenn es einem erst mal bewußt ist, was man macht oder manchmal auch mit sich machen läßt, dann kann man es auch ändern.«

Geändert hat Sofia in ihrem Leben die Umstände, mit denen sie nicht zufrieden war. Als sie an einer Fachhochschule drei Semester Dokumentation studiert hatte und feststellen mußte, daß ihr weder die Studieninhalte noch das Verhalten der Kommilitonen gefielen, brach sie diesen Ausbildungsgang ab. »Das war mir viel zu schul- und ellbogenmäßig. Gemeinsames Lernen war nicht möglich. Die anderen konkurrierten miteinander. Warum, weiß ich auch nicht. War jedenfalls doof.« Also Schluß. Mit ihrem jetzigen Studium der Sozialpädagogik ist Sofia zufriedener. »Das Studium ist vielseitig, und unter den Studenten herrscht mehr ›Miteinander‹.«

Ich will wissen, ob sie mit diesem Studium nun ihren Traumjob anstrebt. »Nein, mein Traum war es nicht, Sozialpädagogin zu werden. Aber dieses Studium ist sicherlich ein guter Kompromiß. Denn ich kann damit später vieles anfangen.«

Was wäre ihr Traum gewesen? »Gerne hätte ich Jura studiert – dafür fehlt mir das Abitur. Tischlerin wäre ich auch gerne geworden – das geht nicht, weil ich allergisch bin, unter anderem gegen Staub. Außerdem würde mir dazu, glaube ich, die Kraft fehlen. Am liebsten hätte ich etwas mit Tieren gemacht, Zoowärterin oder so. Aber das scheidet ja auch von vornherein aus, denn Elefanten abbürsten kann ich nicht.«

Sofia liebt Tiere. Sie lebt allein mit ihrem Hund »Moky«, den sie liebevoll auch »Kartoffel« nennt. Auf Moky, einen Mischling mit Neufundländeranteilen, reagiert sie nicht allergisch, obwohl sie sonst auch auf Tierhaare allergisch anspricht und deshalb Katzen vorsichtshalber erst gar nicht berührt. Nun möchte sie sich gerne noch einen zweiten Hund zulegen. Obgleich sie in den letzten Jahren häufig umgezogen ist, sucht sie deshalb neuerdings wieder eine Wohnung, in der sie noch einen Hund halten darf. Einer ihrer Umzüge wurde nötig, weil der Vermieter im Winter bei 13 Grad Innentemperatur nicht die Heizung einschaltete. »Man läßt sich ja einiges gefallen«, sagt Sofia dazu. »Aber nicht alles.« So, wie Sofia die Umstände schildert, läßt sie sich sehr viel gefallen. Verständlich wird das vor dem Hintergrund, daß sie nicht auffallen möchte und schon gar nicht unangenehm.

So lebt sie mit Moky zusammen und studiert Sozialpädagogik. Zu verdanken hat sie das, so meint sie, ihrer Pflegemutter. Sofias leibliche Mutter gab das behinderte, zudem uneheliche Kind nämlich 1962 im Alter von einer Woche in einem Heim ab, wo Sofia die ersten 13 Jahre ihres Lebens zubrachte. »Das ist fast die Hälfte meines Lebens«, bemerkt Sofia mit einem bitteren Unterton in der Stimme.

Gefragt nach den Erfahrungen in ihrer Kindheit, antwortet sie zögernd: »Ich kann mich nicht daran erinnern, überhaupt nicht. Wahrscheinlich habe ich vorsichtshalber alles vergessen«, analysiert sie ihren Gedächtnisschwund. Lediglich an einen Balkon, auf dem eine Plastiksandkiste und im Sommer ein kleines Planschbecken stand, kann sie sich erinnern. Sofia wuchs in einer Gruppe mit anderen behinderten Kindern auf und lernte, mit den Füßen zu schreiben. Womit sie sich ansonsten den ganzen Tag über beschäftigte, wie viele Kinder sie in der Gruppe waren, das weiß sie alles nicht mehr. »Ich glaube, wir sind außer auf den Balkon nie rausgekommen. Auf alle Fälle haben wir niemals das Gelände des Heimes verlassen.«

Das verließ sie zum ersten Mal im Alter von sechs Jahren an der Hand ihrer Pflegemutter, die sie seit einigen Jahren regelmäßig besuchte. Was sie über diesen ersten Ausflug berichtet, weiß Sofia aus Erzählungen: »Ich sah erstmals Autos. Das hat mich besonders beeindruckt. Ich konnte überhaupt nicht begreifen, daß die von allein fahren. Auch vor Straßenbahnen habe ich staunend gestanden, ist mir erzählt worden.« Diese eigentlich erschreckende Tatsache, daß Sofia mit sechs Jahren erstmals echte Autos sah, nimmt sie selbst gelassen und kommentiert mit Distanz und Ironie: »Ich wurde eben später auf die Menschheit losgelassen.«

Von da an durfte Sofia das Heim einmal in der Woche für einige Stunden verlassen und lernte bei ihrer Pflegemutter die ›große, weite Welt‹ kennen. Auch die halben Schulferien verbrachte sie bei dieser Frau, nannte sie ›Mama‹ und fühlte sich dort ›zu Hause‹. Dort bekam sie ersten Kontakt zu nichtbehinderten Kindern. »Meine Pflegemutter wunderte sich, daß ich mich trotz meiner Kindheit im Heim recht normal entwickelte, auch wenn ich wohl sprachlich einiges nachzuholen hatte.«

Die Pflegemutter versuchte nicht nur, Sofias sprachliche Lükken zu schließen, sie setzte sich auch dafür ein, »daß ich ständig operiert wurde«. Das sagt Sofia in einem Tonfall, der offenläßt, ob sie es im nachhinein für sinnvoll hält, soviel operiert worden zu sein, oder nicht. Dreimal versuchten sich die Chirurgen an ihrer linken, einmal an ihrer rechten Hüfte. »Ich darf nicht springen, und ich gehe langsam. Wenn ich mit Moky spazierengehe, lasse ich sie ohne Leine laufen und wähle mein eigenes Tempo mit Pausen.«

Sofia erinnert sich auch an ihre Freundin Hanna, die sie im Heim hatte. Wenn sie daran denkt, weiß sie, was sie ihrer Pflegemutter zu verdanken hat: »Mit Hanna ist es bergab gegangen. Sie hatte niemanden, der sie herausholte. Sie lebt jetzt in einer Anstalt. Wer weiß, was ohne meine Pflegemutter aus mir geworden wäre?«

Zunächst ist es kalt geworden. Wir beide beginnen zu frösteln. Eigentlich befinden wir uns ja im tiefsten Winter oder, besser: Früher herrschten um diese Jahreszeit, nämlich im Februar, winterliche Verhältnisse. Heute aber war das anders. Den ganzen Tag konnte man bei sommerlichen Temperaturen und strahlend blauem Himmel im Freien verbringen. Was sich im Vergleich zu früher nicht verändert hat, ist die Kürze der Tage im Winter. So ist es bald, nachdem Sofia am späten Nachmittag gekommen ist, dunkel geworden. Wir merken, daß die Temperaturen nachts empfindlich absinken, schließen das halbgeöffnete Fenster und drehen die Heizung an.

Sofia kramt in ihrem Korb, um Bonbons herauszuholen, und kramt dann in ihrer Erinnerung, schildert ihre Schulzeit beziehungsweise das, was sie davon noch weiß. Die ersten vier Schuljahre absolvierte sie auf einer Sonderschule für Körperbehinderte in dem Heimkomplex, in dem sie aufwuchs. Dort wäre sie auch weiter zur Schule gegangen, wenn nicht die Pflegemutter dafür gesorgt hätte, daß sie eine ›normale‹ integrierte Gesamtschule besuchen konnte. »Ich mußte in einem Test zeigen, daß ich schnell genug schreibe. Wenn ich leistungsmäßig total unterm Level gelegen hätte, wäre das danebengegangen.«

Es ging aber nicht daneben. Sofia wurde problemlos in die Klassengemeinschaft aufgenommen. »Ich war nicht die einzige behinderte Schülerin. Das war alles ganz normal. Die anderen haben keine blöden Witze gemacht. Mit den schulischen Anforderungen hatte ich keine Probleme, und vom Sport war ich befreit.«

Das Heim endgültig verlassen konnte Sofia mit 13 Jahren. Sie zog in eine Außenwohngruppe, in der mehrere Kinder mit Erziehern lebten. Als einen entscheidenden Einschnitt in ihrem Leben sieht Sofia den Wechsel der Erzieher nach einem Jahr. »Da kam Elke als Erzieherin. Das ist bis heute meine beste Freundin. Die Wohngemeinschaft wurde mein Zuhause.«

Sofia strahlt bei diesen Worten. Gleich darauf verfinstern sich ihre Gesichtszüge, und sie erzählt. Fast eine Stunde lang erzählt sie über ihre Pflegemutter, wobei sie sich von Zeit zu Zeit richtiggehend ereifert, denn dieser Frau ist Sofia nicht nur dankbar. »Warum hat sie mich denn nicht adoptiert?« fragt sie vorwurfsvoll. Sie vermutet, ihre Pflegemutter habe sich nur das gute Gefühl verschaffen wollen, daß sie sich um ein behindertes Kind kümmerte. »Aber ein Kind mit allen Konsequenzen wollte sie nicht. Letztens hat sie zu mir, die sie ihre Tochter nennt, gesagt: ›Bin ich froh, daß ich mich nicht ständig um mein Kind kümmern mußte!‹« Sofia meint, ihre leibliche Mutter sei ehrlicher gewesen, als sie ihr Baby ganz weggab. Nein, sie empfindet der echten Mutter gegenüber keinen Zorn.

Ihr gespaltenes Verhältnis zu ihrer Pflegemutter ist Sofia erst in letzter Zeit bewußt geworden. »Früher habe ich nichts gemerkt, ich war einfach froh und dankbar. Seit ich in der Wohngemeinschaft lebte, habe ich mehr und mehr Distanz zu meiner Pflegemutter bekommen und dann die Dinge allmählich klarer gesehen.«

Als müßte sie ihre These von der halbherzigen Liebe ihrer Pflegemutter beweisen, fährt sie fort: »Sie ist ausgerastet, wenn ich heulte, und in den Arm genommen hat sie mich nur für ein Foto. An andere Anlässe kann ich mich jedenfalls nicht erinnern.« Sofia zückt eines der mitgebrachten Fotoalben. Typische Kinderbilder: Sofia mit Puppe, Sofia mit anderen Kindern, Sofia mit den beiden Meerschweinchen, die sie bei ihrer Pflegemutter hatte, und Sofia mit ihrer Pflegemutter. Wenn man genau hinschaut, erkennt man Sofias Behinderung, sonst kann ich beim besten Willen nichts Auffälliges entdecken. Es wirkt alles sehr harmonisch.

Immerhin kann sich Sofia an ihre Pflegemutter erinnern, während sie von den gleichzeitigen Geschehnissen im Heim nichts mehr weiß. Ihr ist noch etwas zum Thema ›Pflegemutter‹ eingefallen: »Ein Beispiel zeigt deutlich, daß sie mich überhaupt nicht kennt. Sie meint, ich wäre eine Sonnenblume geworden, wenn ich eine Blume geworden wäre.« Sofia hingegen glaubt von sich, sie wäre eine blaue Blume geworden. »Ich weiß nicht, was für eine. Ich kenne so wenige. Aber keine dunkelblaue. Eher mittelblau«, versucht sie sich als Blume zu beschreiben. »Und eine ganz kleine, winzige Blume wäre ich«, fügt sie mit leiser, weicher Stimme hinzu.

Sonst spricht sie mit kräftiger Stimme. Sofia weiß auch, daß sie sich burschikos gibt, meistens »die Kasperfrau« darstellt, die »immer gut gelaunt ist«. An eine Frau, die gerne ihre Mutter sein möchte, hat sie aber den Anspruch, daß sie hinter die Kulissen schaut.

›Mama‹ nennt Sofia ihre Pflegemutter schon seit ihrem 18. Lebensjahr nicht mehr. So richtig nachgedacht über ihr Verhältnis zu dieser Frau hat sie aber erst in den letzten Monaten und kommt zu dem Schluß: »Es ist nicht sehr sonnig zu erkennen, daß man eigentlich doch ganz allein auf der Welt ist.«

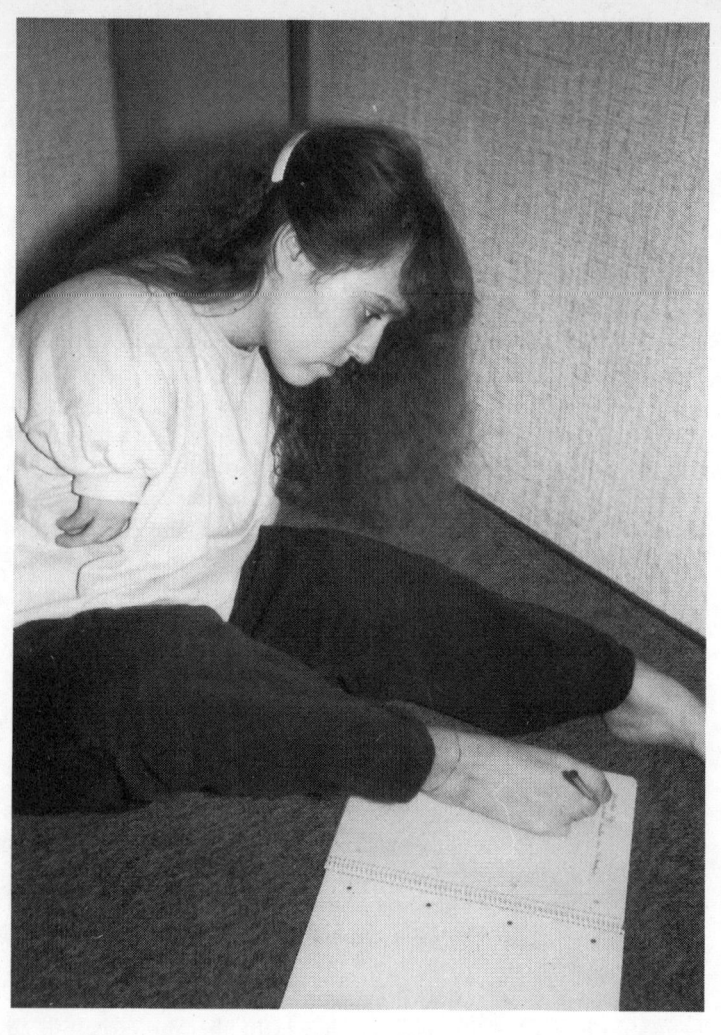

Den Defekt kompensieren

Das hat Sofia erkannt, weil sie eben allein ist und dadurch Zeit zum Nachdenken hat. Momentan hat sie keinen Freund. Vor zwei Jahren endete ihre letzte Partnerschaft. »Seitdem ist mein Liebesleben gleich Null«, stellt sie trocken fest. »Soweit ich mich erinnere«, fügt sie hinzu, wobei der Schalk aus ihren Augen blitzt. Bei mir fällt ein Groschen. Das also meinte sie mit »dummen Sprüchen über mich selbst«: Eben noch erklärte sie mir den traurigen Hintergrund ihres teilweise überraschend schlechten Gedächtnisses: Es war so schlimm, daß sie sich nicht daran erinnert. Und jetzt macht sie ihre Witzchen über genau dieses Phänomen.

Sofia hätte gerne wieder eine Beziehung und glaubt, daß ihr ihre Behinderung im Wege steht. »Ich erfülle das Schönheitsideal nicht. Männer wollen etwas zum Vorzeigen, damit sie sagen können: ›Guck mal, was ich hier Schmuckes an meiner Seite habe.‹ Behinderte Männer haben es da leichter, weil Männer keinem Schönheitsideal zu entsprechen brauchen und weil sie bei Frauen den Mutterinstinkt ansprechen.«

Eine kurze Pause entsteht, in der man nur das Bonbonlutschen hört. Dann fährt Sofia fort: »Es interessieren sich Männer für mich. Das sind dann aber solche, die ich nicht ab kann.« Obwohl sie sich eine Partnerschaft wünscht, nimmt sie nicht jeden. Schwierig wird es, wenn sie sich für jemanden interessiert. Dann steht ihr wieder ihre zurückhaltende Art im Wege: »Ich bin da altmodisch. Mein Interesse an jemandem signalisiere ich vielleicht durch häufiges Hinschauen, alles weitere erwarte ich von der anderen Seite.«

Aus Sofias Andeutungen entnehme ich, daß sie trotz der Anlaufschwierigkeiten Beziehungen eingegangen ist, und möchte gerne Näheres darüber erfahren. »Wunder dich nicht, wenn ich mal rot werde«, warnt sie mich. Sie ist an diesem Abend nicht rot geworden, jedenfalls habe ich es nicht bemerkt.

Hemmungen sind auch gleich ihr erstes Thema: Der erste Freund, den sie gegen Ende der Schulzeit kennenlernte, hatte Hemmungen, seinen Eltern von seiner behinderten Freundin zu erzählen. Die waren dann wahrlich nicht begeistert, als sie schließlich doch von der Wahl ihres Sohnes erfuhren. »Als sie mich kennenlernten, stellten sie fest, daß ich ›ganz nett aussehe‹, und akzeptierten mich.« Der Freund hatte keine Schwierigkeiten mit Sofias Behinderung. »Die ersten drei Jahre unserer Beziehung waren wirklich gut«, erzählt sie. »Da war ich wohl blind. Dann fehlte mir immer mehr das Gespräch, die Auseinandersetzung. Er war intellektuell auf einer anderen Ebene. Damit meine ich nicht das schulische Niveau, sondern die aktive Teilnahme am aktuellen Geschehen. In Diskussionen sagte er zu allem ja und amen. Aber ansonsten, wenn es um Unternehmungen ging, habe ich mich angepaßt.« Das änderte sich im Laufe der Zeit. Gegen Ende der Beziehung setzte sich Sofia mit ihrem Wunsch nach einem Hund gegen den anfänglichen Widerstand ihres Freundes durch.

Das junge Pärchen wohnte zusammen in einem Haus. Sofia wurde selbstbewußter, aber die Beziehung verschlechterte sich zusehends. »Ich habe mich mehr und mehr zurückgezogen und habe den körperlichen Kontakt vermieden. In dieser Zeit begann mein Asthma. Andere allergische Reaktionen hatte ich schon vorher. Nachts wachte ich auf und dachte, ich müßte ersticken.« Sofia analysiert und erklärt: »Klar, daß das psychisch bedingt ist. Schließlich traten die Symptome erstmals in einer echten Lebenskrise auf. Manchmal reagiere ich nicht allergisch, manchmal wie verrückt. Eigentlich habe ich schon lange nichts mehr gehabt«, fällt ihr beim Erzählen ein, und sie strahlt.

Als ihr Körper es Sofia deutlich gezeigt hatte, wie sehr sie unter dem Zusammenleben litt, wollte sie nach fünf Jahren die Beziehung zu ihrem Freund beenden. Er drohte mit Selbstmord, aber nach anfänglichem Zögern dachte sie: »Darum kümmere ich mich nicht. Das ist seine Sache. Ich muß für mich selbst sorgen.« Das tat sie auch und suchte sich eine eigene Wohnung. Der Freund brachte sich nicht um, sondern half seiner Exfreundin sogar noch beim Auszug.

»Die Leute haben mich bedauert. Sie gingen selbstverständlich davon aus, daß er Schluß gemacht hat, nur weil er nichtbehindert ist. Dasselbe erlebe ich, wenn ich einen neuen Freund habe. Die erste Frage, die mir gestellt wird, lautet: ›Ist er auch behindert?‹ Man reagiert dann überrascht, wenn ich einen nichtbehinderten Freund habe.«

Sofia ist der Ansicht, daß behinderte Menschen generell eher abgelehnt werden. »Das erlebe ich schon mal bei ›Autoflirts‹: Ein Mann in einem anderen Auto und ich werfen uns vielsagende Blicke zu und flirten ein bißchen rum. Wandern dann aber die Blicke des anderen in Armhöhe und erkennt er meine Behinderung, dann hat sich das Thema von selbst erledigt.« Sie kritisiert die verbreitete Auffassung, daß eine Behinderung den Wert eines Menschen mindere. Jedoch hat sie selbst diese Einstellung verinnerlicht, denn sie versucht, »die körperlichen Mängel wettzumachen. Gerade als Frau wird mir das Gefühl vermittelt und habe ich selbst das Gefühl, daß ich einen erheblichen Defekt kompensieren muß.«

Nicht lange nach der Trennung von ihrem ersten Freund lernte Sofia Rolf kennen. Oder sollte man sagen, daß er sie kennenlernte? Jedenfalls traf sie ihn ab und zu im Schwimmverein, wurde aber erst durch eine Freundin aufmerksam gemacht: »Der will doch was von dir.« Dann ging alles sehr schnell: Zusammen fuhren die beiden nach Spanien, wo sich »mehr oder weniger etwas ergab. Ich war nicht sehr verliebt«, berichtet Sofia in einem leicht gelangweilten Ton.

Feuer und Flamme war sie, als sie erfuhr, daß Rolf eine Südamerika-Tour plante. Sie träumte schon immer davon, Peru zu bereisen. »Ich nehme dich mit«, sprach Rolf gönnerhaft, und die beiden besuchten einen Spanischkurs. Sofias Augen leuchten, als sie von der Reise erzählt: »Auf den Galapagosinseln haben wir eine Woche auf einem Boot gelebt. Das war traumhaft. Hätten wir keinen Zoff gehabt, wäre es paradiesisch gewesen.« Es gab aber Zoff, denn Rolf hetzte von einem Ziel zum nächsten, und Sofia mußte mithetzen. »Was sollte ich machen? Sollte ich als Frau allein zurückbleiben?«

In der Woche auf dem Boot lernte sie auch die dort lebenden Menschen näher kennen, und sie ist begeistert von deren Art, mit ihr und ihrer Behinderung umzugehen: »Dort wurde einmal abgecheckt, ob man an meinem Arm ziehen kann, ohne daß er abgeht, oder nicht. Dann war alles ganz selbstverständlich, und niemand hat mich spüren lassen, daß ich anders bin. Hier glotzt doch wirklich jeder so, daß du, wenn du mit einem Messer dran vorbeigehen

73

würdest, die Stielaugen abschlagen könntest. Manchmal stiere ich blöd zurück, manchmal mache ich dumme Bemerkungen, manchmal registriere ich es gar nicht.«

Sofias Worte erstaunen mich. Ich kann mir kaum vorstellen, daß die Menschen in Südamerika nicht genau hingeschaut haben. »Ja, geglotzt haben die auch«, bestätigt Sofia. »Aber weniger.« Nun will ich aber wissen, was bis auf die Länge oder Intensität des Hinsehens der Unterschied zwischen den Menschen hier und in Südamerika ist. Sofia denkt nach. »Also, ich muß zugeben, eigentlich habe ich hier auch keine schlechten Erfahrungen gemacht. Aber, ich weiß nicht, irgendwie sind hier alle viel verschlossener.«

Wir sprechen und diskutieren eine Weile über dieses Thema, bis Sofia zu dem Ergebnis kommt: »Vieles ist einfach meine Unsicherheit. Ein Bekannter von mir, der ebenfalls contergangeschädigt ist, freut sich, wenn ihn jemand wiedererkennt, und glaubt, er hätte den anderen beeindruckt. Auf solch einen Gedanken würde ich nie kommen. Ich denke in so einem Fall: ›Natürlich wird man wiedererkannt. Das liegt an den kurzen Armen.‹« Nach einer Weile fällt ihr noch etwas ein: »Früher habe ich jedem unterstellt, daß er sich nur aus Mitleid mit mir beschäftigt. Ich konnte mir gar nicht vorstellen, daß jemand andere Motive haben könnte.«

Welche Motive Rolf hatte, mit Sofia nach Südamerika zu fahren, weiß sie nicht. Nach der Rückkehr war die Beziehung jedenfalls beendet. »Das lief alles ohne Worte. Rolf war sowieso nicht diskussionsfähig und total egoistisch. Zwischen uns blieben viele Dinge unausgesprochen. Auch das Ende. Es war dann einfach Schluß, und das wollten wir wohl beide so.«

Nicht gewollt ist Sofias Alleinsein seitdem. Manche Menschen können den nicht vorhandenen Partner bis zu einem gewissen Grad durch gute Kontakte und intensive Freundschaften kompensieren. Es interessiert mich, ob es auch Sofia gelingt, sich außer bei Moky noch anderswo Liebe und Anerkennung zu holen. »Ich bin gerne unter Leuten und genieße es, wenn ich unterwegs bin. Ich bin auch nicht kontaktscheu und habe außer zu einigen Contis (so nennt sie contergangeschädigte Menschen) fast nur Kontakt zu nichtbehinderten Leuten. Ich bin aber auch gerne allein.«

Wie der Kontakt zu den anderen Leuten ist, möchte ich wissen.

Ohne daß ich etwas gesagt habe, winkt Sofia schon ab: »Ich weiß, ich habe meine Macken, will mich ständig anpassen und nicht aufdrängen. Das ist bekloppt und nicht zeitgemäß. Ich lasse mir auch viel gefallen und wehre mich nicht, wenn Leute blöd zu mir sind. Ich bin zwar gerne unter Menschen, aber in einer fremden Gruppe habe ich Angst, spreche niemanden an und will nicht auffallen. Mit meinem Selbstbewußtsein ist es nicht so weit her. Lieber sind mir Gespräche zu zweit.«

Ob sie in solchen Zweiergesprächen viel von sich erzählt und über ihre Probleme spricht, frage ich: »Ich habe eine beste Freundin. Aber mit meinen Problemen kann ich eigentlich zu niemandem hingehen. Ich denke, daß die anderen schon genug eigene Probleme haben und ich ihnen nicht zumuten darf, sich auch noch meine anzuhören. Außerdem packe ich es ja auch allein.«

Sofias Freunde werden nicht von solchen Skrupeln geplagt. Sie erzählen Sofia ihre Probleme und denken nicht, daß Sofia schon genügend eigene Schwierigkeiten haben könnte.

Inzwischen ist es spät geworden. Erstmals überlege ich mir, wie Sofia nach Hause kommt. »Mit meinem Auto«, erklärt sie ganz selbstverständlich. »Außer einem verlängerten Schalthebel ist es ein ganz normales Auto mit Servolenkung«, nimmt sie meine nächste Frage vorweg. Ihre Beine wären auch gar nicht gelenkig und kräftig genug, um mit dem Fuß zu lenken, so wie manche andere behinderte Menschen das Steuerproblem lösen. Ja, nah am Steuer müsse sie schon sitzen, und nach drei Stunden Autofahren habe sie ordentliche Kreuzschmerzen, berichtet sie im Plauderton, während sie ihre Fotoalben und die leere Bonbontüte in ihren Korb packt. Die letzten Bonbons läßt sie mir da. Sie nimmt den Korb in die Hand, und ich begleite sie noch bis zu ihrem Auto.

Draußen ist es kalt. Sofia läuft langsam und humpelt ein wenig. »Wenn ich mir viel Mühe gebe, fällt das gar nicht auf. Dann kann ich den Längenunterschied von zehn Zentimetern zwischen meinen beiden Beinen unauffällig ausgleichen.« Wegen ihrer Hüftprobleme kann sie nicht lange stehen, auch dann meldet sich der Rücken schmerzhaft. Langsam laufen wir durch die kühle Nacht. Sofia schließt ihr Auto auf.

Beinahe hätte ich es vergessen: »Sofia, sag mir schnell noch:

Willst du eigentlich Kinder haben?« frage ich. Sie antwortet prompt: »Wenn ich die Wahl zwischen Tieren und Kindern hätte, würde ich mich in jedem Fall für Tiere entscheiden. Ich würde schon gerne mal mit einem dicken Bauch durch die Gegend spazieren. Ich stelle es mir schön vor, so ein strampelndes Baby zu spüren, hätte aber Angst vor den Schmerzen bei der Geburt.« Unterdessen hat Sofia ihren Korb ins Auto gestellt und ist selbst eingestiegen. Bevor sie die Tür zuschlägt, dreht sie sich mit einem ernsten Gesichtsausdruck zu mir um: »Abgesehen von der verseuchten Umwelt befürchte ich, daß ich Kinder nicht richtig versorgen kann. Aber meine größte Sorge wäre, daß sich die Kinder irgendwann einmal für ihre behinderte Mutter schämen.«

Else

Eine behinderte Frau heiratet nicht

»»Heinrich, kannst du das bezahlen‹, hab' ich ihn gefragt: ›Eine Putzfrau, eine Zofe‹ – ich konnte mir damals noch nicht allein die Strümpfe anziehen – ›und eine Kinderschwester, wenn Kinder kommen?‹‹›Nee‹, hat er gesagt. ›Dann kannst du mich nicht heiraten‹, war meine Antwort.« So sprach die damals 22jährige Else zu ihrem Verehrer, der sie heiraten wollte. Sie heiratete damals und auch später nicht.

Heute, mit fast 60 Jahren, sieht die kleine Else das anders, aber: »Mir wurde von klein auf beigebracht, daß ich eine Last bin. Es war ein langer Kampf, davon loszukommen.« Inzwischen hat sie selbst schon viele Ehen mit behinderten Partnern gestiftet, berichtet sie nicht ohne Stolz.

Else mit der blonden Dauerwelle wirkt resolut, wenn sie so dasitzt und mit ihrer hohen Stimme bestimmt und bestimmend spricht. Sie trägt ein dunkelbraunes Kostüm, um ihren Hals hängt eine lange Kette. Sie lebt in einer stufenlos zugänglichen Parterrewohnung, die mit dunklen Nußbaummöbeln eingerichtet ist. Die Wände bilden allerdings einen gewissen Kontrast zu der sonstigen Einrichtung: Dort hängen Sticker von Greenpeace und den Grünen und ein Plakat, worauf zu lesen ist: »Jedem Krüppel einen Knüppel!«

Sie selbst sitzt zunächst hinter ihrem großen, dunklen Schreibtisch, der mit den verschiedenen Papier- und Aktenstößen darauf nach viel Arbeit aussieht. Sie telefoniert, wobei ihre dicken Fingergelenke und die steifen Finger auffallen. Else ist an Gelenkrheumatismus erkrankt. Die Krankheit begann einige Tage nach der ersten Pockenschutzimpfung im Mai 1932, als Else ein Jahr alt war: »Ich war ein properes Brustkind, als ich die Stufen zur Impfung hochspazierte«, erzählt sie. Das waren ihre letzten Schritte, die sie problemlos machte. Danach lag sie drei Monate lang mit hohem Fieber im Bett und konnte nie mehr ohne Hilfsmittel laufen. Als Kind stützte sie sich auf Spazierstöckchen, heute läuft sie mühsam mit zwei Achselkrücken durch die Wohnung. Außerhalb ihrer vier Wände bewegt sie sich meist im Rollstuhl. »Alle meine Gelenke sehen anders aus als normal«, erklärt sie. Sie sind versteift und verkrümmt. Die Verkrümmung der Knie- und der Hüftgelenke zieht den ganzen Körper zusammen und läßt die ohnehin nicht große Frau noch kleiner erscheinen.

»Es geht mir nicht gut«, sagt Else ohne klagenden Unterton. »Zur Zeit sehe ich meine Gesprächspartner nur verschwommen und kann die Mimik nicht mehr richtig erkennen. Man altert schneller, wenn man behindert ist. Die Verschleißerscheinungen machen sich eher und stärker bemerkbar.« Ihre reduzierte Sehkraft führt sie auf einen kleineren Schlaganfall im Jahr 1989 zurück. Seitdem versucht sie, ihre Arbeitsbelastung zu reduzieren und sich aus den vielfältigen Ämtern, die sie wahrnimmt, allmählich zurückzuziehen.

Bislang ist ihr das noch nicht so ganz geglückt, denn noch läutet das Telefon häufig, weil jemand sie um Rat fragen will, und noch arbeitet sie etliche Stunden am Tag. Sie ist so eingespannt, daß sie sogar den verabredeten Interviewtermin vergessen hat und nur zufällig zu Hause ist. Eigentlich wollte sie gerade zum Einkaufen das Haus verlassen, aber diese Unternehmung wird verschoben.

Abholen und verschicken

Wesentlich besser erinnert sie sich an die Ereignisse vor fast 60 Jahren: »Adolf hat mit allen Mitteln versucht, mich um die Ecke zu bringen. Dank meiner Eltern ist ihm das nicht gelungen.« Else ist es offentsichtlich gewohnt, zügig zu arbeiten, denn schon will sie diesen Punkt abhaken und von ihrer Flucht aus Oberschlesien berichten. Etwas genauer sollte es aber schon sein, und sie erzählt: »Wir hatten, wie alle, einen Blockwart. Der war für mehrere Häuser verantwortlich und sorgte dafür, daß alle eine Gasmaske hatten. Außerdem kontrollierte er die politische Gesinnung in den

Familien. Also, dieser Blockwart kam eines Abends zu uns und sagte: ›Die Frauenschaft hat beschlossen, eure Else übermorgen früh abzuholen.‹ Daraufhin telefonierte mein Vater mit einem Heim, in dem ich schon häufiger war. Am übernächsten Morgen saß ich früh um 6.00 Uhr im Zug dorthin – das klappte problemlos, weil mein Vater bei der Bahn beschäftigt war –, um 9.00 Uhr kamen die Damen, um mich abzuholen. Was dann mit mir passiert wäre, da sei der Phantasie freier Lauf gelassen.«

Else sollte des öfteren »verschickt« werden, angeblich, um ihren körperlichen Zustand zu bessern. Statt dessen kam sie durch den Einsatz ihres Vaters immer in dasselbe Heim, in dem sie auch der Abholung entging. Dort war sie wenigstens sicher, daß man ihr nicht nach dem Leben trachtete, wenn sie auch nicht gerade sanft behandelt wurde: »Man hat an meinen krummen Beinen gerissen, um die Gelenke zu strecken. Dann wurde ich eingegipst.« Mit einem ganz hellen, zuckersüßen Stimmchen fährt sie fort: »Mal eine kleine Kostprobe am Rande: Weil ich sechs Wochen lang Heimweh hatte und sechs Wochen lang ständig unter Schmerzen litt, haben die mich auf eine Station ganz allein gelegt, bei Kerzenlicht – schön.« Sie lacht, aber das Lachen klingt nicht fröhlich.

Ein anderes Mal wurden während der Kur sogenannte ›Goldspritzen‹ ausprobiert, wobei sie bis heute nicht genau weiß, was das eigentlich war. Sie war die erste Versuchsperson für das Experiment. Dieses Mal wollte Klein-Else sterben, so schlecht ging es ihr. Aber sie ›berappelte‹ sich wieder. Am Rücken hat sie heute noch die Narben, die von den damaligen Eiterbeulen zurückgeblieben sind.

Wenn sie nicht gerade während eines ›Kur‹aufenthaltes gequält wurde, besuchte Else die Grundschule. »Die Einschulung war eine Tortur«, erinnert sie sich. Solche Kinder gehörten nicht in die Schule, meinte man damals. Es gelang dem Vater aber doch, die jüngste seiner drei Töchter in der regulären Schule unterzubringen. Schon damals sei sie ein »fürchterlicher Mensch« gewesen, erzählt sie: »Im ersten Schuljahr habe ich Elfriede Schulze die Brille von der Nase gerissen, aus dem Fenster gehalten und gesagt: ›Wenn du nicht tust, was ich will, werfe ich die Brille raus.‹« Elfriede tat, was Else wollte. »Immer mußte ich ein Außenseiter sein«, teilt sie nachdenklich mit. »Aber ich bin ja auch immer ein Außenseiter.«

Diese Rolle wurde ihr wieder besonders bewußt, als sie nach den ersten vier Schuljahren auf eine weiterführende Schule wechseln wollte: »Meine Eltern wollten mich in die Mittelschule geben. Aber das war nur etwas für die körperlich Fitten, für Führers Elite. Also blieb nur das Lyzeum. Aber dort hat man mich durch die Aufnahmeprüfung fallen lassen. Der Rektor hat hinterher zu meiner Mutter gesagt: ›Grämen Sie sich nicht. Das liegt nicht an der Intelligenz Ihrer Tochter. Die können Ihre Tochter auf keiner Schule gebrauchen, weil sie behindert ist.‹« Also besuchte Else weiter die Volksschule.

Den Umstand, daß sie die Schule besuchen konnte, ohne sich in direkte Lebensgefahr zu begeben, erklärt sich Else so: »Wenn die Leute mich kannten, haben sie vergessen, daß ich behindert bin. Das ist ähnlich wie mit den Ausländern: Ausländer sind immer die anderen, die Fremden, nicht die türkische oder italienische Familie von nebenan.«

In den letzten Schuljahren fand der Schulbesuch nur einmal wöchentlich statt, um die Schulaufgaben abzuholen. Ansonsten diente das Schulgebäude als Lazarett, als Flüchtlingslager oder Kohlendepot.

Das Jahr 1945 kam und damit Elses letzte Kur während des ›Dritten Reiches‹, an die sie sich in allen Einzelheiten erinnert: »Es war eine richtige Kur in Oberschlesien, diesmal in einem anderen Heim als sonst immer. Meine Mutter brachte mich hin und sagte, als wir in Breslau umstiegen: ›Die Schlesier sind aber reisefreudig.‹ Erst später wurde mir klar, daß die Menschen damals schon auf der Flucht waren. Eine Woche später wurden alle Kinder, die laufen konnten, mit einem Schild um den Hals auf die Bahn gesetzt. Sogar Diabetiker waren dabei, denen man die Spritzen mitgab. Die Schwestern, die die Kinder normalerweise während der Kur betreuten, waren auch weg. Zurück blieben die älteste Schwester und ich. Dann kam ein Eisenbahnwagen mit Babys und kleinen Kindern aus einem Breslauer Krankenhaus, deren Papiere verbrannt waren. Wir wußten nicht, wie sie hießen und wo sie hingehörten. Ich habe die Kinder gefüttert und ihnen vorgelesen. Schließlich, am 24. Januar, an das Datum erinnere ich mich genau, kam mein Vater. Ich hatte gewußt, daß er mich holen würde.« Elses Augen leuchten jetzt noch, wenn sie sich daran erinnert. Sie fuhr mit ihrem Vater sechs Tage und sechs Nächte lang, teilweise im Kreis, bis sie schließlich in Leipzig ankamen und zunächst bei Verwandten Unterschlupf fanden. »Gut, daß mein Vater Eisenbahner war, sonst hätte ich das nie überlebt.« Davon ist sie überzeugt.

Drei Nachfolger

Der Krieg war vorbei, und Else kam in die Pubertät. Zwar trachtete ihr niemand nach Leib und Leben, aber nun bekam sie auf andere Weise schmerzlich zu spüren, daß sie behindert ist: Während ihre beiden älteren, nichtbehinderten Schwestern vorher oft eifersüchtig auf Else waren, weil das kleine Schwesterchen von den Eltern, besonders vom Vater, beschützt und teilweise verwöhnt wurde, entwickelte Else nun ihrerseits Neid auf die Schwestern: »So gerne wäre ich zur Tanzstunde gegangen. Sonst habe ich kaum etwas ausgelassen, aber das konnte ich nicht. Gott, was habe ich meine Schwestern beneidet. Tanzen war für mich der Inbegriff alles Schönen. Das hat sehr geschmerzt.«

Auch wenn Else es in vielerlei Hinsicht beklagt, älter zu werden, so fällt ihr doch beim Stichwort ›schmerzen‹ ein Vorteil des fortschreitenden Alters ein: »Herzschmerzen hat man nicht mehr.« Herzschmerzen hat sie vor allem in der Jugend gehabt, als ihre Schwestern heirateten und es für sie klar war, daß sie nie heiraten würde. »Eine behinderte Frau heiratet nicht. Mit diesem Satz meiner Eltern bin ich aufgewachsen und habe ihn als junger Mensch nie angezweifelt.«

Sie phantasiert, was aus ihr geworden wäre, wenn sie nicht durch die Impfung behindert geworden wäre: »Ich hätte geheiratet, sieben Kinder in die Welt gesetzt und wäre als Hausfrau und Mutter eine Kochtopfpiratin geworden.«

So aber heiratete sie nicht, bekam keine Kinder, sondern versuchte, nach Volksschule und Handelsschule im Berufsleben Fuß zu fassen. Nach Abschluß der Handelsschule war sie erst einmal ein Jahr lang zu Hause und konnte nichts tun. Damals, Ende der 40er Jahre, habe es mehr Arbeitslose gegeben als heute, erläutert sie. Da habe sie keiner anstellen wollen. Diese Zeit hat sie als ›furchtbaren‹ Abschnitt ihres Lebens in Erinnerung.

»Eines Tages war ich es leid, und ich fragte meinen Vater: ›Wann hast du deinen nächsten freien Tag? Dann gehen wir zum Arbeitsamt. Jetzt hört das auf. Jetzt will ich Arbeit.‹« Beim Arbeitsamt erregte sie Aufsehen. »Alle Sachbearbeiter kamen rein, gaben vor, dringend in das Zimmer, in dem ich saß, hinein zu müssen. Sie holten etwas oder öffneten einfach das Fenster. Denn alle wollten diese komische Figur sehen, die da arbeiten wollte.« Vom Arbeitsamt wurde sie zur Kirche geschickt, wo sie den gleichen Menschenauflauf verursachte. Doch die Jugendleiterin bei der Inneren Mission suchte gerade eine Schwangerschaftsvertretung, die Steno und Schreibmaschine schreiben konnte – da kam Else wie gerufen. Sie erklärte sich bereit, dieses halbe Jahr ohne Bezahlung zu arbeiten, wenn sie für den Zeitraum pflichtversichert würde. Man einigte sich auf diesen Modus, Else arbeitete, und nach dem halben Jahr wollte man sie behalten. Später, als sie in der Buchhaltung arbeitete, stellte sie fest, daß sie im ersten halben Jahr nicht nur umsonst gearbeitet hatte, sondern auch nicht einmal versichert gewesen war.

Daraufhin war Else sauer und fuhr erst einmal für drei Monate in Kur. Jetzt wurde sie vermißt, und prompt zahlte man ihr mehr Geld: 58 Mark im Monat. Eine Planstelle bekam sie allerdings nicht. Die wurden an andere Bewerber vergeben. »Ob das mit meiner Behinderung zusammenhängt, weiß ich nicht«, kommentierte sie. »Ich bin auch ein kriegerischer Mensch. Das hat sich seit den Schulzeiten nicht geändert. Vielleicht lag es daran, vielleicht an beidem.«

Für die Jugendleiterin organisierte sie die Kinderverschickungen für die ganze Stadt. Sie stellte die Touren zusammen, suchte die Kinder aus, schickte die Kinder zur Untersuchung, wählte die Reiserouten und Reisebegleiter aus, inspizierte die Heime. Parallel dazu schrieb sie Berichte über Kindergärten und verhandelte mit Kindergärtnerinnen. Bald übernahm sie die Buchhaltung, zeitweise arbeitete sie in ihrer Zeit bei der Kirche in der Nichtseßhaftenfürsorge. Vor allem die Tätigkeiten außerhalb der Büroräume waren für Else mit besonders hohem körperlichen Aufwand verbunden: Entfernungen innerhalb der Stadt legte sie bei Wind und Wetter in ihrem Elektro-Rollstuhl zurück, Treppen quälte sie sich Stufe für Stufe hinauf.

Eines Tages stellte sie fest, daß alle anderen eine Zusatzversicherung zur Rentenversicherung erhielten, nur sie nicht. Sie protestierte und fuhr, als alles nichts half, zur Landeskirche nach Hannover. Dort erfuhr sie die Begründung: Ihr körperlicher Zustand sei so labil, daß sie eventuell von heute auf morgen würde aufhören müssen zu arbeiten. Das ließ Else nicht gelten. Schließlich setzte sie sich durch und bekam die Zusatzversicherung.

1978, nach 28 Jahren bei der Kirche, beantragte sie Rente. »Von den 28 Jahren habe ich zehn Jahre lang Tariflohn bekommen«, flüstert sie ganz ergriffen. »Da bin ich ganz stolz drauf. Das habe ich neulich erst festgestellt.« Sie stöhnt. »Tariflohn als Behinderte. Das ist das Nonplusultra.« Die sonst so resolute, unerschütterliche Frau ist von dieser Selbstverständlichkeit sichtlich bewegt.

Die Arbeitgeber baten Else, noch ein halbes Jahr länger zu arbeiten, denn ihr Aufgabenbereich mußte zunächst einmal entflochten werden. »Ich blieb noch und merkte, daß meine Arbeit auf mehrere Nachfolger verteilt wurde. Erst da wurde mir bewußt, daß ich immer viel mehr als andere gearbeitet hatte. Wahrscheinlich wollte ich damit beweisen, daß ich als behinderte Frau auch leistungsstark bin. Aber das ist mir erst aufgefallen, als für mich drei Nachfolger eingestellt wurden.«

In ihrem Elternhaus hatte sie gelernt, daß man »hart arbeiten« muß, daß man sonst »nichts taugt« und daß man nicht »krank macht«. Also arbeitete sie hart und wurde nicht krank. Abends nach der Arbeit zum Beispiel belud sie sich mit den Röhrchen – darin waren die Abstriche der Kinder vom Gesundheitsamt – und fuhr damit in ihrem Elektro-Rollstuhl zum Hygienischen Institut. Unterwegs geriet sie in ein Gewitter und war bis auf die Haut durchnäßt, als sie nach Hause kam. Für die Mutter war das nichts Besonderes. Sie bemerkte nur: »Ach, bist du naß geworden?« und wandte sich dann wieder anderen Tätigkeiten zu.

Die brave Tochter

Bis zu dem Tod ihrer Mutter – der Vater starb über ein Jahrzehnt früher als seine Frau – wohnte Else in der elterlichen Wohnung. Für die behinderte Tochter bedeutete das, sich jedesmal in Gefahr zu begeben, wenn sie die Wohnung betreten oder verlassen wollte. Die Wohnung war nämlich nur über eine Außentreppe zu erreichen, und die Mutter weigerte sich auszuziehen. »Das war eine Katastrophe«, erinnert sich Else. »Vor allem im Winter, wenn Schnee lag. Es ist ein Wunder, daß ich mir nicht den Hals gebrochen habe.«

Aber als brave Tochter beugte sie sich dem Willen der Mutter, genauso, wie sie unhinterfragt die Einstellung der Mutter übernahm, sie könne auf keinen Fall heiraten. Sie ließ sich zwar auf einige Liebesaffären ein, wobei ihr Resümee lautet: »Mit den Männern hatte ich immer Pech«, aber die Möglichkeit einer Heirat schloß sie von vornherein aus.

Einen Mann, mit dem sie eine »große Liebesaffäre« hatte, lernte sie 1961 während eines Kuraufenthalts kennen. Zwei Jahre lang hatte sie zuvor gespart, um sich den Aufenthalt bei einem »Wunderheiler« in Österreich leisten zu können. Doch in bezug auf ihr körperliches Wohlergehen war der Aufenthalt enttäuschend: Schon zehn Tage nach ihrer Ankunft wurde der Wunderheiler wegen Unterschlagungen verhaftet und war weg. Else blieb. Sie hatte nämlich ein »Techtelmechtel«, wie sie sich ausdrückt, angefangen. Als sie davon erzählt, spricht sie plötzlich ganz schnell, es klingt gehetzt, als wolle sie schnell darüber hinweggehen. Nach Ablauf des regulären Aufenthaltes wurde die Kur zu Elses und ihres Liebhabers Freude nochmals verlängert, so daß sie die Liebe noch einige Wochen genießen konnte.

Auf dem Rückweg von der Kur nach Hause, Richtung Norddeutschland, besuchte Else den Gründer des Bundesverbandes Selbsthilfe Körperbehinderter e. V. in dessen Heimatort Krautheim in Baden-Württemberg. Sie war von dessen Plänen begeistert und erzählte zu Hause davon. »Ich höre meine Mutter heute noch sagen: ›Was der alles will: Der will ein Haus bauen, nur für Behinderte, in dem die allein frei leben können, und die sollen dort auch arbeiten können – das ist doch alles Spinnerei. Das wird nie was. Da wirst du doch nicht eintreten.‹ Aber diesmal setzte sich Else gegen ihre Mutter durch und trat in den Verein ein. 1962, im Jahr, als ihr Vater starb, gründete sie in ihrer Heimatstadt eine Betreuungsgruppe als Untergliederung des Bundesverbandes Selbsthilfe Körperbehinderter e. V.

Nach dem Tod des Vaters lebte sie allein mit ihrer Mutter. Eines Tages bot der Hauswirt ihr ein Zimmer im Erdgeschoß desselben Hauses an. Else nahm freudig an, ließ Wasser in das Zimmer verlegen und richtete sich ihr kleines Reich ein. Die Mutter aber protestierte heftig: »Wenn du hier ausziehst, bringe ich mich um.« Die Tochter blieb brav oben bei der Mutter, das eingerichtete Zimmer eine Etage tiefer stand leer. Drei Monate später kam eine rollstuhlfahrende Freundin zu Besuch. In dieser Zeit schlief Else mit dem Gast unten. Ehe die Freundin abreiste, sagte sie zu Else: »Wenn du wieder nach oben ziehst, kündige ich dir die Freundschaft.«

Else blieb unten. Sie lernte, mit Hilfsmitteln selbständig zu werden und allein zurechtzukommen. Wenn sie abends von der Arbeit nach Hause kam, ging sie jedoch zunächst hoch zu der Mutter. »Sie konnte nicht allein sein, ich mußte ihr Gesellschaft leisten«, begründet sie ihr Verhalten. Dann wurde bis gegen halb elf Fernsehen gesehen. »Zum Schlafen durfte ich schließlich in meine eigenen vier Wände, das war herrlich!«

Gefragt nach ihrem Alter, in dem sie sich soviel gefallen ließ, erschrickt Else: »Mein Gott, da war ich schon fast 40, das darf man eigentlich gar keinem erzählen.« Sie analysiert sich selbst: »Dieses Problem mit meiner Mutter habe ich nie wirklich angegangen. Ich habe mich dann ersatzweise an anderen Stellen gekracht und dort gekämpft.«

Kämpfen konnte sie, wenn es um etwas ging, das nichts mit ihr zu tun hatte. Wesentlich größere Probleme hatte sie damit, sich für die eigenen Bedürfnisse einzusetzen. »Heutzutage bin ich nicht mehr so rücksichtsvoll gegenüber meinen Freunden wie früher«, berichtet sie. »Wenn ich abends hinfalle, rufe ich Freunde an, damit die kommen und mir helfen. Früher hätte ich auf der Erde geschlafen und mich erst am nächsten Morgen um Hilfe gekümmert.«

Obwohl sie sich trotz ihres eigenen Parterrezimmers weiterhin intensiv um ihre Mutter kümmerte, griff diese zur Flasche, als die Tochter ihr Zimmer bezog. Nun hatte Else zwar einen kleinen Freiraum, um die Mutter mußte sie sich aber gleichzeitig verstärkt kümmern. Inzwischen, Jahre später, hegt sie den leisen Verdacht, daß eine Portion Eigennutz im Spiel war, als die Mutter ihr einredete, sie könne als behinderte Frau nicht heiraten: So behielt die Mutter nach der Heirat der beiden älteren Töchter und dem Tod des Mannes wenigstens einen Menschen um sich, denn sie konnte Elses Meinung nach nicht allein sein.

Mitte der 70er Jahre starb die Mutter, und Else begab sich zum Wohnungsamt, um eine geeignete Wohnung zu bekommen. Bald wurde ihr die jetzige Wohnung angeboten, die nicht extra behindertengerecht gebaut worden, sondern zufällig stufenlos erreichbar ist. Else zog um in eine eigene Wohnung, die sie ohne Probleme betreten oder berollen und verlassen kann.

Auch geistig behindert?

In dieser Wohnung hat sie sich ihren Vereins-Arbeitsplatz eingerichtet, nachdem sie 1978 berentet wurde. Sie fing nämlich an, den von ihr gegründeten Verein auszubauen. Als erstes kaufte sie ein Auto. Sie selbst kann nicht Auto fahren: »Wegen meiner schlechten Hände habe ich nie einen Führerschein erworben. Außerdem kann man nicht mit seinen Mitmenschen reden, wenn man allein in einem Auto sitzt. Mir ist Kommunikation wichtig.«

Nun hatte sie ein Auto, aber noch niemanden, der es fahren konnte. Also beantragte sie einen Zivildienstleistenden. Der sollte dann mit dem Auto herumfahren, von einem behinderten Bürger zum nächsten, und für sie einkaufen. Bald stellte sich heraus, daß noch viel mehr Dienstleistungen nötig waren: Dem einen sollte der Zivildienstleistende die Fenster putzen, der nächsten Kohlen aus dem Keller holen. Bald erfuhr Else von der Möglichkeit einer »Rund-um-die-Uhr-Betreuung‹ durch Zivildienstleistende. Sie erkundigte sich, beantragte weitere Zivildienststellen, und bald verfügte der Verein über 20 Zivildienstleistende.

Sie erzählt: »Ich machte Hausbesuche und Besuche in den Kliniken. Eines Tages zum Beispiel rief mich ein Klinikleiter an, ich solle kommen, er habe einen 40jährigen Mann mit Muskelschwund in seiner Klinik liegen. Ich also hin und hab' ihn rausgeholt, zurück in seine Familie. Dort wurde er von Zivildienstleistenden bis zu seinem Tode versorgt.« So holte sie viele Pflegefälle aus Kliniken und Heimen. Es war ihr immer wichtig, vor allem junge Menschen vor dem Leben in einer Institution zu bewahren.

Der Verein wuchs in rasanter Geschwindigkeit. Bald wurde ein Einsatzleiter gebraucht. »Die Geister, die ich rief, wurde ich nicht wieder los«, stellt sie fest. »Teilweise habe ich rund um die Uhr gearbeitet.«

Als habe sie nicht genug zu tun, war sie parallel auch noch zwei Jahre lang für die Grünen im Stadtrat. »Da bin ich gescheitert. Ich habe aufgehört, weil ich kaputtgegangen bin. Ich habe es nicht mehr ausgehalten, wie ich dort als Frau und als Behinderte behandelt worden bin.« Als Frau sei sie sowieso nicht richtig ernst genommen worden, erläutert sie. Als behinderte Frau habe sie in der Auseinandersetzung mit den männlichen Kollegen gar keine Chance mehr gehabt: »Einmal, als ich eine Rede hielt, kam ein Zwischenruf aus den Reihen der CDU: ›Die ist nicht nur körperbehindert, die ist wohl auch geistig behindert.‹ So etwas hat mir den Rest gegeben.«

Else stöhnt. »Den nichtbehinderten Frauen ging es auch nicht gut da. Die wurden auch nur als Animierdamen behandelt. Eigentlich hat sich trotz der ganzen Emanzipation überhaupt noch nichts geändert: Der Platz der Frau ist immer noch überwiegend zu Hause. Vielleicht darf sie mal stundenweise mitarbeiten, aber in erster Linie hat sie Mann und Kinder zu versorgen.« Else kehrt wieder zurück zu den spezifischen Problemen behinderter Frauen: »Darunter haben Frauen mit Behinderung besonders zu leiden: Ein Mann wird eben versorgt und, wenn es sein muß, auch angezogen oder gewaschen. Aber eine Frau muß das natürlich allein können. Es geht doch nicht, daß ein Mann seine behinderte Frau versorgt, denkt man allgemein.« Else ist davon überzeugt, daß ihr Leben anders verlaufen wäre, wenn sie ein Mann mit Behinderung wäre: »Dann wäre ich mit Sicherheit verheiratet.«

»Eine alte Frau, die Forderungen stellt«

Else lebt nicht nur allein, sie wird außerdem allmählich älter, was sie als zusätzliches Handicap empfindet. Sie hat das Gefühl, nicht mehr soviel leisten und kämpfen zu könnnen. Deshalb zieht sie sich aus dem von ihr aufgebauten Pflegeverein zurück. Der läuft inzwischen mit zwei Einsatzleitern, einem Geschäftsführer und zwei Buchhalterinnen fast ohne ihre Mitwirkung. Auch ihre verschiedenen Ämter in Vorständen will sie niederlegen. Momen-

tan probiert sie aus, was sie noch kann, wie weit ihre Kraft noch reicht.

Auch im Alter besteht ihrer Meinung nach ein deutlicher Unterschied zwischen Frauen und Männern: »Eine alte Frau sitzt zu Hause und ist ruhig, denken die Leute. Ein alter Mann dagegen ist dem Leben zugewandt, reist und ist einfach dabei.« Auch wenn sie ihre Aktivitäten einschränken will, denkt Else nicht daran, zu Hause zu sitzen. Sie reist viel und gerne. Zur Zeit hat sie zwei Flugkarten nach Argentinien in der Tasche. Dorthin will sie demnächst mit einem jungen Freund fliegen. »Kennengelernt habe ich den bei einer Fortbildung. Wir haben uns gut verstanden und sind beide kunstinteressiert. Das paßt gut. Nun hoffe ich nur, daß meine Augen nicht schlechter werden, damit ich was von der Reise habe.« Weite Reisen hat sie schon öfter unternommen: Zweimal war sie in Südafrika, einmal in Toronto, jeweils mit einer Begleitperson. »Eine Begleitung brauche ich, konnte aber auch immer problemlos eine finden«, sagt sie, als sei das ganz selbstverständlich.

Sie ist und bleibt aktiv. Allerdings stellt sie fest, daß ihr nicht nur ihre Verschleißerscheinungen mehr und mehr zu schaffen machen, sondern daß sie als ältere Frau auch von der Umwelt anders behandelt wird als früher: »Wenn ein junges Mädchen im Rollstuhl daherkommt, denken alle: ›Die soll am Leben teilhaben.‹ Wenn ich mich früher beispielsweise für eine Behindertentoilette einsetzte, waren alle nett und charmant zu mir, und meistens konnte ich mich durchsetzen. Jetzt geht das nicht mehr so einfach. Die Leute denken: ›Das ist eine alte Frau, die Forderungen stellt. Wenn wir machen, was die Olle will, kriegen wir hier die Alten her.‹« Das wollen viele nach Elses Erfahrungen nicht. Sie selbst versucht, ihr fortschreitendes Alter durch noch mehr Charme auszugleichen.

Eine gehörige Portion Charme hatte sie wohl schon immer, denn trotz gegenteiliger Prognosen der Eltern gab es in ihrem Leben etliche Liebesbeziehungen. Die große Liebe lernte sie Ende der 6oer Jahre kennen. Besonders betont sie das Wort ›die‹. Sie gerät ins Schwärmen und flüstert: »Das war die schönste Zeit meines Lebens.« Drei Jahre lang hatte sie eine Liebesbeziehung zu einem verheirateten Mann. Daß der Mann verheiratet war und weiter bei seiner Frau und Tochter lebte, störte sie nicht, im Gegenteil: »Ich wollte ja um Gottes willen nicht, daß er sich scheiden ließ. Was wäre denn das geworden, mit der Tochter und so weiter? Nein, so als Verhältnis nebenbei ließ sich das gut arrangieren.« Sie war in dem Bewußtsein aufgewachsen, als behinderte Frau ohne feste Bindung leben zu müssen, und damit zur Bescheidenheit erzogen worden, so daß der Status als Nebenfrau kein Problem für sie war.

Nach drei glücklichen Jahren wurde ihr Freund krank, blieb krank und starb nach einigen Jahren. »Die Zeit seiner Krankheit und nach seinem Tod war die schlimmste Zeit meines Lebens. Etwas Schlimmeres kann einem Menschen gar nicht passieren.« Ihre Stimme zittert ein wenig bei diesen Worten, und sie schaut in die Ferne.

Nach einer Weile kehrt sie wieder ganz in die Gegenwart zurück und wird unruhig, denn sie hat noch einiges vor an diesem Tag, an dem sie das Interview nicht eingeplant hat. Doch bevor sie einkaufen geht, vergleicht sie noch einmal ihre frühere Situation mit der heutigen: »Heiraten kam für mich nicht in Frage. Außerdem ging es auch nicht, denn als Ehefrau wollte mich bis auf den Heinrich, als ich 22 Jahre alt war, niemand haben, und der dann auch nicht mehr. Für die anderen war ich höchstens ein Verhältnis nebenbei. Als ich jünger war, war ich aber ansonsten gern gesehen, jedenfalls nach 1945. Jetzt bin ich älter und habe manchmal das Gefühl, daß ich nach dem Willen der anderen ganz von der Bildfläche verschwinden sollte.«

Irmgard

...weil du mir nicht weglaufen kannst

»Ich möchte mich von dir trennen«, sagte Irmgard während einer Autofahrt zu ihrem Mann. Was danach geschah, wünscht sie ihrem ärgsten Feind nicht: »Er versuchte, mich umzubringen. Dabei wäre er natürlich mit draufgegangen, denn das Ganze sollte mit dem Auto passieren«, berichtet sie in einem erstaunlich sachlichen Ton. »Ich mußte ihm mein Leben abbitten und abbetteln. Ich finde es so eine *Un-ver-schämt-heit*, denn er hat mich nicht geschaffen, und er hat nicht das Recht, mir mein Leben zu nehmen.«

Irmgard ist nach eigenem Bekunden ein intellektueller Mensch. Das bedeutet auch, daß sie aus ihren Erfahrungen lernt und ihre Konsequenzen zieht: »Er schwor mir hoch und heilig, es käme nie wieder vor. Aber für mich war es exakt in diesem Augenblick nach achtjähriger Ehe vorbei. Mir war klar, daß ich alles tun würde, um aus der Beziehung herauszukommen. Aber nie, nie wieder wollte ich solch eine Situation noch mal erleben. Also würde ich meinen Mann in Zukunft ›unterlaufen‹ müssen. Ich durfte mir ja nie mehr seine Wut zuziehen, denn in einer ähnlichen Situation bin ich wehrlos.«

»Ausgiebig gepennt«

Wehrlos der körperlichen Gewalt ihres Mannes ausgeliefert fühlte sich Irmgard aufgrund ihrer Behinderung. Die zierliche Person – sie wiegt 45 Kilogramm – bewegt sich in einem Elektro-Rollstuhl. Nicht nur ihre Beine sind zu schwach zum Stehen und Laufen: »Was mir in den Oberarmen fehlt, nennen die Ärzte die ›grobe Kraft‹«, beschreibt sie ihre Symptome. »Die Feinmotorik ist in Ordnung, und in den Händen habe ich auch Kraft.« Weshalb Klein-Irmgard von Anfang an in ihrer körperlichen Entwicklung

zurückblieb, weiß niemand so ganz genau. Als Neugeborenes schwebte sie eine Woche lang zwischen Leben und Tod. Dann deutete ein Arzt eine fiebrige Erkrankung 1947, als sie eineinhalb Jahre alt war, als Kinderlähmung. Nie konnte sie richtig laufen, war ständig krank und verlernte auch das Stehen wieder.

Dafür war die kleine, blonde Irmgard in ihrer geistigen Entwicklung immer ein Stückchen weiter als die Gleichaltrigen. Trotzdem konnte sie als Kind ihre eigene Situation nicht so klar erkennen wie später als Erwachsene: »Man sagt, daß Kinder so leben, wie es gerade kommt, und einfach pennen. Ich habe als Kind wohl sehr ausgiebig gepennt. Bis heute kann ich das nicht begreifen. Als ich mit 17 oder 18 Jahren erstmals aufwachte, stand ich davor und dachte: ›Das kann doch alles nicht wahr sein!‹ Denn plötzlich wurde mir klar: ›Du bist ja vollkommen abhängig. Du kannst dich nicht einmal allein anziehen.‹« Irmgard lernte, sich selbst anzuziehen, was vorher ihre Mutter übernommen hatte.

Ihr erstes Aufwachen erklärt sich Irmgard als Spätzündung auf einen Ausspruch ihrer Mutter: Als sie mit 17 Jahren ihren ersten Freund hatte, reagierte die Mutter entsetzt: »Du kannst den doch nicht heiraten.« Sie selbst habe überhaupt nicht daran gedacht, diesen 400 Kilometer entfernt wohnenden jungen Mann zu heiraten. »Ich fand mich einfach toll in dem Zustand, verliebt zu sein.« Bald beendete sie die Beziehung, aber der Satz der Mutter wirkte nach, und ihr wurde ihre Abhängigkeit bewußt.

Heute vermittelt Irmgard nicht den Eindruck, abhängig zu sein. Sie lebt allein in ihrer Eigentumswohnung und strahlt viel Selbstsicherheit aus, die sich in ihrem Gesicht mit den großen Augen und dem kleinen, energischen Mund widerspiegelt. Herrlicher Sonnenschein überflutet ihre Terrasse an diesem warmen Nachmittag, Ende Februar. Klar strukturiert spricht sie über ihr Leben, und es wird deutlich, daß sie sich viele Gedanken über die Ursachen und Zusammenhänge in ihrem Leben gemacht hat, denn sie liefert alle Begründungen gleich mit. Manchmal wirkt es, als spräche sie über eine fremde Person, die sie sehr gut kennt, und nicht über sich selbst, denn kaum einmal ist sie bei ihrer Erzählung emotional beteiligt. Das liegt wohl daran, daß sie bewußt mit sich umgeht und die Ereignisse verarbeitet hat und nicht verdrängt. Sie weiß ihre

Worte wohl zu setzen und spricht mit kräftiger Stimme, die auch die ab und zu in einiger Entfernung vorbeidonnernden Züge zu übertönen vermag.

Ihr Aufwachen beschreibt Irmgard als langen, stufenweisen Prozeß, denn als sie mit 19 Jahren ihren späteren Mann kennenlernte, war sie immer noch nicht richtig wach. »Mein Mann übernahm nahtlos die Rolle meiner Eltern. Er sagte: ›Bei mir geht doch alles schneller und unkomplizierter.‹« Dadurch hielt er sie in der Rolle der Abhängigen.

Was die Mutter mit ihrem folgenschweren Satz gemeint hatte, wurde deutlich, als Irmgard ihren zukünftigen Mann heiraten wollte: »Meine Eltern waren der Meinung, ich könne nicht heiraten, weil eine behinderte Frau eine Zumutung für jeden Mann sei. Sie gingen davon aus, daß ich in einem Heim leben müßte, wenn sie nicht mehr für mich da sein könnten.« Sie rang ihren Eltern die Heiratserlaubnis ab und heiratete noch vor ihrer Volljährigkeit. Die künftigen Schwiegereltern waren von der Wahl ihres Sohnes auch nicht begeistert. Erst eine Woche vor der Trauung wurde Frieden beziehungsweise ein Stillhalteabkommen geschlossen.

Einen weiteren Beweis dafür, daß sie zur Zeit ihrer Eheschließung immer noch ziemlich »verschlafen« war, sieht Irmgard in ihrer damaligen Unfähigkeit, die Motivation ihres Mannes, sie zu heiraten, zu durchschauen. Auf eine entsprechende Frage antwortete er: »Ich heirate dich, weil du mir nicht weglaufen kannst.« Heute bezeichnet sie diesen Satz als den Schlüsselsatz, der den Verlauf ihrer Ehe kennzeichnet. Damals jedoch sei sie einfach stolz gewesen und habe geantwortet: »Aber ich will dir doch gar nicht weglaufen.«

Wieder ein Stückchen wacher wurde Irmgard an jenem Tag nach achtjähriger Ehe, als ihr Mann versuchte, sie umzubringen. Es sollte aber noch weitere acht Jahre dauern, bis sie ihn gefahrlos endgültig verlassen konnte.

Traumberuf?

Etwa zu dem Zeitpunkt, als sie beschlossen hatte, sich von ihrem Mann zu trennen, wurde es Irmgard aufgrund von Sehnenscheidenentzündungen unmöglich, weiter als Sekretärin in der Industrie zu arbeiten. »Das war für mich der totale Zusammenbruch, aber ich wollte nicht arbeitslos werden, denn dann wäre ich auch noch vom Geld meines Mannes abhängig gewesen.«

Mit 17 Jahren fing Irmgard an, als Sekretärin zu arbeiten, nachdem sie die Realschule und die höhere Handelsschule abgeschlossen hatte. »Mein Traumberuf war das nicht. Ich hätte am liebsten Medizin studiert, aber damals konnte man als behinderter Mensch noch nicht studieren. Deshalb haben mich meine Eltern auch nur auf die Realschule geschickt und nicht das Abitur machen lassen.«

Heute wird es behinderten Menschen etwas leichter gemacht zu studieren. Bei der Bundesanstalt für Arbeit gibt es eine eigene Abteilung, die sich nur mit der Vermittlung behinderter Akademiker beschäftigt. »Damals war das nicht so«, berichtet Irmgard aus ihrer Jugendzeit. »Ich war ja immer die einzige Behinderte: in der Volksschule, in der Realschule, in der höheren Handelsschule, bei meinen Aktivitäten innerhalb der Kirche. Nie habe ich einen anderen Rollstuhlfahrer gesehen.«

Sie lebte eben weitgehend ein ›normales‹ Leben unter Nichtbehinderten und nie in einem Heim. Darauf führt sie auch ihr ausgeprägtes Selbstbewußtsein zurück. Sie wuchs gemeinsam mit ihrem jüngeren Bruder im Elternhaus auf. Alles war ganz selbstverständlich, wenn auch der Bruder als kleiner Junge noch eifersüchtig war, weil die ältere Schwester auf den Arm genommen wurde und er nicht. Die Spielkameraden begleitete sie in einem Bollerwagen, den die anderen »wie die Wilden« schoben. »Wenn die ihre Burgen bauten, saß ich dabei. Als ich acht Jahre alt war, baute mein Vater mir meinen ersten Rollstuhl.« Ihren ersten fabrikneuen Rollstuhl bekam sie später von ihrer Großmutter zur Konfirmation. Von Anfang an besuchte sie ›normale‹ Schulen. Mit einem Fahrrad mit Hilfsmotor, an das ein Wägelchen für Irmgard gehängt wurde – später mit dem Auto – fuhr die Mutter sie jeden Tag, bei Wind und Wetter, in die Schule und holte sie wieder ab. »Damals gab es noch richtige Winter«, betont sie mit einem ironischen Klang in der Stimme und einem zweifelnden Blick gen Himmel, von dem die Sonne jetzt im Februar so heiß wie im Hochsommer herunterstrahlt.

Auch in der Pubertät wurde sich Irmgard ihrer besonderen Situation als behinderter Mensch noch nicht bewußt. Sie engagierte sich in der evangelischen Kirche. »Ich sang im Chor und wurde auf die Empore getragen. Als ich Kindergottesdiensthelferin war, blieb meine Gruppe sitzen, die anderen verteilten sich auf die anderen Räume. Wenn ich eine Abendandacht hielt, ging ich nicht auf die Hilfskanzel rauf, sondern blieb unten.«

Irmgards Jugend verlief unproblematisch, »vielleicht zu unproblematisch«, meint sie heute. Ihr Eintritt ins Berufsleben mit 17 Jahren, als sie nicht studieren konnte, wie sie es gerne getan hätte, hat ihrer Meinung nach dazu beigetragen, daß sie zu diesem Zeitpunkt erstmals ihre eigene Lage klarer erkennen konnte. Der Beruf als Sekretärin war zwar nicht ihr Traumberuf. Für Irmgard war aber die Berufstätigkeit als solche wichtig, unter anderem, weil das Ehepaar auch auf ihr Geld angewiesen war, denn ihr Mann konnte nicht mit Geld umgehen und machte dauernd Schulden.

Mit 28 Jahren wurde sie 1974 wegen der chronischen Sehnenscheidenentzündungen berufsunfähig. Sie ging zum Arbeitsamt: »Die haben sich nicht so verhalten, als hätten sie gerade auf mich gewartet. Erstmals in meinem Leben habe ich mich richtig durchgebissen, denn jetzt wußte ich ja, wofür.« Sie wollte ihre finanzielle Unabhängigkeit behalten, um sich von ihrem Mann trennen zu können. Drei Jahre lang dauerte die Ungewißheit. Dann schließlich begann sie 1977 mit einer Umschulung zur Logopädin im Berufsförderungswerk Heidelberg.

Die Sonne sticht. Irmgard holt sich einen Sonnenhut und setzt ihre Sonnenbrille auf. Modisch gekleidet – sie ist stolz auf ihren Geschmack –, ist sie eine elegante Erscheinung. Die Assoziation drängt sich auf, eine reiche ›Dame von Welt‹ säße an einem Karibikstrand. Dabei spielt sich das Gespräch auf einer sonnigen Terrasse in Norddeutschland ab.

»Die Zeit in Heidelberg war wie eine Erlösung für mich. Endlich kam ich raus. Der Alte war 500 Kilometer weit weg und besuchte mich nur alle zwei Wochen.« Während der Ausbildung wußte sie bereits nach der ersten Vorlesung über Aphasie – das sind Sprachstörungen, die häufig nach einem Schlaganfall auftreten –, »das ist etwas für mich. Damit will ich beruflich umgehen.« Heute arbeitet sie in einer geriatrischen Rehabilitationsklinik mit Aphasiepatienten. Die Arbeit macht ihr Spaß, und sie ist froh, auf diesem Umweg wenigstens in einem Randgebiet der Medizin tätig sein zu können.

Wenn sie morgens zur Arbeit aufbricht, verläßt Irmgard die Wohnung durchs Badezimmer: Dort befindet sich der Zugang zu einem Aufzug, mit dem sie von ihrer Wohnung im Hochparterre bis aufs Straßenniveau in die Garage oder auch in den Keller fahren kann. Morgens fährt sie bis in die Garage, rutscht von ihrem Rollstuhl ins Auto, läßt den Rollstuhl in der Garage stehen und fährt zur Arbeit. Dort hupt sie, und der Pförtner bringt einen Rollstuhl heraus, in dem sie sich tagsüber in der Klinik bewegt. Abends geht es umgekehrt. So hat sie ihre Wege zur Arbeit organisiert. Was passiert, wenn sie einkaufen möchte? »Einmal in der Woche holt mich der Behindertenfahrdienst von der Arbeit ab und bringt mich in ein Einkaufszentrum. Dort kaufe ich ein. Auf meinem Schoß steht ein Korb, der so befestigt ist, daß ich ihn mit dem kleinen Finger halten kann. Nach zwei Stunden werde ich wieder abgeholt und zu meinem Auto gefahren. Zu Hause hilft mir mein Bruder, der nebenan wohnt, die Vorräte aus dem Auto auszuladen.« Eine Friseuse kommt zu Irmgard nach Hause, und für spontane Unternehmungen wie essen gehen oder Theaterbesuch bemüht sie den Behindertenfahrdienst.

Irmgard geht gerne ins Theater und besonders gerne in die Oper. Dort wurde sie 1966 plötzlich aufgrund eines Erlasses des damaligen Kultusministers nicht mehr hineingelassen. »Das schluckt man nicht«, sagt sie und erzählt von ihrem langjährigen Kampf. Sie erreichte, daß im Zuge eines Theaterumbaus eine Loge für behinderte Menschen eingebaut wurde. Nachdem auch das Opernhaus 1988 umgebaut wurde und die Bedürfnisse Behinderter berücksichtigt wurden, kann sie endlich wieder in die Oper gehen. Die Opernhaussperre war die einzige Situation, in der sie ausgeschlossen wurde. Selbstbewußt, wie sie ist, betont sie: »Ich komme überall rein. Man läßt mich in jeden Nachtklub und zu jeder Veranstaltung, an der ich gerne teilnehmen möchte.«

Irmgard ist ein aktiver Typ und führt ein ausgefülltes Leben. Ihre Arbeit macht ihr Spaß, wenn sie sich auch ihren Fortbildungstraum nicht erfüllen kann: Ihr Hobby ist die Psychologie, und sie hätte gerne noch eine Zusatzausbildung in der Partnerschafts- und Sexualtherapie auf gestalttherapeutischer Basis absolviert. Dieser Wunsch scheitert bislang an den baulichen Gegebenheiten. Dort, wo die Ausbildung stattfindet, kommt sie als behinderte Frau auf keinen Fall zurecht.

Als Klientin nimmt sie jährlich an einem viertägigen Seminar zu Partnerschafts- und Sexualthemen teil, um sich beruflich weiterzubilden, aber vor allem, um ihre eigene Geschichte zu verarbeiten. »Vor zwei Jahren habe ich gemerkt, welch erbärmliche Wut ich noch auf meinen Mann hatte. Da brach es aus mir heraus, ohne daß ich noch etwas hätte steuern oder kontrollieren können. Seitdem bin ich meine Alpträume von meinem Mann los, die mich vorher verfolgt haben.«

»Wir sind ja so erzogen worden, daß frau keine Wut zu haben hat, sondern sich dem Mann in jeder Beziehung anzupassen hat«, erklärt sie. »Wir haben gelernt, daß es im Sexualleben für die Frau das höchste Glück ist, wenn der Mann zufrieden ist, hurra! Es hat Jahre gedauert, bis ich überhaupt sehen konnte, daß ich eine eigene Sexualität habe.«

»Die Ehe ging stückweise den Bach herunter«

Jahre dauerte es auch, bis sie durchschaute, daß ihr Mann sie benutzte, um sein Leben in Ordnung zu bringen. Für ihn war Irmgard, die zu einer angepaßten, intellektuellen jungen Frau erzogen worden war, die ideale Partnerin. Nach ihren Worten ist er nämlich zwar ein intelligenter, belesener Mann, gleichzeitig aber ein verhaltensgestörter Mensch, der voller Minderwertigkeitsgefühle steckt. Zum Ausgleich brauchte er Irmgards Selbstsicherheit. Außerdem konnte er nicht mit Geld umgehen, so daß seine Frau die

Finanzen regeln mußte. »Es war in jeder Beziehung so, daß ich die Dinge geradebiegen mußte, die schiefgingen.«

Irmgards Mann, der sie ihrer Meinung nach in seiner Art aufrichtig liebte, ließ sich gerne mit seiner Frau blicken, denn er wußte, daß er sich mit ihr nicht blamieren konnte. »Immer betonte er, daß ich seine Frau sei. Das kam wie ein Goldregen auf ihn zurück, weil alle ihn bewunderten und dafür lobten, daß er eine behinderte Frau geheiratet hatte.« Ihr wurde im Laufe der Jahre auch klar, was er mit seinem Spruch vom Weglaufen gemeint hatte: »Er klammerte sich an mich, legte mich an die Kette, es gab Eifersuchtsszenen, wenn ich einem anderen Mann nur die Hand gab.« Auf seine Eifersucht reagierte sie zunächst mit freundlichen Beschwichtigungen, dann wurde sie ärgerlich, schließlich durchschaute sie seine Beweggründe und löste sich allmählich innerlich von ihm.

Regelrecht eingesperrt lebte sie, als das Ehepaar nach fünfjähriger Ehe auf einem Bauernhof die Wohnung im ersten Stock bezog und Irmgard jahrelang nur mit Hilfe ihres Mannes die gemeinsame Wohnung verlassen oder betreten konnte. »Häufig war er unten auf dem Bauernhof, und ich saß allein oben. Das tat mir weh, und ich fühlte mich sehr verlassen.« Nun konnte sie ihm tatsächlich nicht mehr weglaufen. »Im nachhinein bin ich ihm fast dankbar, denn wenn man soviel Stille um sich hat, horcht man nach innen und denkt viel nach. Ich habe in diesen einsamen Jahren, als ich Mitte bis Ende 20 war und so zurückgezogen leben mußte, viel nachgedacht.«

In dieser Zeit verabschiedete sich Irmgard auch von ihrem Kinderwunsch. Mit einem bitteren Unterton in der Stimme berichtet sie: »Ich wollte Kinder haben. Mein Mann haßt Kinder. Das sagte er mir nach der Hochzeit. Ich bin schier auf den Rücken gepurzelt, und auf die Frage, warum er mir das nicht eher gesagt habe, antwortete er: ›Dann hättest du mich ja nicht geheiratet.‹ Ich war stinksauer, und es gab viele Streitereien deswegen.«

Sie erzählt, daß »die Ehe stückweise den Bach herunterging«, bis Irmgard während jener lebensgefährlichen Autofahrt für sich den Schlußstrich zog. Mit der Verschlechterung der Ehe ebbte auch ihr Kinderwunsch ab. »Außerdem sah ich, wieviel Mühe

Kinder machen und auf was ich alles hätte verzichten müssen. Darüber hinaus war es bei unseren ständigen Schulden ein Segen, daß ich arbeiten ging.« Schließlich hakte sie das Thema für sich ab, denn sie wollte keine alte Mutter sein. Was das bedeutet, hat sie selbst erfahren, denn ihre Mutter war 40 Jahre älter als sie und hat nach Irmgards Ansicht ihre Kinder nie wirklich verstehen können. »Unsere Eltern haben wirklich alles und noch mehr für uns getan, aber sie haben nicht gemerkt, daß ihre Erziehung nach den Mustern von damals erfolgte und nicht nach den Erfordernissen für die Gegenwart.« Vor einigen Jahren, als die Mutter etwas über 80 Jahre alt war, fragte sie ihre Tochter: »Warum soll ich mich ändern, ihr könnt euch doch ändern!« Irmgard antwortete: »Mutti, die Welt hat sich geändert!« Nach ihrer Ansicht hat die Mutter die Welt, die veränderten Anschauungen und moralischen Werte nach dem Krieg nie verstanden und für sich verleugnet. »Wir haben nie dieselbe Sprache gesprochen.«

Irmgard ist ein gründlicher Mensch, der auf Sicherheit bedacht ist. Mit 30 Jahren ließ sie sich sterilisieren, denn sie wollte auf Nummer Sicher gehen. »Für die Sterilisation habe ich problemlos die Einwilligung bekommen. Wenn ich nicht behindert wäre, wäre das nicht möglich gewesen. Niemand hätte damals eine 30jährige, gesunde Frau sterilisiert.«

Männer

Mit der Sterilisation wollte sie sich selbst abgesichert wissen. »Ich wollte gar nicht, daß mein Mann sich sterilisieren ließ, sondern ich wollte Sicherheit für mich haben.« Heute, viele Jahre nach der Scheidung von ihrem Mann, beglückwünscht sie sich immer wieder zu ihrem damaligen Entschluß. Denn sie hat erfahren, daß Männer selten zur Verhütung bereit sind: »Meist fragen sie mich hinterher: ›Du nimmst doch die Pille?‹«

Irmgard ist eine zierliche, elegante, gutaussehende Frau. »Man hat mir immer gesagt, ich sähe zehn Jahre jünger aus.« Sie ist sich ihrer Ausstrahlung bewußt. »Wenn ich mich zu einer Abendveranstaltung zurechtmache, drehen sich die Leute heute noch nach mir um. Und ich bilde mir ein, daß das nicht wegen meines Rollstuhls geschieht.«

Sie hat auch keine Schwierigkeiten, einen Mann für eine Nacht zu bekommen. Einen wirklichen Partner zu finden, wird dagegen ihrer Meinung nach immer schwieriger: »Ich habe mich wahnsinnig weiterentwickelt und bin sicherlich eine anspruchsvolle Partnerin. In einer Partnerschaft will ich Intellektualität und die Fähigkeit, sich auch über Gefühle auseinanderzusetzen. Viele Männer haben einfach Angst vor mir.«

Sie vergleicht ihre Ansprüche mit denen anderer Menschen: »Manche Frauen sind froh, wenn sie für jemanden waschen und kochen können. Und das suchen die Männer.« Irmgard spricht über die Bedürfnisse von Frauen und Männern, und plötzlich bleibt von ihrer überlegenen Ruhe und Distanz nicht mehr viel übrig. »Für Frauen sind andere Dinge im Leben wichtig als für Männer. Männer zieht der Sex an, und sie wollen versorgt sein. Eine behinderte Frau, mit der vielleicht nur zwei bis drei von hundert möglichen Stellungen praktikabel sind, wird auf die Dauer langweilig. Männer sind aufs Äußere bezogen. Mit der dämlichsten Frau können sie sich einen ganzen Tag lang oder länger vergnügen, nur weil sie einen Topbusen oder einen sexy Hintern hat. Ich werde immer stocksauer, wenn ich solches Verhalten mitbekomme.«

Ein leichter Wind ist aufgekommen. Das beschauliche Vogelgezwitscher wird nicht mehr nur durch die vorbeirasenden Züge unterbrochen, ab und zu sind auch Martinshörner in der Nähe zu vernehmen. Irmgard ist aufgebracht, ihr Gesicht hat mehr Farbe bekommen, sie schimpft über die Männer, aber auch über die Frauen: »Behinderte Männer haben es in bezug auf Beziehungen viel leichter als behinderte Frauen. Das kommt durch diesen blödsinnigen Pflegetrieb der Frau, der ihr immer noch anerzogen wird.«

Sie beruhigt sich wieder und erzählt von ihren eigenen Erfahrungen mit Männern in den letzten Jahren: »Ich habe – leider – immer nur kurze Beziehungen gehabt in letzter Zeit. Teilweise war es recht nett für ein paar Wochen, teilweise habe ich sie ziemlich schnell wieder hinausgeschmissen. Denn wenn jemand meine Ansprüche an die Auseinandersetzungsfähigkeit nicht erfüllt, werde ich ungeduldig und aggressiv.« Besonders empfindlich reagiert sie, wenn sie das Gefühl hat, sie solle wieder »gekrallt« werden. »Wenn mich jemand nach zweiwöchiger Beziehung mit ›meine Frau‹ oder ›meine Lebensgefährtin‹ vorstellt, dann sehe ich rot.« Sie leidet an sich selbst: »Meine eigene übergroße Hilfsbereitschaft kann ich manchmal nicht bremsen. Immer wieder lasse ich mich darauf ein, wenn ich merke, daß mich jemand braucht. Dann habe ich Schwierigkeiten, die Notbremse zu ziehen.«

Sie weiß, daß man sich immer wieder zu der gleichen Sorte Mensch hingezogen fühlt. Trotzdem fragt sie mit einem leicht verzweifelten Ton in der Stimme: »Warum passiert mir das immer wieder? Ich falle immer wieder auf dieselben Typen rein.«

Ausbruch und neue Liebe

Sie sucht sich zwar immer wieder dieselbe Sorte von Partnern, aber aus ihren Erfahrungen hat sie doch gelernt. Immerhin braucht sie nicht mehr acht Jahre lang, um sich aus einer Beziehung, die für sie einengend geworden ist, zu befreien. Heute würde sie diese Geduld nicht mehr aufbringen. »Freunde, die mich schon vor der Zeit in Heidelberg kannten, sagen, daß sie mich nach der Trennung von meinem Mann nicht wiedererkannt hätten. Ich selbst kann mein Verhalten von früher heute kaum verstehen.« Damals griff sie aus Angst, sie könne nochmals in eine ähnliche lebensbedrohliche Situation wie auf der Autofahrt geraten, zu »psychologischen Waffen«, wie sie sagt, die sie zunächst aber nicht näher erläutert.

Irmgards Sicherheitsbedürfnis zieht sich durch alle Lebensbereiche. Sie baut vor und läßt die Ereignisse nicht einfach auf sich zukommen. Während ihrer Ausbildung in Heidelberg erwarb sie den Führerschein. Heute fährt sie mit ihrem blauen Kadett-Caravan durch ganz Deutschland, wenn sie nicht aus Gründen der Bequemlichkeit fliegt. Und sie hat sich abgesichert für den Fall, daß ihr Auto versagt: Im Auto ließ sie ein Funkgerät installieren.

Damit kann sie im gesamten Bundesgebiet Auffangstellen erreichen, die auf dieselbe Frequenz eingestellt sind. Auch in ihrer Wohnung hat sie sich mit einem Funkgerät abgesichert. Wenn sie auf einen Knopf drückt, reagiert ihr Telefon und wählt selbständig die Nummer des Notfunkdienstes. Dort weiß man dann, daß Irmgard Hilfe benötigt.

Heute regelt und organisiert sie ihr Leben mit Sicherheitsvorkehrungen. Vergleichsweise blauäugig und vertrauensselig schlitterte sie in ihre Ehe. Und der Weg hinaus war lang und hart. Sie setzte ihre psychologischen Kenntnisse ein: »Ich habe mich passiv verhalten. Außerdem kannte ich seine Verhaltensmuster und habe in einer Weise darauf reagiert, von der ich wußte, daß sie für ihn unverständlich war. Er konnte damit nichts anfangen. Langfristig habe ich ihn so gesteuert, daß er eine andere Frau kennenlernte. Er hoffte auf meine Eifersucht.« Wie Irmgard ihren Mann in die neue Beziehung hineinsteuerte, bleibt unklar. Auf alle Fälle wurde sie nicht eifersüchtig, denn sie war ja »heilfroh« über die Entwicklung. Ihr Mann blieb mit der neuen Frau zusammen und heiratete sie schließlich nach der Scheidung von Irmgard.

Sie selbst lernte in den letzten Ehemonaten über ihre Arbeit auch einen anderen Mann kennen. Die Beziehung zu diesem Mann beschreibt sie als ideal. »Wir waren sehr glücklich und paßten gut zueinander. Beide behielten wir die eigene Wohnung.« Das Glück dauerte nur drei Jahre, weil der 30 Jahre ältere Lebensgefährte starb. »Das war eine Katastrophe für mich, eine absolute Katastrophe. Ich war fix und fertig. Es ging nichts mehr. Zwei Jahre lang war ich wie tot und wollte von keinem Mann mehr etwas wissen«, beschreibt sie diese schwere Zeit. »Mein Bruder und zwei Freundinnen haben mich gerettet.«

Anders als alle anderen

Der Bruder spielt sowieso eine wichtige Rolle in Irmgards Leben. Die Beziehung zu ihm beschreibt sie als ein ganz tolles Verhältnis, das im Laufe der Zeit intensiver geworden sei. Die wachsende in-

nige Beziehung wurde lediglich in den Jahren unterbrochen, als sie mit ihrem Mann außerhalb der Heimatstadt auf dem Bauernhof lebte. Der Bruder wohnt nebenan und hilft ihr ab und zu. Er weiß aber auch, daß die Schwester selbständig ist und ihm nicht zur Last fallen will. Die Hilfeleistungen, die sie regelmäßig braucht, organisiert sie sich selbst.

Wenn sie in Urlaub fahren will, ist sie auf eine Pflegeperson angewiesen, der sie den gesamten Urlaub finanzieren muß. Auf der Suche nach einer Urlaubsbegleitung annoncierte sie in der Zeitung und lernte eine Frau kennen, die sie inzwischen als ihre Freundin bezeichnet. Mit dieser Frau war sie schon in Kalifornien, in England, Italien und Ägypten. Sie führt eben ein ganz normales Leben, in dem einige besondere Vorkehrungen zu treffen sind.

Auch ihre Mitmenschen äußerten sich wiederholt erstaunt darüber, daß sie so ganz »normal« ist: Als Irmgard im Krankenhaus lag, plauderte sie fröhlich mit ihrer Bettnachbarin, einer jungen Frau. Diese hatte zunächst überhaupt nicht bemerkt, daß sie mit einer behinderten Frau sprach. Als sie es schließlich registrierte, war sie schockiert und verstummte eine Zeitlang, bis es endlich aus ihr hervorbrach: »Sie sind anders als alle anderen. Ich habe bisher nur schlechte Erfahrungen mit Behinderten gemacht. Sie benehmen sich ja völlig normal! Damit kann ich nicht umgehen.«

Irmgard selbst führt ihre »Normalität« genau wie ihr Selbstbewußtsein darauf zurück, daß sie nicht »heimgeschädigt«, sondern im Elternhaus aufgewachsen ist. Auch zu manchen Zivildienstleistenden hat sie ein entspanntes, gutes Verhältnis: »Kürzlich klopfte einer von denen und sagte, daß er und einer seiner Kollegen mit mir zum Essen gehen möchten. Die mögen mich, nicht als Behinderte, sondern als Frau, mit der sie sich gerne unterhalten.« Die Zivildienstleistenden lernt sie durch den Fahrdienst oder den mobilen Hilfsdienst kennen.

Vom mobilen Hilfsdienst kommt jeden Morgen ein Zivildienstleistender zu ihr und hilft ihr. Außerdem läßt sie sich in ihrem Alltag durch eine Putzfrau und einen Fensterputzer unterstützen. Die Wäsche wäscht sie allein, sie bügelt, näht und kocht. Das alles ist problemlos möglich, weil die Wohnung auf ihre Bedürfnisse zugeschnitten ist.

Wendepunkte

Heute ist Irmgard mit ihren Wohnverhältnissen glücklich. Die Entscheidung, ihre Eigentumswohnung für ihre Bedürfnisse umbauen zu lassen, fiel ihr allerdings 1982, als sie ihren Mann nach 16jähriger Ehe endlich verlassen konnte, nicht leicht. Zu diesem Zeitpunkt diagnostizierten die Ärzte nämlich Krebs, Hautkrebs bei ihr. Sie ließ die Wohnung trotzdem umbauen. Der Fahrstuhl, der das Badezimmer mit der Garage verbindet, wurde eingebaut. »Ich lebe noch«, stellt sie befriedigt fest und löffelt dabei ihre Quarkspeise. Bei der Hitze genügt ihr leichte Kost. »Das veränderte Gewebe wurde entfernt und ist nicht wiedergekommen. Weder Bestrahlungen noch Chemotherapie waren nötig.« Als psychologisch geschulte Frau verknüpft Irmgard die Gewebsentartung mit ihrer damaligen Situation: »Den Leberfleck hatte ich sicherlich schon lange unter dem Fuß. Die Frage ist, ob daraus unter anderen Umständen auch ein bösartiger Tumor geworden wäre.«

Sie wiederholt, welch ein anderer Mensch sie geworden ist, nachdem sie sich von ihrem Mann befreien konnte. Ihre Stimme wird leiser, als sie sagt, daß sie vor der Trennung kein Mensch mehr war. Die Stimme wird wieder lauter, als sie von dem entscheidenden Wendepunkt in ihrem Leben spricht. Auf der lebensbedrohlichen Autofahrt hatte sie sich zwar entschlossen, die Beziehung zu ihrem Mann zu beenden. Vollkommen wandelte sich ihr Leben aber erst zu dem Zeitpunkt, als sie diesen Entschluß nach acht Jahren endlich in die Tat umsetzen konnte: »Ich habe meine Lebensumstände grundsätzlich verändert. Aus einer Wohnung im ersten Stock, aus der ich tatsächlich nicht weglaufen konnte, zog ich schließlich in mein Eigenheim. Das gab mir Sicherheit, und diese Wohnung kann ich allein verlassen.«

Irmgard demonstriert, wie frei sie sich auch im Umfeld ihres Heims bewegen kann: Von der Terrasse aus führt eine Rampe in den tiefergelegenen großen Garten. Mit ihrem Elektro-Rollstuhl gelangt sie problemlos hinunter in den Garten und wieder zurück auf die Terrasse.

Die veränderten Wohnverhältnisse bilden nur einen Aspekt der grundsätzlichen Wandlung in ihrem Leben. Beruflich kann sie sich als Logopädin viel besser verwirklichen als in ihrem früheren Beruf als Sekretärin. Und von der dreijährigen Beziehung zu ihrem Lebensgefährten, die sie nach der Ehe einging, sagt Irmgard, daß sie 100prozentig stimmte. »Nach der Ehe habe ich bei Null angefangen. Ich habe sogar noch Schulden von meinem Mann mitgenommen. Danach hat mein Leben noch einmal begonnen.«

Daniela

Lauf doch mal anständig

»Die junge Frau erhöht ihre Anstrengung, doch das Erscheinungsbild der Behinderung verändert sich kaum. Da es an der krankengymnastischen Behandlungsmethode nicht liegen kann, muß es an der jungen Frau selbst liegen. Es muß an ihrer Faulheit oder an zu geringer Einsatzbereitschaft liegen.« Dies sind Sätze aus Danielas Diplomarbeit, die sie über körperbehinderte Frauen geschrieben hat. Ein paar Seiten zuvor hat sie erläutert, daß sie mit dieser »jungen Frau« eine fiktive Figur geschaffen hat, um ähnliche Erfahrungen verschiedener körperbehinderter Frauen einschließlich eigener Erlebnisse darzustellen.

Während ich auf Daniela warte, blättere ich in dem Kapitel über Krankengymnastik, das einen breiten Raum in ihrer Arbeit einnimmt. Etwas weiter heißt es da: »Mit ziemlicher Sicherheit internalisiert sie (die fiktive junge Frau) die Schuldzuweisungen: ›Ich bin schuld, daß ich so bin, wie ich bin. Ich strenge mich nicht genug an. Ich bin nicht gut, so wie ich bin. Um geliebt zu werden, müßte ich anders sein.‹ Sie traut sich selbst immer weniger zu, verachtet sich für ihre ›Faulheit‹, haßt ihren Körper.«

Ich sitze in der Eingangshalle des Studentenwohnheims, in dem Daniela als Studentin gelebt hat. Die Aufzugstür öffnet sich, und heraus tritt eine schlanke, junge Frau in den Zwanzigern mit krausen, langen schwarzen Haaren, die Kleidung in verschiedenen Violett-Tönen aufeinander abgestimmt, die sich mit einem offenen, festen Blick umschaut. »Das kann sie nicht sein«, denke ich mir, denn nach dem, was ich gerade gelesen habe, erwarte ich einen verschüchterten Menschen, dem man ansieht, daß er sich nicht wohl fühlt in seiner Haut. Also wende ich mich wieder meiner Lektüre zu, bis ich die etwas tapsig klingenden Schritte auf mich zugehen höre. Ich blicke auf und sehe die junge Frau, die ihre Füße leicht nach innen setzt, den Oberkörper etwas vornübergebeugt hält und insgesamt ein klein wenig seitlich nach links läuft.

Erstaunt nehme ich zur Kenntnis, daß es sich um die erwartete Daniela handelt. Wir gehen in das Zimmer eines ihrer Bekannten im Wohnheim, Daniela setzt einen Tee auf und erzählt mir aus ihrem Leben und von ihren Erfahrungen als behinderte Frau. Mit unterfränkischem Akzent spricht sie ruhig und überlegt, öfter mit Gedankenpausen. Das verstärkt den selbstsicheren Eindruck, den sie von Anfang an auf mich machte. Ich muß das Bild, das ich vor unserem Kennenlernen von ihr in meinem Kopf hatte, revidieren und beginne im Laufe des Nachmittags, den wir zusammen verbringen, ihre Entwicklung zu verstehen.

Kurve gut gekriegt

Als es Daniela im dritten Semester ihres Studiums sehr schlecht ging und sie unter Depressionen litt, begann sie mit einer Psychotherapie. Im Laufe dieser Therapie, die sich mit insgesamt 50 Stunden über zwei Jahre hinzog, setzte sie sich erstmals mit ihrer Behinderung auseinander. »Erst hieß es, die Depressionen seien endogen«, erklärt sie. Im Laufe der Therapie stellte sich aber bald heraus, daß die Depressionen nicht endogen, also von innen kommend, sind, sondern ganz viel mit ihren Erfahrungen als Kind und Jugendliche zusammenhängen. »Jetzt habe ich zwar immer noch manchmal depressive Tendenzen, aber ich habe gelernt, damit umzugehen.« Über die Therapie berichtet sie, daß es viel Spaß gemacht und sie viel gelacht habe. Vorher habe sie dagegen befürchtet, daß es sich bei therapeutischen Prozessen in erster Linie um schmerzhaftes Geschehen handele.

Während Daniela früher mit dem Grundgefühl lebte, das Leben sei schwer und anstrengend, hat sich ihr Lebensgefühl im Laufe der Therapie grundsätzlich so geändert, daß sie heute kaum noch Angst hat. Sie ist der Meinung, daß diese positive Veränderung nicht allein durch die Therapie bedingt ist: »Parallel dazu hat mir das Leben hier im Studentenwohnheim viel Kraft gegeben: Plötzlich gab es viele Leute, die mich mochten, ich konnte enge Beziehungen aufbauen. Ich habe echte Nähe, Freundschaft und Geborgenheit kennengelernt – etwas, wonach ich immer gesucht habe. Außerdem hat man mir vermittelt: ›Du kennst viele unterschiedliche Leute, du kommst mit Menschen zurecht, dich mögen viele.‹ Das alles steigerte Danielas Selbstsicherheit. Hinzu kam der Abschluß ihres Studiums im Juli 1989 und ihre Diplomarbeit, die mit der Note eins bewertet wurde. »Zuerst hatte ich Angst, mich zu sehr in das Thema hineinfallen zu lassen, und ich fürchtete, die Arbeit würde nicht wissenschaftlich genug. Aber ich glaube, daß ich die Kurve ganz gut gekriegt habe. Meine Erfahrungen stecken darin, und die Arbeit ist trotzdem wissenschaftlich. Durch die Arbeit habe ich nochmals viel positive Rückmeldung bekommen.«

Daniela spricht besonnen und bewegt sich entspannt. Aus ihren großen braunen Augen schaut sie mich durch die violette Brille ruhig und fest an. Um den Hals hat sie sich ein Tuch in Pink- und Violett-Tönen geschlungen. Darunter trägt sie ein pinkfarbenes langärmeliges T-Shirt. Die Beine stecken in violettgemusterten Hosen, die Füße in violetten Socken. Die einzigen Bekleidungsstücke, die nicht die »Frauenfarbe« violett oder Nuancen davon aufweisen, sind die naturfarbenen »Entenschuhe«, die ihr ein leichteres, sicheres Gehen ermöglichen.

An der Behinderung selbst schuld?

Danielas entspannte Körperhaltung läßt nicht nur auf Selbstsicherheit, sondern auch auf ein positives Körpergefühl schließen. Dazu sagt sie: »Jetzt mag ich meinen Körper. Dazu hat auch die Therapie beigetragen. Jetzt gehören meine Beine zu mir.« Daniela betont das »Jetzt«. Offensichtlich war das nicht immer so: »Früher habe ich meinen Körper abgelehnt. Ich hatte eine Wut auf meine Behinderung. Immer habe ich gedacht, daß ich mit nichtbehinderten Frauen nicht mithalten kann, was das Aussehen betrifft. Besonders schlimm war das beim Schwimmen, weil ich mit schönen Beinen eben nicht dienen kann. Da habe ich mich kaum getraut, mich zu bewegen.«

Sie bemühte sich, möglichst nichtbehindert zu erscheinen, und machte alle Aktivitäten der nichtbehinderten Freunde und Bekannten mit, auch wenn es über ihre Kräfte ging. So lief sie bei Wanderungen in Gruppen immer weiter, ohne um ein langsameres Tempo zu bitten, während ihr »die Zunge längst auf dem Boden hing«. »Heute passe ich auf, daß ich mich nicht überfordere«, erläutert sie. »Ich laufe gerne und lange, aber einfach aus Spaß und nicht, um mitzuhalten und mich zu beweisen.«

Daniela fällt noch etwas ein zu ihrem Körpergefühl: »Ich bin irritiert, wenn ich mich laufen sehe. Immer habe ich es vermieden, in Schaufenster zu gucken. Und im Video mag ich mich auch nicht laufen sehen. Das ist fremd, als liefe da eine andere Person. Ich bin überrascht und verwundert, daß das so aussieht, weil es sich ganz anders anfühlt. Das Gefühl ist vertraut, der Anblick aber fremd.«

Obwohl Daniela vom zweiten Lebensjahr an wegen ihrer »spastischen Diplegie« (Diplegie ist eine doppelseitige Lähmung) in krankengymnastischer Behandlung war, gelang es ihr erst während ihrer Studienzeit, ein positives Gefühl für ihren Körper zu bekommen: »Meine Familie, also vor allem mein Vater hat meine Behinderung bis heute nicht verarbeitet. Ich kam als Sechs-Monats-Kind zur Welt, und während der Geburt war die Sauerstoffversorgung unterbrochen. Daher stammt meine Behinderung. Obwohl es von Anfang an klar war, daß ich aufgrund der Geburtsumstände behindert bin, leugnete und leugnet meine Familie diesen Umstand. ›Du bist doch nicht behindert‹, heißt es. Damit nehmen sie mein Behindertsein nicht ernst. Gleichzeitig aber vermittelten sie mir als Kind das Gefühl, daß mit mir etwas nicht stimmte und ich vieles nicht konnte. Es kostete mich viel Energie, bis ich mich von dieser Auffassung, die ich für mich übernommen hatte, emanzipieren konnte.«

Der entscheidende Satz in Danielas Kindheit, den sie bis heute ab und zu zu hören bekommt, lautet: »Lauf doch mal anständig.« Heute kann sie damit umgehen: »Ich laufe, wie ich nun mal laufe. Aber es ärgert mich wahnsinnig, denn dieser Satz unterstellt, ich müßte mich nur bemühen, um ›anständig‹ laufen zu können.« Jetzt ärgert sie sich über diesen Satz. Als Kind jedoch hatte der Satz eine fatalere Wirkung: »Ich hatte immer das Gefühl, an meiner Behinderung selbst schuld zu sein. Die Krankengymnastik war ein täglicher Kampf. Ich habe mich zwar angestrengt, die Gymnastik aber gleichzeitig auch abgewehrt. Denn wenn ich ›schlecht‹ lief, also nach Ansicht irgendwelcher Verwandten nicht ›normal‹, unterstellten sie mir, ich würde nicht genügend turnen. Wenn ich dann mal wieder etwas mehr übte, meinten sie, ich liefe besser. Ich denke inzwischen, daß die Krankengymnastik das Erscheinungsbild meiner Behinderung nur geringfügig beeinfluß hat, wohl aber meine negative Einstellung zu mir selbst erheblich förderte.«

Das alles wurde Daniela erst so richtig bewußt, als sie ihre Diplomarbeit anfertigte. Sie las die spärliche Literatur, die es bislang über oder von Frauen mit Behinderung gibt. »Ich habe viele meiner eigenen Erfahrungen wiedergefunden. Viele Frauen haben die Krankengymnastik in ihrer Kindheit als genauso quälend empfunden wie ich. Das fand ich toll! Vorher dachte ich immer, ich sei allein auf der Welt mit dem, was ich erlebt habe. Plötzlich habe ich gemerkt, daß andere Frauen ganz ähnliche Erlebnisse hatten. Auch anderen wurde das Gefühl vermittelt, sie seien selbst schuld an ihrer Behinderung. Diese Entdeckung, nicht allein zu sein, hat mich sehr beruhigt.« Außerdem gelang es ihr dadurch, ein positives Gefühl zu ihrem Körper zu entwickeln und selbstbewußter zu sich und ihrer Behinderung zu stehen.

Seit einiger Zeit testet sie auch ihre Grenzen neu aus. Sie hat gemerkt, daß beispielsweise ihre Gleichgewichtsstörungen stark von ihrer psychischen Verfassung abhängig sind: »Je sicherer ich werde, um so sicherer laufe ich auch.« Sie hat festgestellt, daß sie vieles kann, wenn sie es sich nur zutraut und sich nicht unter Druck setzt. Sie muß es aber ausprobieren, denn sie kann ohne praktische Erfahrung schwer einschätzen, was sie kann und was nicht. »Volkstanz hätte ich gerne gelernt«, erzählt sie mit etwas Wehmut in der Stimme, denn sie mußte erkennen, daß sie das nicht kann. Dafür hat sie vor zwei Jahren Fahrrad fahren gelernt: »Als Kind habe ich das schon mal versucht. Dabei bin ich zweimal hingefallen. Mein Großvater, der es mir beibringen wollte, hat sich dermaßen aufgeregt, daß ich mir das nicht mehr zugetraut habe und dachte, ich könne aufgrund meiner Behinderung nicht Fahrrad fahren.« Nun weiß sie, daß sie es doch kann.

Frauen, die keinen makellosen Körper haben,
sind keine richtigen Frauen

Daniela spricht immer wieder von ihren Großeltern, denn bei den Eltern ihres Vaters wuchs sie auf. Ihre Mutter wollte kein Kind, heiratete aber Danielas Vater, als sie mit Daniela schwanger war. Gleich nach ihrer Geburt stand schon fest, daß Daniela bei den Großeltern aufwachsen würde. Ihre jüngere Schwester lebte anfangs bei den Eltern, kam dann aber auch zu den Großeltern. Die Eltern ließen sich scheiden, als Daniela vier Jahre, die Schwester drei Jahre alt war. Sie lebten aber zunächst trotzdem weiterhin zusammen. Zeitweise war Daniela auch bei ihren Eltern, mit fünf Jahren sogar ein ganzes Jahr lang, dann aber lebte sie konstant mit ihrer Schwester bei den Großeltern. Ihre Mutter hat sie als Kind mit sieben Jahren zum letztenmal gesehen. Vor einigen Jahren nahm sie Kontakt zu ihrer Mutter auf. Dieser verlief jedoch im Sande, weil die Mutter von sich aus nichts tut, um eine Beziehung aufzubauen.

Daniela war das Lieblingskind ihres Großvaters, der starb, als sie neun Jahre alt war. Außerdem versuchten die Großeltern, Daniela alle Schwierigkeiten aus dem Weg zu räumen. Sie waren sehr besorgt und befürchteten, das Kind könne sich beim Fallen verletzen. Körperlich trauten sie der Enkelin nichts zu. Diese Unsicherheit übertrug sich auf Daniela. Die Schwester, die nicht so »geschont« wurde, sondern helfen mußte, reagierte mit Wut und Eifersucht. Daniela erinnert sich, daß sie sich mit ihrer Schwester nur gestritten hat, bis sie etwa 16 Jahre alt war. Heute streiten sich die Schwestern zwar nicht mehr, aber eng befreundet sind sie auch nicht. Daniela ist für den Geschmack ihrer Schwester zu feministisch.

Wenn sie von ihrer Kindheit und Jugend erzählt, dann spricht Daniela auch von ihrem Vater, der seine beiden Töchter jeden Tag zur Schule fuhr, und sie erinnert sich an dessen häufig wechselnde Freundinnen: »Er hatte ständig irgendwelche Freundinnen, die nur aus Körper bestanden und total durchgestylt waren. Mir vermittelte er dadurch seine Überzeugung: Frauen, die nicht der ›wahren‹ Ästhetik entsprechen, die keinen makellosen Körper ha-

ben, sind nicht attraktiv und damit keine richtigen Frauen.« Auch durch diese Einstellung des Vaters, die zwar so nicht ausgesprochen wurde, die aber für Daniela durch sein Verhalten deutlich wurde, fiel es ihr schwer, eine positive Beziehung zu ihrem Körper aufzubauen.

Erschwerend kam die Meinung der Großmutter hinzu: »Daniela braucht eine gute Schulbildung, denn einen Mann wird sie sowieso nicht finden«, sagte die Großmutter mütterlicherseits über den Gartenzaun zur Nachbarin, als ihre Enkeltochter daneben stand. Später wurde von seiten der Großmutter die Auffassung vertreten: »Vielleicht findet sich doch ein Mann, aber der muß über vieles hinwegsehen.«

All diese Erlebnisse fraß Daniela in sich hinein und sprach mit niemandem darüber. Sie war schüchtern und hatte vor allem in der Beziehung zu Männern Probleme und Minderwertigkeitsgefühle. Die Therapie einerseits und die Auseinandersetzung während ihrer Diplomarbeit andererseits haben ihr geholfen, die Gründe für ihre Probleme zu erkennen. Wiederum erfuhr sie, daß sie auch mit diesen Schwierigkeiten nicht allein ist, und konnte viele ihrer eigenen, nur zum Teil verarbeiteten Kindheits- und Jugenderlebnisse durch die Anfertigung der 133seitigen Arbeit neu reflektieren.

Ein Aspekt ihrer schwierigen Kindheitserfahrungen betrifft die Beziehung zu ihrem Vater: Früher empfand sie ihm gegenüber oftmals viel Wut, weil er sich über seine Tochter lustig machte und Daniela sich allein gelassen fühlte. Heute bezeichnet sie das Verhältnis zu ihrem Vater als entspannt: »Ich erwarte nicht mehr von ihm, daß er mich unterstützt. Ich weiß, daß ich fähiger bin, mein Leben zu leben, als er, das seine zu leben. Jetzt ist er stolz auf mich, weil ich die Akademikerin in der Familie bin.« Diese Sätze spricht Daniela ganz ohne bissigen oder verletzten Unterton, so daß ihre Worte glaubwürdig klingen.

Der Wunsch der Großmutter, der Enkelin eine gute Bildung zukommen zu lassen, ging also in Erfüllung, allerdings nicht ohne Probleme: »In den beiden ersten Klassen war ich sehr gut«, erzählt sie. »Ich habe nur Einser geschrieben, und man vermittelte mir, ich sei äußerst intelligent.« Dann bekam Daniela Tuberkulose und konnte die Schule ein Jahr lang nicht mehr besuchen. Danach steckte man sie gleich in die vierte Klasse. »Das war schlimm«, erinnert sie sich. »Ich konnte ja nicht einmal das Einmaleins. Die Lücken habe ich bis zum Ende des vierten Schuljahres nicht aufgeholt. Im Endeffekt habe ich so viel mehr verloren als ein Jahr, denn fürs Gymnasium reichten meine Leistungen nicht, so daß ich zunächst auf die Realschule kam.«

Die Realschule schaffte sie mit vielen Ängsten und mäßigen Leistungen. »Ich hatte Angst, immer schlechter zu werden, und entwickelte starke Prüfungsängste. Ich habe viel gelernt und wußte alles. Wenn wir dann aber Arbeiten schrieben, hatte ich regelrechte Blackouts und wußte plötzlich gar nichts mehr.« Ähnlich erging es ihr auf der Fachoberschule, die sie anschließend besuchte. Ihre mittelmäßigen bis schlechten Leistungen trugen neben ihrer Behinderung dazu bei, daß sie sich ziemlich wertlos fühlte. »Ich glaubte immer, ich müsse meine Behinderung durch Leistung kompensieren, und maß meinen Wert an meiner Leistung, weil ich ja schon körperlich nicht mithalten konnte.« Diese Zeit war sehr schwer für Daniela, und sie beschreibt sie als »ewigen Kampf«, wobei ihr Selbstwertgefühl immer mehr abnahm. Besser wurde die Situation für sie, als sie anfing, an einer evangelischen Fachhochschule Sozialarbeit zu studieren: »Von Anfang an habe ich mir die Themen herausgesucht, die mir Spaß machten. Und plötzlich hatte ich keine Prüfungsängste mehr.«

Nirgends dazugehören, immer dazwischen stehen

Wenn Daniela an ihre Schulzeit denkt, fallen ihr noch weitere unangenehme Erinnerungen ein: »Mein Vater fuhr uns zur Schule. Dadurch kamen wir öfter zu spät. Dann war es mir jedesmal schrecklich peinlich, vor aller Augen durch die Klasse zu laufen. Ich wollte meine Behinderung doch soweit wie möglich verstecken.«

Dieser Wunsch, mit ihrer Behinderung nicht aufzufallen, konnte in Daniela überhaupt nur deshalb aufkommen, weil sie leicht behindert ist und ihre Behinderung nicht zwangsläufig auf den ersten Blick zu erkennen ist. Sie kann vieles, was nichtbehinderte Menschen auch können, aber eben nicht alles. Diese Zwischenstellung zwischen den nichtbehinderten und den behinderten Menschen hat ihr lange Zeit zu schaffen gemacht. Keiner Gruppe fühlte sie sich so richtig zugehörig, von niemandem so richtig verstanden. Mit ihren nur leichten Einschränkungen glaubte sie, von schwerer behinderten Menschen nicht ernst genommen zu werden. Also versuchte sie, möglichst nichtbehindert zu wirken, und versteckte ihre Behinderung, so gut es ging.

Daniela erzählt von einem »verrückten Erlebnis«: »Ich habe mal an einer Freizeit mit behinderten und nichtbehinderten Leuten teilgenommen, wobei die behinderten Teilnehmer siebenmal so viel bezahlten wie die nichtbehinderten, weil letztere den anderen helfen sollten. Ich habe den geringeren Betrag bezahlt, denn ich bin als Betreuerin in der Kategorie ›nichtbehindert‹ mitgefahren; dadurch wußte ich nicht recht, wo ich mich nun eigentlich selbst zuordnen sollte.«

Lange Zeit wollte sie nicht viel mit behinderten Menschen zu tun haben und setzte sich auch nicht mit ihrer eigenen Behinderung auseinander. Selbst im Studium, das sie übrigens schon als 15jährige anstrebte, interessierte sie sich nicht für Behindertenpädagogik und war entschlossen, beruflich nicht in der Behindertenarbeit tätig zu werden.

Da geriet sie eines Tages »aus Versehen« in ein heilpädagogisches Seminar, das von einer feministisch denkenden Dozentin geleitet wurde und – war begeistert. »Die Frau war toll, und das Seminar war toll. Außerdem habe ich vieles aus meiner eigenen Erfahrung wiedergefunden. In dem Seminar und gleichzeitig in der Therapie habe ich angefangen, mich mit mir selbst und mit meiner Behinderung auseinanderzusetzen.« In dem Seminar hat Daniela dann erfahren, daß es kaum Literatur zu behinderten Frauen gibt: Behinderte Frauen kommen weder in den Standardwerken der Sonder- und Heilpädagogik noch in der feministischen Literatur vor. Dazu schreibt sie später in ihrer Diplomarbeit: »Obgleich die Frauenbewegung am Marxismus immer wieder kritisiert hat, daß die Frauenfrage als Nebenwiderspruch betrachtet wird, scheint sie behinderte Frauen ebenfalls als solchen zu behandeln.« Danielas Konsequenz war klar: »Gut, wenn es nichts gibt, dann muß man etwas schreiben«, sagt sie lachend, denn so entstand das Thema ihrer Arbeit.

Ihre Zufriedenheit mit sich und ihrem damaligen Entschluß ist Daniela anzusehen: Sie zieht die Schuhe aus und legt sich seitlich auf die Couch, auf der sie bislang gesessen hat. Sie liegt auf der linken Seite, ihr Kopf ruht in der Hand des aufgestützten linken Arms. In dieser Position ist ihr Ohrschmuck gut zu sehen: Im rechten Ohr trägt sie einen größeren, hängenden, bei Bewegungen leicht klimpernden Schmuck in Violett-Tönen, während ihr linkes Ohr nur ein kleiner, schlichter Ring ziert. Danielas entspannte

Körperhaltung ändert jedoch nichts an der Konzentration, mit der sie erzählt und meine Fragen beantwortet.

Auf die Frage, wie es ihr heute mit ihrer leichten Behinderung und ihrer Zwischenstellung zwischen den Gruppen der Behinderten und der Nichtbehinderten gehe, antwortet sie nach einer kurzen Gedankenpause: »Solidarisch fühle ich mich vor allem mit Frauen, die auch leicht behindert sind. Einige studierten mit mir, und der Kontakt und Austausch mit ihnen haben mir sehr gutgetan. Während ich an meiner Diplomarbeit arbeitete, habe ich bemerkt, daß ich auch mit diesem Gefühl des Dazwischenstehens nicht allein bin. Heute fühle ich mich beiden Gruppen, der der Behinderten und der der Nichtbehinderten, zugehörig und verbunden, je nachdem, wo ich gerade bin.«

Es wird still im Raum. Nur von draußen dringt das Geräusch eines vorbeifahrenden Zuges herein. Das Studentenwohnheim liegt direkt an einer Bahnlinie. Daniela trinkt einen Schluck Tee und ergänzt dann: »Auch heute habe ich manchmal noch Schwierigkeiten mit meiner leichten Behinderung, nämlich dann, wenn Leute mich neu kennenlernen. Bei meiner jetzigen Arbeit beispielsweise in einer Erziehungsberatungsstelle bin ich neuen Klienten gegenüber unsicher, wenn die mich erstmals laufen sehen, und ich frage mich: ›Was mögen die wohl von mir denken?‹« Da sie sich mit der sozialpsychologischen Literatur beschäftigt hat, weiß sie, daß körperbehinderten Menschen im allgemeinen von der Gesellschaft bestimmte Eigenschaften wie Mißtrauen, Neid und Minderwertigkeitsgefühle zugeschrieben werden.

Frauen haben mit behinderten Frauen weniger Schwierigkeiten als Männer

Was andere von ihr denken, könnte Daniela eigentlich egal sein. Dessen ist sie sich auch bewußt. Aber ihr starkes Bedürfnis danach, angenommen zu werden und sich zugehörig fühlen zu dürfen, wird auch in dieser Unsicherheit wieder deutlich. Während Daniela mir von den verschiedenen Stationen ihres Lebens und von ihren Beziehungen zu anderen Menschen berichtet, spüre ich immer wieder dieses Verlangen nach Zugehörigkeit, Vertrautheit und Geborgenheit. »Ja«, sagt sie, als ich danach frage. »Das suchte ich, als ich mich mit 17 Jahren in einer Baptistengemeinde engagierte.« Sieben Jahre lang lebte sie in der evangelischen, freikirchlichen Gemeinde, die sie heute als enge, dogmatische Form des Christentums bezeichnet.

Mit 17 brauchte sie die strengen Regeln, die ihr ein Gefühl der Sicherheit vermittelten. Damals litt sie unter ihren schlechten schulischen Leistungen und darunter, daß sie noch keinen Freund hatte: »Mein Vater hatte ja viele Freundinnen, und seine Gespräche beinhalteten häufig sexuelle Anspielungen – wie bei den meisten Männern seiner Generation. Nonverbal vermittelte er meiner Schwester und mir, daß wir uns möglichst schnell Liebhaber anschaffen sollten, um ›richtige‹ Frauen zu sein. Schon als ich 14 Jahre alt war, hat er mir die Pille angeboten. Mit 16 und 17 Jahren habe ich mich dann selbst unter Druck gesetzt und gedacht: ›Jetzt muß ich doch mal endlich mit einem Mann schlafen.‹ Ich hatte aber keine Liebesbeziehung und war sehr unglücklich darüber.« In dieser Situation kam die Baptistengemeinde wie gerufen: Dort ist alles reglementiert. Sexualität außerhalb der Ehe gilt als Sünde.

Anfangs fühlte sie sich wohl in der Gemeinde, in der sie fast ihre gesamte Freizeit verbrachte. Sie genoß das Gemeinschaftsgefühl und die Auseinandersetzung mit dem Glauben, die dort stattfand. »Nach zwei Jahren habe ich angefangen, wieder selbst zu denken«, berichtet sie. Ganz allmählich löste sie sich aus der Gemeinde, denn mit ihrem aufkeimenden feministischen Anspruch wurde es in dieser Gemeinschaft immer schwieriger für sie. Daniela mißfielen die patriarchalischen Strukturen, und »zunehmend legte ich mich mit den Männern dort an«.

In einen Mann aus der Gemeinde aber verliebte sie sich. Martin und Daniela hatten eine geschwisterliche Beziehung zueinander, so stellten sie es jedenfalls vor sich selbst dar. »Mehr habe ich mir damals selbst nicht eingestanden. Innerhalb der Gemeinde konnte ich es mir nicht erlauben, für ihn als Mann Interesse zu bekunden, denn er war noch verheiratet. Vor allem aber konnte ich mir damals überhaupt noch nicht vorstellen, daß mich ein Mann lieben und attraktiv finden könnte.« Offen sprachen die beiden nie über ihre Beziehung, in der die verliebte Daniela klammerte und Martin reagierte, indem er immer mehr auf Distanz ging. »Seine Distanz interpretierte ich für mich so, daß ich aufgrund meiner Behinderung grundsätzlich nicht liebenswert und nicht attraktiv bin. Das wollte ich aber nicht hören und dachte, unausgesprochen sei alles leichter zu ertragen. Ich weiß bis heute nicht, ob meine Behinderung für ihn wirklich eine Rolle gespielt hat. Ich dachte es jedenfalls und habe sehr darunter gelitten.«

Martin spielte eine wichtige Rolle in Danielas Entwicklung: Erstmals erlebte sie das Gefühl: »Ich bin wichtig.« In den Gesprächen mit Martin fing sie an, mehr von sich selbst preiszugeben. Nicht nur ihre Beziehung, auch das Thema »Behinderung« klammerten die beiden allerdings weitgehend aus. Nur ein einziges Mal fragte Martin Daniela, wie sie mit ihrer Behinderung zurechtkäme. Ihre Antwort »prima« glaubte er ihr nicht. Damals war sie irritiert, heute weiß sie, daß er recht hatte.

Ihre Behinderung oder ihre Einstellung dazu oder beides verhinderten einen zwanglosen Umgang nicht nur mit Martin, sondern mit Jungen und Männern allgemein: »Als ich in der Pubertät war, habe ich es auf meine Behinderung geschoben, daß ich keinen Freund hatte. Heute glaube ich, daß es hauptsächlich daran lag, daß ich auf niemanden zugegangen bin, so minderwertig, wie ich mich fühlte.« Dennoch weiß Daniela, daß das Äußere bei einer Frau im allgemeinen als wichtiger angesehen wird als bei einem Mann. »Für viele Männer spielt das Aussehen einer Frau eine ganz entscheidende Rolle.«

Martin half ihr auch, sich allmählich aus der Gemeinde zu lösen, als sie aus ihrer Heimatstadt fortzog und zu studieren begann. Es dauerte eine Weile, bis sie sich im »normalen« Leben wieder zurechtfand und für sich neue Werte akzeptieren konnte. Mit der Gemeinde ließ sie schließlich auch Martin hinter sich und lernte andere Männer kennen. Mit manchen von ihnen schlief sie, was sie nach eigenem Bekunden zur Selbstbestätigung brauchte: »Ich wollte sehen, was für eine Wirkung ich als Frau habe, und fand heraus, daß ich flirten kann und Männer haben kann, wenn ich es will.« Nach einiger Zeit hatte sie genügend solcher Erfahrungen gesammelt, die ihr wichtig waren. Heute hat sie nicht mehr das Gefühl, sich in sexueller Hinsicht etwas beweisen zu müssen.

Inzwischen ist sie nicht mehr auf Männer festgelegt, wenn es um ihren Wunsch nach einer intimen Beziehung geht. Durch ihr feministisches Engagement lernte Daniela auch lesbische Frauen kennen und verliebte sich eines Tages in eine Frau. Sie glaubt, daß diese Neigung bei ihr schon immer latent vorhanden war, macht sich aber über die Ursachen der sexuellen Ausrichtung kaum Gedanken. »Ich liebe den Menschen, nicht das Geschlecht«, konstatiert sie. Erotische Erfahrungen hat sie auch mit Frauen gehabt und meint: »Frauen haben mit behinderten Frauen möglicherweise weniger Schwierigkeiten als Männer.« Sie fühlt sich mit ihrem Körper und mit ihrer Sexualität bei Frauen gut aufgehoben. Ihre persönlichen Erfahrungen findet sie in der vorhandenen Literatur über Sexualität im Zusammenhang mit Behinderung gespiegelt, die nach ihren Beobachtungen fast ausschließlich auf einer »phallozentrischen Sichtweise« aufbaut, wie sie in ihrer Arbeit schreibt und mit Beispielen belegt.

Daniela wehrt sich gegen die verbreitete Unterstellung, sie habe sich Frauen zugewandt, weil sie bei Männern kein Glück gehabt habe. »Ich bin nicht festgelegt. Momentan bin ich allein, und es geht mir gut damit. Aber ich könnte mir sowohl eine Liebesbeziehung mit einer Frau als auch mit einem Mann vorstellen «

Gelassen in die Zukunft blicken

Die Tür geht auf, und herein kommt der Student, in dessen Zimmer wir uns aufhalten. Es ist ihm sichtlich peinlich, uns zu stören. Ich schalte das Band ab, Daniela plaudert ein paar Sätze mit ihm. Dann hat er die Unterlagen zusammengesucht, die er haben wollte, und verläßt uns wieder.

Daniela weiß auch nach dieser kurzen Unterbrechung genau, was sie gerade erzählt hat, und fährt fort, als wäre nichts gewesen: »Ich möchte schon eine Liebesbeziehung haben, eine Beziehung, in der ich wachsen kann. Bislang waren meine Liebesbeziehungen immer nur von kurzer Dauer, länger als ein paar Wochen ging es nie.« Das wundert mich, denn Daniela macht keinen sprunghaften Eindruck, sondern sie wirkt wie eine Frau, die weiß, was sie will. Sie selbst kann es sich und mir erklären, warum sie bisher noch nie länger mit einem Mann oder einer Frau zusammen war: »Immer hatte ich Angst, nicht wirklich gemeint zu sein, nicht als die geliebt zu werden, die ich bin. Deshalb habe ich mich nur kurz auf andere eingelassen und die Beziehungen nicht wirklich eng werden lassen, denn ich hatte Angst, verletzt zu werden. Außerdem glaube ich jetzt, daß es richtig war, mich nicht ganz auf diese ›Verhältnisse‹ eingelassen zu haben. Ich war noch nicht bereit dazu, hatte noch soviel mit mir selbst abzuklären.«

Daniela hat ihre Situation und ihr Verhalten analysiert. Bei den letzten Worten wirkt sie traurig. Nach ihrer Trauer befragt, zögert sie einen Augenblick mit der Antwort, ehe sie erklärt, daß es ihr früher wirklich nicht gutging, weil sie immer das Gefühl hatte: ›Keiner will mich.‹ Damals habe sie geradezu panisch nach einer Beziehung gesucht. »Gleichzeitig hatte ich mich selbst nicht besonders lieb und hielt mich für wenig liebenswert. Heute hingegen habe ich meistens ein positives Grundgefühl mir selbst gegenüber und versuche, behutsam mit mir umzugehen. Ich fürchte mich nicht mehr vor dem Alleinsein, sondern genieße das ›Bei-mir-Sein.‹ Ich wünsche mir eine Liebesbeziehung und suche auch danach, aber ich kann mir Zeit lassen, sie zu finden.«

Auch diese Veränderung hängt mit ihrem gestärkten Selbstwertgefühl zusammen, das sich vor allem durch ihre Therapie, aber auch durch die Zuwendung, die sie während des Studiums von ihren Mitmenschen erfahren hat, positiv entwickeln konnte. Mit ihrer Selbstsicherheit blickt Daniela ruhig in die Zukunft und ist gespannt auf das, was kommen wird. »Ich möchte eine längerfristige Beziehung aufbauen. Wohnen möchte ich aber nicht nur zu zweit, sondern in einer Wohngemeinschaft. Der intensive Kontakt zu anderen Männern und Frauen ist mir ebenfalls wichtig.«

Daniela spricht davon, wie sie sich ihre Zukunft vorstellt. In ihren Zukunftsvisionen kommen auch Kinder vor: »Kinder waren und sind für mich immer ein Thema. Ich möchte gerne eines Tages Kinder haben. Das wird natürlich schwierig, wenn ich mit einer

Frau zusammenlebe«, sagt sie und grinst. Wenn die Sprache auf Kinder kommt, ist ihre Großmutter allerdings anderer Meinung: Sie vertritt die Ansicht, behinderte Menschen sollten nicht auch noch Kinder bekommen.

Als wir schon einmal bei den Perspektiven sind, sprechen wir auch über die beruflichen Perspektiven. Zur Zeit arbeitet Daniela während ihres Anerkennungsjahres in einer Erziehungsberatungsstelle. Die Arbeit macht ihr Spaß. Sie sieht ihre Stärke in beraterischen Fähigkeiten. Deshalb möchte sie sich gerne familientherapeutisch weiterbilden. Außerdem strebt sie ein Psychologiestudium an: »Mein Berufsziel habe ich eigentlich schon erreicht. Durch ein Psychologiestudium würde ich einfach meine Berufschancen verbessern, die als Sozialarbeiterin im therapeutischen Bereich nicht so rosig aussehen, insbesondere, was die Bezahlung betrifft. Im übrigen würde es mich reizen, ein anderes Wissenschaftskonzept kennenzulernen. Es macht mir Spaß, mich mit Theorien und Gedankengebäuden auseinanderzusetzen.«

Ihre Möglichkeiten, anderen Menschen zu helfen, sieht Daniela realistisch, denn sie will nicht mehr gleich die ganze Gesellschaft verändern, wie vielleicht zu Beginn ihres Studiums. Ihren Anspruch an sich als Sozialarbeiterin beschreibt sie folgendermaßen: »Ich möchte Menschen in ihren Wachstumsprozessen unterstützen und sie darin bestärken, ihre Ängste, ihre Trauer, ihre Ressourcen und Kompetenzen, vor allem ihren eigenen Willen und ihre Intuition ernst zu nehmen und danach zu handeln. Dabei weiß ich nicht, was für andere gut ist. Ich kann nur begleiten und zu bestimmten Zeiten mit meiner gesammelten Aufmerksamkeit, meiner ganzen Person da sein. Durch meine sozialarbeiterische beziehungsweise psychologische Ausbildung hoffe ich, meine Wahrnehmungsfähigkeit noch zu erweitern, also noch besser zu spüren und zu sehen, was jemand gerade braucht.«

Mit ihrer derzeitigen Arbeit als Beraterin fühlt sich Daniela wohl. Probleme gibt es jedoch mit den Kollegen: »Die gucken und gucken, wenn sie mich laufen sehen, aber keiner sagt was. Meine Behinderung wird höchstens indirekt angesprochen. Als es beispielsweise um Themenvorschläge für den Betriebsausflug ging und eine Fahrradtour vorgeschlagen wurde, sagte einer: ›Das geht nicht. Es gibt hier ja Leute, die nicht Fahrrad fahren können.‹ Ich habe gar nichts dazu gesagt.«

Der Nachmittag ist inzwischen fortgeschritten. Den Tee haben wir geleert, und ich möchte bald Abschied nehmen, um nicht in den Berufsverkehr zu geraten. Die nach den letzten Sätzen entstandene Pause habe ich als Abschluß gewertet und rüste mich zum Aufbruch. Daniela ist aber noch nicht fertig und hat noch etwas anzumerken:

Mehr als über den Umgang mit ihrer Behinderung ärgert sie sich über das Konzept von Behindertenarbeit, das die meisten ihrer Kolleginnen und Kollegen vertreten: »Die meinen immer noch, reichlich Krankengymnastik sei das Allerwichtigste im Leben behinderter Kinder. Ich bin der Ansicht, daß krankengymnastische Übungen durchaus ihren Sinn haben können, beispielsweise nach Operationen oder um Fehlbelastungen vorzubeugen. Aber so, wie die krankengymnastische Versorgung behinderter Kinder meistens betrieben wird, verwandelt sich die Förderung oftmals in eine Überforderung. Das verstehen meine Kollegen nicht.«

Gabi

Der Intimbereich ist gar nicht so intim

»Wenn dich ein Mann trägt oder, weeß ick, sonstwie anfaßt, da unten wäscht oder so, darf bei dem um Gottes willen nichts losgehn. Das ist mir von klein auf beigebracht worden«, erzählt Gabi aus Ostberlin auf einer Podiumsdiskussion zum Thema »behinderte Frauen« im Herbst 1990 in Karlsruhe. Drei Wochen vor der Vereinigung beider deutscher Staaten ist man auch neugierig, etwas über die Lebensverhältnisse behinderter Menschen in der Noch-DDR zu erfahren. Gabi wird nach ihrem Alltag gefragt, und sie berichtet von ihrem ›normalen‹ Leben, das nach ihren Angaben für DDR-Verhältnisse ganz anomal und außergewöhnlich ist.

Mitte 30 ist die kleine, zierliche Frau mit den kurzen dunklen Haaren, die auf dem Podium in ihrem schweren Elektro-Rollstuhl sitzt, mit fester Stimme spricht und einen selbstbewußten Eindruck vermittelt.

So lerne ich Gabi kennen. Als ich ihr zwei Wochen später in ihrer Wohnung im Osterberliner Neubaugebiet Marzahn gegenübersitze, bin ich doch erstaunt, als ich erfahre, daß sie nur ganze 1,45 groß ist. Sie wirkt zwar klein, aber für etwas größer hätte ich sie schon gehalten. »So ein Rollstuhl hebt«, kommentiert sie trocken meine Verwunderung und schaut mich mit einem spitzbübischen Lächeln um den Mund aus ihren großen braunen Augen an.

Gabi lebt in einer Vier-Raum-Wohnung im zweiten Stock eines Hochhauses in Marzahn, zusammen mit jeweils zwei anderen Bewohnern, die ihr die notwendige Assistenz geben. Stufenlos gelangt man in das Haus hinein, ein geräumiger Aufzug bringt Bewohner oder Besucher in das gewünschte Stockwerk. Einer der beiden Helfer, die mit Gabi leben, ist ständiger Untermieter und wohnt in einem der beiden größeren Zimmer der Wohnung. Das andere größere Zimmer ist Gabis Reich. Der zweite Helfer wechselt wöchentlich. Er (oder sie) wohnt für diese eine Woche, in der er Dienst hat, in einem der kleineren Zimmer. Dann fährt er wieder nach Hause, und nach einem ausgeklügelten System ist der oder die nächste an der Reihe, eine Woche lang bei Gabi zu wohnen und ihr in ihrem Alltag zu assistieren.

Gabi kann sich nämlich kaum bewegen. Sie ist an progressiver Muskeldystrophie erkrankt. Das heißt, daß ihre Muskeln allmählich immer schwächer werden. Man hat ihr zwar erzählt, sie habe als kleines Kind ein wenig laufen können, erinnern kann sie sich allerdings nicht daran. Die Diagnose dieser genetisch bedingten Krankheit wurde bereits 1956 gestellt, als Gabi anderthalb Jahre alt war.

In den Armen fehlt ihr die Kraft, sich in einem Faltrollstuhl fortzubewegen. Deshalb fährt sie in einem Elektro-Rollstuhl, den sie mit einem kleinen Hebel steuert. Der Hebel muß leicht zu bedienen sein, sonst reicht ihre Kraft in den Händen nicht aus, das Steuerinstrument zu bewegen. Probleme bekommt sie mit neuen oder frischreparierten Geräten, die noch nicht ausgeleiert und dadurch schwergängig sind.

Die Assistenz ihrer Mitbewohner benötigt Gabi beim Waschen, beim Anziehen, beim Toilettengang. Die Küche ist auf ihre Bedürfnisse eingerichtet. Die wichtigsten Kochutensilien stehen also alle in einer Höhe, die Gabi sitzend leicht erreichen kann. Manchmal kocht sie sich einfache Sachen. »Das ist aber ein hoher Zeit- und Kraftaufwand für mich, und es geht immer weniger«, erzählt sie. Ihre Krankheit schreitet fort, langsam zwar, aber unaufhaltsam.

Festgesessen

Ihr körperlicher Zustand war ein klein wenig, aber nicht wesentlich besser, als 1981 ihre Mutter nach einem kurzen Krankenhausaufenthalt starb. Diese Frau hatte ihre Tochter bis zu ihrem Tod betreut. »Das war der größte Einschnitt in meinem Leben überhaupt«, befindet Gabi rückblickend. Denn nun passierte das, »was ich mir immer so im Kopf klargemacht hatte: Das kommt, und da muß du dich möglichst drauf einrichten.« Damit meint sie ein Leben in einem Heim. Und so kam es zunächst auch. Gabi zog mit ihren 27 Jahren um in ein staatliches Alten- und Pflegeheim. Auf ihrer Etage lebte sie zusammen mit alten Menschen und einigen körperbehinderten Erwachsenen. Einzelzimmer gab es nur für ›Opfer des Faschismus‹. Gabi war in einem Zweibettzimmer untergebracht.

»Die Zeit im Heim war nicht so tragisch, denn erstmals konnte ich mit meinem Rollstuhl allein das Haus verlassen. Das war eine ganz wichtige Erfahrung. Zuerst wollte ich immer nur weg von dem Haus und kam nur zum Schlafen zurück.«

Gabi hat mit ihren Eltern nie in einer ebenerdigen Wohnung gewohnt. Immer waren einige Stufen zu überwinden. Nie konnte sie ohne fremde Hilfe aus der Wohnung herauskommen. Die Eltern wohnten mit ihrer einzigen Tochter Gabi zunächst im ersten Stock. Gabis Vater, den sie vergötterte, war herzkrank und durfte nicht schwer tragen. »Das waren lange Altbautreppen. Zeitweise war ein Rodelschlitten die Lösung. Weeß ick, Vater vorn und Mutter hinten, ich drauf. Ansonsten habe ich zu Hause festgesessen.« ›Festgesessen‹ meint Gabi wörtlich. Sie hatte nämlich einen festen Sitzplatz in einer Sofaecke. Ohne Hilfe konnte und kann sie sich nicht vom Liegen aufrichten und nicht auf eine andere Sitzgelegenheit oder in den Rollstuhl wechseln. »In der Ecke habe ich mich eingemüllt, da mußte alles sein, was ich brauchte. Mutter wollte ab und zu aufräumen. Aber det war tabu, durfte sie nicht.« Als Gabi acht oder neun Jahre alt war, zog die Familie um in eine Wohnung im Hochparterre. »Ganz ins Parterre wollten meine Eltern nicht«, erläutert Gabi. »Das war ihnen unheimlich: die Kälte von unten und Leute von draußen. Hochparterre mit einer halben Treppe war da die bessere Lösung.«

Als ›bessere Lösung‹ empfanden Gabis Eltern eine Wohnung im Hochparterre. Für ihre Tochter bedeutete diese Lösung aber, daß sie nur zweimal pro Woche und nur mit Hilfe von Nachbarn die Wohnung verlassen konnte – »mit abnehmender Tendenz«, ergänzt sie zur Häufigkeit ihrer Ausflüge. Als ihr Vater 1968 starb, war sie noch mehr auf Fremdhilfe angewiesen, wenn sie die Wohnung verlassen oder wieder hinein wollte. »Der Hausmeister kam und half. Aber er mußte mich mit dem Rollstuhl aus der Wohnung holen, denn er konnte mich nicht tragen. Zeitweise überwanden

wir die sieben Stufen mit Bohlen, eine riskante Methode. Rückwärts ging's im Rollstuhl runter, der durfte nicht abrutschen. Dann mußte man auch noch die Haustür treffen. Das war recht chaotisch.« Gabi sieht nachdenklich aus, dann fängt sie an zu glucksen: »Ich glaube, meine Schutzengel hatten damals alle Hände voll zu tun.« Manchmal kam noch ein junger Mann, der Gabi über die Treppe trug oder half, sie zu baden. Ansonsten werden sich ihre Schutzengel aber wohl eher gelangweilt haben. Sie saß nämlich immer auf demselben Platz in der einen Ecke des Sofas. Morgens richtete ihre Mutter sie auf, abends legte sie sie hin, zwischendurch schob sie ihr einen ›Schieber‹ unter das Gesäß, damit sie ihren Toilettengang verrichten konnte.

Je älter Gabis Mutter wurde, um so schwerer fiel es ihr, ihre behinderte Tochter zu versorgen. Sie wurde selbst zunehmend gehbehindert und lief mit einem Stock. Mit 20 Jahren war dann Gabis Geduld am Ende: »Damals habe ich einen der härtesten Kämpfe mit meiner Mutter ausgetragen. Es wurden behindertengerechte Wohnungen eingerichtet. Ich hatte die Vorstellung: Wenn wir umziehen, dann wird uns das vieles erleichtern. Also habe ich stur Anträge gestellt, ob Mutter wollte oder nicht. Schließlich stand der Umzug fast vor der Tür, da hab' ich gemerkt: Det kannste nich machen.« Sie stöhnt bei der Erinnerung. »Das war eine harte Zeit für uns beide. Aber sie hätt's echt nicht verkraftet.« Gabi zog ihren Antrag auf eine ebenerdige Wohnung zurück, saß weitere sieben Jahre in ihrer Sofaecke, schaute aus dem Fenster auf die Obstbäume und wartete darauf, daß ihr jemand aus der Wohnung half. War es dann ab und zu soweit, dann vertraute sie auf ihre Schutzengel.

Schon als Wunschkind Gabi geboren wurde, waren die Eltern mit 45 und 52 Jahren nicht mehr die Jüngsten. Für sie verstand es sich zwar von selbst, ihre Tochter so lange wie möglich zu versorgen, über das ›danach‹ herrschten jedoch nur ungenaue Vorstellungen: Ihre Mutter meinte, Gabi müsse irgendwie ein oder zwei Leute finden, die sich um sie kümmerten. Daß die Tochter in einem Heim würde leben müssen, war für sie undenkbar.

Für Gabi war das gar nicht so undenkbar, denn sie hielt die Perspektive ihrer Mutter für unrealistisch und sah keine Chance, sie zu verwirklichen. »Da muß ich mich selbst drum kümmern«, sagte sie sich und »bequatschte heimlich eine kirchliche Fürsorgerin. Die sollte gucken, was es für Möglichkeiten gibt.«

Als die Mutter 1981 ins Krankenhaus kam und starb, war aber nichts vorbereitet. »Es war ein glücklicher Umstand, daß ich in dieses Heim gekommen bin. Es war eins der weniger schlimmen.« Außerdem testete sie ihre neu gewonnene Freiheit, sich selbständig in ihrem Elektro-Rollstuhl bewegen und das Haus nach Belieben verlassen zu können. 27 Jahre lang hatte sie auf dieses Erlebnis gewartet.

Die Atmosphäre in dem Heim empfand Gabi aber als beängstigend und beklemmend: »Meine größte Angst war es immer, auch so angepaßt, passiv und willenlos zu werden. Och nee, das wollt' ich nicht. Die anderen, die standen stundenlang beim Pförtner, jeden Tag, und warteten, daß was passierte. Ich wußte, daß das für mich nicht geht.« Dazu kam es nicht: Sie verließ das Heim morgens und kehrte erst abends oder spät abends zurück. »Ich hatte da 'ne Sonderstellung, weiß nicht wieso. Alle mußten um 19.00 Uhr ins Bett. Ich durfte länger aufbleiben. Zum Teil verhandelte ich mit der Spät- oder Nachtschicht und bin erst abends um 23.00 Uhr zurückgekommen.«

In dieser Zeit pflegte Gabi ihre Kontakte. Sie nutzte ihre nie zuvor gekannte Bewegungsfreiheit und besuchte Freunde und Bekannte. »Nur deshalb bin ich nicht im Heim hängengeblieben«, stellt sie fest. Eines Tages berichtete eine Freundin ihr von einer anderen Freundin, die ein Kind erwartete und nach der Geburt des Kindes zunächst ein Jahr lang nicht arbeiten wollte. Die Freundin schlug vor, Gabi solle mit der jungen Mutter zusammenziehen und sich von ihr in ihrem Alltag assistieren lassen. »Sie war der Meinung, ich solle gefälligst aus dem Heim heraus. Für mich war es eine wichtige Erfahrung, daß es sich andere Leute überhaupt vorstellen konnten, ich würde nicht ewig im Heim leben«, erinnert sie sich. Gabi wollte jedoch nicht mit einem einzigen Menschen zusammenleben. Sie hielt die Belastung für die andere Person und ihre eigene Abhängigkeit für zu groß. Doch bald fand sich noch eine interessierte Frau. Die drei Frauen beschlossen, das Risiko des Zusammenlebens einzugehen, obwohl sie sich kaum kannten, und begaben sich auf Wohnungssuche. Es sollten aber noch viele Monate vergehen, bis Gabi schließlich tatsächlich das Heim verlassen konnte.

Also rollerte sie weiter in ihrem Elektro-Rollstuhl durch die Gegend und besuchte Freunde. Während der Zeit im Heim arbeitete sie nämlich nicht mehr: »Im Heim verliert man alle Rechte und hat keine Ansprüche mehr, also auch kein Recht auf Arbeit. Die Heimarbeiterzentrale hatte eh nie genug Arbeit und tat sich schwer, Heime zu beliefern.«

Gabis beruflicher Werdegang begann, wie bei jedem anderen auch, mit einer schulischen Ausbildung. Anders als andere Kinder ist sie jedoch nicht in eine Schule gegangen, sondern ein Lehrer kam zu ihr und unterrichtete sie zu Hause. Körperbehindertenschulen nahmen nur selbständige Kinder auf, kamen also für Gabi nicht in Frage. Sie hätte in einem Internat unterrichtet werden können, aber die Eltern wollten das einzige Kind nicht weggeben. Gabi blieb also in ihrer Ecke und hatte kaum Kontakt zu anderen Kindern.

Mit Hilfe dieses Lehrers schloß sie die achte Klasse ab. Die Ausbildung des Lehrers erlaubte keinen weiteren Unterricht. Normalerweise besuchten die Kinder in der DDR zehn Jahre lang die Schule und hatten dann den ›normalen‹ Abschluß. Vorher beendigten nur diejenigen ihre Schullaufbahn, die es nicht weiter schafften. Wegen vieler Krankenhausaufenthalte war Gabi bereits 16 Jahre alt, als sie das achte Schuljahr abschloß, für sie vorläufig das Ende ihrer Ausbildung. »Das ist zu wenig, um etwas Gescheites anzufangen«, weiß sie heute. Damals jedoch hatte sie große Erwartungen an das bevorstehende Berufsleben: »Jetzt kommt eine Arbeit, wo du dir enorme Mühe geben und zeigen mußt, was du kannst«, dachte sie seinerzeit. »Und denn kam also so ein Mensch an mit 'nem großen Sack und noch 'nem Stapel Tüten und fragte mich: ›Kannste bis 50 zählen?‹« Gabi war schockiert, denn ihre Arbeit bestand darin, kleine Plastikspieße in Tüten zu zählen, jeweils 50 Stück in eine Tüte. Manchmal mußte sie auch Schraubverschlüsse mit Gummidichtungen versehen, »alles Arbeiten, die man mit Maschinen viel schneller hätte machen können«.

Zunächst war Gabi enttäuscht von ihrem Berufsleben, stellte dann aber fest, daß die primitive Arbeit, bei der sie kein Soll zu erfüllen brauchte, ihren Interessen teilweise entgegenkam: »Das war meine Radio/Fernsehen-Zeit«, erklärt sie. »Das war meine Welt. Bei der Arbeit konnte ich alle Filme gucken und meine Lieblingshörspiele hören. Hörspiele waren mit das Wichtigste in meinem Leben. Ich wußte genau, welcher Sender wann welches Hörspiel bringt.« Aber auch die Filme im Fernsehen wollte sie nicht versäumen: »Manchmal gab es Konflikte mit meinen Eltern: Wenn sie im Sommer mit mir in den Garten wollten und gleichzeitig Sir Francis Drake im Fernsehen kam. Das ging doch nicht. Das durfte ich doch nicht verpassen!«

Ihre Fixierung auf die Medienwelt lockerte sich allmählich, als sie mit 18 Jahren Kontakt zu Gleichaltrigen bekam. Durch eine kirchliche Fürsorgerin erfuhr sie von sogenannten Rüstzeiten, Freizeiten für behinderte und nichtbehinderte junge Menschen. »Ich war begeistert von den schönen bunten Dias, die die Fürsorgerin zeigte, und zu allem entschlossen.« Sie behauptete sich gegen ihre ängstliche Mutter und setzte mit ihren 18 Jahren zehn Tage lang »die ersten Schritte in die große, weite Welt«. Sie genoß es, etwas anderes zu sehen als die jahreszeitlichen Veränderungen der Obstbäume vor dem Fenster.

So schloß sie ihre ersten Kontakte und Freundschafen, und sie lernte, daß die gemeinsamen Unternehmungen allen, auch den nichtbehinderten Begleitern, Spaß machten. Durch die Kirche erfuhr sie auch von der Möglichkeit, sich durch Fernunterricht fortzubilden. »Mit Zittern habe ich meine Bewerbung geschrieben, denn eigentlich ist die abgeschlossene zehnte Klasse Bedingung für diese kirchliche Fortbildung. Aber ich hatte Glück: Die haben sich nicht festgebissen, und es hat trotz meiner nur acht Schuljahre geklappt.«

Parallel zu ihrer mechanischen Arbeit wurde sie nun ausgebildet in Jugend- und Gruppenarbeit mit einem soliden theologischen Fundament. Anfangs war sie sehr unsicher und probierte einfach aus, ob sie es schaffte. Sie merkte, daß sie den Stoff problemlos bewältigte, und absolvierte die insgesamt fünfjährige Ausbildung mit dem Abschluß »B-Katechetin und Gemeindehelferin«, der sie zur Kinder- und Jugendarbeit in der Kirchengemeinde berechtigt.

Solidarität oder
»da ist nichts«

Während sie im Heim lebte, setzte sie den Fernunterricht fort. Unterbrochen war lediglich ihre reguläre Arbeit der stumpfsinnigen Tätigkeiten wie Stifte zählen oder Gummis an Verschlüsse anbringen. Unterbrochen wird jetzt auch unser Gespräch durch den Ruf ihres derzeitigen Assistenten Christian: »Tee ist fertig«, und wir beschließen, eine Pause einzulegen.

Wir begeben uns in das benachbarte kleine Eßzimmer, wo Christian den Tisch gedeckt hat. Natürlich gibt es erst mal nur ein Thema, während wir Tee trinken und Kuchen essen: die Vereinigung. Gabi und Christian sind eher skeptisch. »Vor ein paar Monaten habe ich noch gesagt: ›Wenn die Vereinigung kommt, bin ich weg, nach Australien oder so‹«, erzählt Gabi. »So geht es mir jetzt immer wieder. Ich habe nicht erwartet, daß es so schlimm würde.« Auch Christian befürchtet, daß es künftig weniger Solidarität – »dies Wort ist bei uns so übermißbraucht worden« – der Menschen untereinander geben wird. Gabis sonst so feste Stimme wird weich. Sie kämpft mit den Tränen, als sie sagt: »Eine große Hoffnung ist jetzt kaputt. Aus dieser DDR hätte was werden können.«

Sie leidet an dieser Welt, so wie sie ist. Aber sie fürchtet auch um ihre eigene Zukunft. Bislang lebt sie abhängig von der Solidarität ihrer Mitmenschen. Die jungen Leute, die ihr assistieren, zum Beispiel Christian, bekommen kein Geld dafür. Der ständige Untermieter zahlt seine reguläre Miete, die wöchentlich wechselnden Helfer leisten einen Beitrag in die Haushaltskasse.

Wir diskutieren die Vor- und Nachteile dieses Systems im Vergleich zu einer Entlohnung der Assistenten. Während die meisten behinderten Menschen in der alten Bundesrepublik sich unabhängiger fühlen, wenn sie ihre Helfer angemessen bezahlen, erschrickt Gabi bei dieser Vorstellung: »Aus meiner Zeit im Heim weiß ich, daß die Leute nur ungern behinderten Menschen helfen, wenn es ihr Beruf ist. Wenn sie das freiwillig und umsonst machen, dann weiß ich, daß die das wollen. Sie leben ein Stück Solidarität, denn sie können ihre Arme und Beine voll benutzen. Dann ist es klar, daß deren zwei Arme und Beine für meine zwei Arme und Beine mit da sind.« Gabi sieht aber auch die Nachteile ihres Versorgungssystems, denn die Helfer wechseln häufig. Gleichzeitig sind immer 12 bis 15 Frauen und Männer, meist Studentinnen und Studenten, an dem Rotationssystem beteiligt. Im Laufe der acht Jahre, die Gabi jetzt auf diese Weise lebt, assistierten ihr schon über 50 verschiedene Menschen. »Es ist auch eine Kräftefrage, sich ständig auf neue Leute einzurichten und dann wieder Abschied zu nehmen, nachdem man sich nahegekommen ist. Oft habe ich schon gedacht, daß es so nicht mehr weitergeht.«

Christian verläßt uns und geht in sein Zimmer, um zu lesen. Ich denke an Gabis Worte in Karlsruhe über ihr Verhältnis zu männlichen Assistenten und frage sie nach ihrer Einstellung zu weiblichen oder männlichen Assistenten. »Für mich sind Männer kein Problem. Ich versuche, Männern über die Unsicherheiten am Anfang hinwegzuhelfen nach dem Motto: ›Nur Mut, Freunde, der Intimbereich ist gar nicht so intim.‹« Wie es ihr selbst dabei geht, interessiert mich. »Mir ist von klein auf beigebracht worden, daß da nichts ist. Dementsprechend ist auch die Pubertät an mir vorübergegangen. Und meine sexuellen Bedürfnisse habe ich den Großteil meines bisherigen Lebens überhaupt nicht registrieren wollen, können, dürfen, weeß ich. Es ist schwierig, auch für mich, das zu verstehen.«

Inzwischen sind wir wieder in Gabis Zimmer umgezogen und sitzen wie schon zuvor an dem runden Tisch, zwischen uns das Tonbandgerät. Plötzlich fällt mein Blick auf eine Fotografie an der Wand: Ist das nicht Gabi, die da am Straßenrand im Rollstuhl sitzt, ihren Arm mit hochgestrecktem Daumen zur Straße ausstreckt und trampt? »Ja, ich bin zweimal mit Freunden durch Ungarn getrampt«, bemerkt sie lakonisch, als sei das ganz selbstverständlich. Ich bin erstaunt, hatte ich doch das Bild einer Gabi im Kopf, die in ihrer Sofaecke sitzt, Radio hört und auf die Obstbäume schaut. Gabi berichtet, daß sie über die Kirche herausgekommen ist und von dieser neuen Freiheit nicht genug bekommen konnte, so daß sie häufig auf Reisen war. Näher geht sie nicht auf die Ungarnfahrt ein, sondern möchte lieber davon weitererzählen, wie es ihr gelang, das Heim zu verlassen.

Keine Alternative

Als sie wieder einmal von einer Reise ins Heim zurückkehrte, fand sie eine Karte vom Wohnungsamt, auf der von einer bezugsfähigen, behindertengerechten Wohnung die Rede war. Inzwischen war jedoch so viel Zeit vergangen, daß eine der potentiellen Mitbewohnerinnen, die junge Mutter, bald wieder arbeiten gehen wollte und nicht mehr für die Wohngemeinschaft in Frage kam. »Ich war am Rotieren: ›Du liebes bißchen, wo nimmst du jetzt wieder 'nen neuen Menschen her?‹ habe ich mich gefragt.« Sie sprach einfach Otto an, einen der Studenten, die wegen der katastrophalen Personalsituation am Wochenende im Heim aushalfen. »Er hat ehrlich geantwortet und ›nein‹ gesagt. Das war ihm zu verbindlich. Er wollte seine Ungebundenheit behalten. Aber er hatte sofort einen Alternativvorschlag.« Otto erfand das Rotationssystem, nach dem immer zwei Leute für Gabis Assistenz zuständig sind, wovon eine/r wöchentlich wechselt. »Ich mußte mich entscheiden und habe eine der wenigen schlaflosen Nächte meines Lebens verbracht«, erzählt sie. »Ich hatte die Wahl zwischen etwas, das ich nicht will, und etwas, von dem ich nicht wußte, ob ich es will. Nach der halben Nacht war ich entschlossen, ›nein‹ zu sagen. Am nächsten Morgen habe ich ›ja‹ gesagt.«

Otto fragte in seinen Seminaren und fand schnell zwölf Leute, die von der Idee begeistert waren und mitmachen wollten. Die Vorstellung, mit einer relativ fremden Frau und zwölf ganz fremden Menschen zusammenzuziehen, war Gabi zwar unheimlich, aber sie hatte keine Alternative, wollte sie das Heim verlassen.

Zunächst stand aber noch die Bürokratie einem Umzug im Wege. Offiziell zog sie nur mit einer Frau und Otto zusammen. In den Amtsstuben herrschte Verwirrung, weil ein Mann mit zwei Frauen zusammenziehen wollte und mit keiner der beiden befreundet war. »Mich hat damals sehr geärgert, daß die beiden auf Herz und Nieren überprüft wurden, angeblich aus lauter Verantwortungsgefühl der Behörden. Das ging sogar so weit, daß die Chefs und die Nachbarn befragt wurden.« Gabi ärgert sich darüber besonders, wenn sie an die Wohnungsvergabe an Jungverheiratete denkt: »Da prüft niemand, ob die beiden zusammenpassen und ob die Verbindung zuverlässig ist. Dabei haben wir hier in Marzahn die höchste Scheidungsrate im DDR-Gebiet.«

Doch schließlich kam die Einwilligung: »Stirnrunzelnd und händeringend stimmte man diesem Versuch zu, aber wohl nur, weil man unter Zeitdruck stand. Viele Leute haben fest damit gerechnet, daß es schiefgehen werde. Im Heim hat man mir meinen Platz noch ein Vierteljahr freigehalten, für den Fall, daß die Katastrophe ausbricht.«

»Was willst du denn hier?«

Die Katastrophe ist in den acht Jahren, in denen Gabi jetzt mit wechselnden Assistenten in Marzahn wohnt, nicht ausgebrochen. Leicht war es aber auch nicht immer. Abgesehen von den häufigen Personenwechseln und dem damit verbundenen Zwang, sich ständig umzustellen und an neue Leute anzupassen, tauchten auch andere zwischenmenschliche Probleme auf: Mal war die Freundin eines Assistenten eifersüchtig auf Gabi, weil ihr Freund regelmäßig Zeit in Marzahn verbrachte, mal verliebte sich Gabi in einen ihrer Helfer: »Zweimal war ich heftig verliebt. Da hätte ich mir ganz fest eine Partnerschaft gewünscht. Aber ich habe nichts gesagt. Das habe ich damals nicht riskiert.«

Inzwischen hat Gabi eine mehrjährige Partnerschaft mit einer Frau, wodurch sie ein neues Gefühl zu sich selbst und ihrem Körper entwickeln konnte: »Früher war mein Körper mein Feind, weil ich dachte, er sei ungenügend. In meiner Partnerschaft habe ich Zugang zu meinem eigenen Körper gefunden und kann mit meinem Körper eine Ungebundenheit erleben wie sonst kaum.«

Ihr Selbstwertgefühl bezog Gabi lange Zeit lediglich aus ihrer Intellektualität. »Bis zu 'nem Punkt war ich ganz entschieden und kämpferisch von meinem Wert überzeugt«, erklärt sie. »Aber dann, in bezug auf Partnerschaft, dann nicht mehr. Da hatte ich Minderwertigkeitsgefühle.« Sie erlebt auch heute noch, daß ihre Mitmenschen sie so sehen, wie sie sich selbst lange Zeit gesehen hat: Ihre Intellektualität wird betont, als müsse sie dadurch ihren ›körperlichen Defekt‹ kompensieren.

»Ich habe meine eigenen körperlichen und gefühlsmäßigen Möglichkeiten kennengelernt und fühle mich nicht mehr durch die Behinderung gefesselt. Mit meiner Freundin bin ich an einen Punkt gekommen, an dem nicht allein die intellektuelle Glaubwürdigkeit zählt, sondern noch 'ne ganz andere.«

Mit anderen nichtbehinderten Frauen, die sie bei ihrer ersten Kontaktaufnahme zu feministisch orientierten Frauen kennenlernte, hat sie andere Erfahrungen gemacht. Sie mußte zunächst darum kämpfen, überhaupt als Frau wahrgenommen zu werden. Inzwischen wirkt sie in einer kirchlichen Frauengruppe mit, aber als sie vor längerer Zeit erstmals Frauenfeste besuchte, wurde sie von den anderen Frauen ganz erstaunt gemustert. »In den Blicken stand die Frage: ›Was willst du denn hier?‹ Das Gefühl hatte ich damals jedenfalls.«

Sie hat die Erfahrung gemacht, daß die Frauen in der DDR sich ihrer Diskriminierung nicht so bewußt sind wie die Frauen in der alten Bundesrepublik. »Wir haben gelernt, daß Frauen gleichberechtigt sind, und das wurde nicht angezweifelt.« Diejenigen Frauen, denen ihre Situation bewußt wird, kämpfen nach Gabis Auffassung gegen eine einengende Identität. »Ich dagegen ringe erst mal um eine Identität als Frau an sich«, skizziert sie ihre Situation als behinderte Frau.

In der Frauengruppe, in der sie mitarbeitet, kämpft sie gegen die sexuelle Fremdbestimmung der Frauen: »Die offizielle Sexualität richtet sich nach den Bedürfnissen des Mannes. Verhütung beispielsweise ist allein Frauensache.« Sie würde auch gerne aktiv werden in Sachen Schwangerschaftsabbruch, denn ihrer Meinung nach ist der § 218 nicht geeignet, Leben zu schützen. »Das zeigt ein Vergleich der Abbruchzahlen in der alten Bundesrepublik und in der DDR. Nach meiner Auffassung ist jeder Schwangerschaftsabbruch mit Schuld verbunden. Aber Schuld ist im Leben nicht zu vermeiden, und oft hat die Frau nur die Alternative, entweder an dem ungeborenen Kind oder an sich selbst schuldig zu werden. Letzteres ist eventuell genauso schlimm. Insofern trägt die ganze Gesellschaft mit an der Schuld, denn der Schutz des Lebens ist eigentlich nicht nur Frauensache, alle Last wird aber zur Zeit nur den Frauen aufgebürdet. Solange das so ist, muß jede Frau das

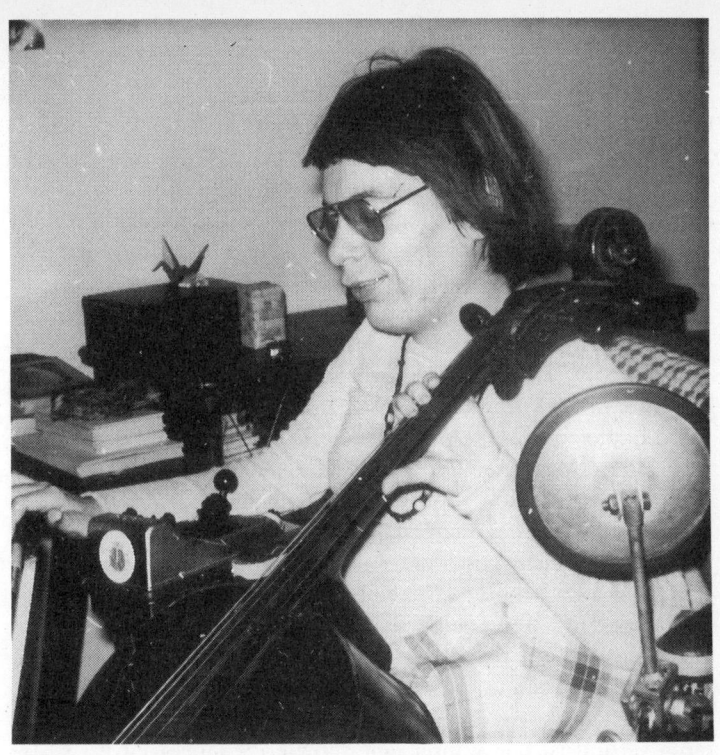

Recht haben, den Konflikt für sich selbst zu entscheiden.« Den § 218 hält Gabi sowieso für unglaubwürdig wegen der Möglichkeit der »eugenischen Indikation«: »Wenn das ungeborene Leben geschützt werden soll, dann müßte man erst recht das behinderte ungeborene Leben schützen.« Deshalb hält sie die eugenische Indikation für ein Unding, und sie möchte sich dafür einsetzen, die Problematik anderer Menschen bewußter zu machen.

Zu solchen Aktivitäten läßt ihr der Arbeitsalltag Zeit: Die Kirche hat sie für 15 Stunden pro Woche eingestellt. Ihren Arbeitsplatz erreicht sie allein in ihrem Rollstuhl in 15 bis 20 Minuten. Zweimal in der Woche betreut sie nachmittags Jugendgruppen in der Gemeinde. Die Kinder- und Jugendgruppen werden deshalb von der Kirche angeboten, weil es in der Schule keinen Religionsunterricht gab. Die religiöse Erziehung lag also ganz in den Händen der Gemeinden. Mit den Gruppen spricht Gabi über Bibel- oder Zeitungstexte, thematisiert die Ausländerproblematik oder die gegenwärtige politische Lage. Außerdem ist sie maßgeblich an der arbeitsintensiven Vorbereitung von Familiengottesdiensten beteiligt.

Im Laufe unseres Gesprächs bemerke ich, daß Gabi immer häufiger zittert. Mal zittert der Unterkiefer, mal sind es die Hände. Ich führe diese Symptome auf die stundenlange Konzentration zurück. Gabi scheint es nicht zu bemerken und fühlt sich offensichtlich dadurch nicht gestört. Sie ist Schlimmeres gewöhnt: »Jedes Jahr im Winter bekomme ich eine Bronchitis, weil ich nicht richtig abhusten kann. Irgendeine Bakterie, die 100 Kilometer entfernt vorbeifliegt, die zieh' ich magnetisch an. Dann ist das erst ein leichter Schnupfen, dann wird's ein leichter Husten. Und weil ich nicht abhusten kann, wird daraus eine Bronchitis.« Auch aus einem weiteren Grund ist der Winter eine schwierige Jahreszeit für Gabi: Mit jedem Kleidungsstück, das sie anzieht, nimmt ihre Bewegungsfähigkeit ab. Zum »Mäusemelken« ist es für sie, wenn sie eine dicke Jacke trägt und sich deshalb nicht mehr die Nase putzen kann.

Wie es für sie ist, daß ihre Krankheit immer weiter fortschreitet und ihren Bewegungsspielraum zunehmend einschränkt, möchte ich wissen. »Zwischendurch bekomme ich einen leisen Wutanfall und tobe innerlich«, antwortet sie nüchtern. »Dann finde ich Gott und die Welt ungerecht bis zum geht nicht mehr.« Außerdem empfindet sie häufiger Angst als früher.

Als Kind hatte sie weniger Angst vor der Zukunft als heute. Damals verbrachte sie viele Monate im Krankenhaus, um verschiedene Therapieversuche über sich ergehen zu lassen. Dort hörte sie eines Tages zufällig, daß die Ärzte ihr keine hohe Lebenserwartung gaben. »Das hat mich nicht weiter beunruhigt. Ich kann mich nicht daran erinnern, Angst gehabt zu haben. Ich dachte nur: ›Nun gerade nicht. Denen werd' ich es zeigen.‹«

Heutzutage kennt sie die Angst, die sich immer mal wieder einstellt. Auch Neid auf nichtbehinderte Menschen ist ihr nicht mehr fremd, ebensowenig wie der Wunsch, es wäre anders. Sie wird nachdenklich und sagt dann mit unüberhörbarem Trotz in der Stimme: »Aber nee, ich will dieses Leben leben, so wie es ist.« So wie es ist, beginnt ihr Leben bislang morgens um 5.30 Uhr: Die Studenten müssen frühmorgens in der Uni sein, und vorher assistieren sie Gabi beim Aufstehen, Waschen und Anziehen. Das kostet Zeit. In dieser Beziehung hat sich die Situation kürzlich etwas verbessert: Obwohl sie befürchtet, die Solidarität ihrer Assistenten könne mit zunehmender ›Verwestlichung‹ schwinden, freut sie sich darüber, daß neuerdings morgens ein Zivildienstleistender zu ihr kommt. So braucht sie erst zwei Stunden später als bisher aufzustehen.

In die Zukunft blickt sie nicht nur sorgen-, sondern auch hoffnungsvoll. Sie wünscht sich, weiter auf freiwilliger Basis ohne Bezahlung versorgt zu werden. Allerdings wäre es ihrer Ansicht nach schön, wenn die Leute nicht ständig wechseln würden. »Es könnten ruhig 20 verschiedene Assistentinnen und Assistenten sein. Aber die sollten dann mal länger bleiben als drei bis fünf Jahre.«

Sie ist schon aktiv geworden, um sich diesen Wunsch zu erfüllen: Mit einigen anderen Leuten will sie ein Haus beziehen, das die anderen zur Zeit besetzt haben. Die an dem Projekt beteiligten Frauen und Männer haben sich eine Satzung gegeben, in der festgehalten ist, daß alle Mieter an Gabis Versorgung beteiligt sind. »Die Leute ahnen wahrscheinlich nur so ungefähr, was da alles auf sie zukommt«, mutmaßt Gabi, wirkt aber nicht beunruhigt.

Ebenfalls vorstellen kann sie sich, wenn auch mit einem mulmigen Gefühl, rund um die Uhr von Zivildienstleistenden betreut zu werden. Das würde notwendig, wenn sich ihre Befürchtungen bewahrheiten und die Solidarität ihrer Mitmenschen nach der Vereinigung abnähme, so daß das jetzige Rotationssystem nicht mehr aufrechtzuerhalten wäre.

Bevorzugen würde sie es, wenn es weiterginge wie bisher, bis sich ihr Traum von dauerhaften Assistenten verwirklichen läßt. Auch innerhalb des jetzigen Systems sieht sie immer wieder und immer noch Möglichkeiten, etwas zu verbessern: Anfangs bestand ein Problem darin, daß sie den Anspruch an sich hatte, den Hilfspersonen den Aufenthalt in Marzahn so angenehm wie möglich zu gestalten. Sie glaubte, zu jeder Tages- und Nachtzeit eine interessierte Zuhörerin und anregende Gesprächspartnerin sein zu müssen. Andersherum meinten die Assistenten, ständig etwas mit Gabi unternehmen zu müssen.

Dieses Problem konnte geklärt werden, so daß beide Seiten trotz der gegebenen Abhängigkeit ihr unabhängiges Privatleben haben. Jetzt arbeitet Gabi an einem anderen Punkt: Sie will eher und deutlicher sagen, wie sie sich ihre Assistenz wünscht, was ihr mißfällt. Das jeweilige Gegenüber muß ihrer Meinung nach auch dazulernen, und zwar genauer hinzuhören und auch ihre leisen Töne wahrzunehmen.

Gabi formuliert noch einen letzten Anspruch, den sie an die Beziehung zu ihren Assistenten hat. Bislang ist ihre Forderung theoretischer Natur – vielleicht spricht sie deshalb so fest und laut, als sie sagt: »Wenn meine Assistenten meine Freunde sind, sollen sie mir dabei helfen, meinen Körper zu spüren, auch lustvoll im Intimbereich, weil ich das aus eigener Kraft nicht kann. Ich habe ein Recht auf dieses Körpergefühl, und ich habe ein Recht, solche Assistenz zu fordern.«

Alida

Ich konnte nicht konkurrieren

Studentenwohnheim Berlin 1980: Ein großer dunkelhäutiger Kommilitone fragt die kleine 21jährige Alida, ob sie mit auf sein Zimmer kommt, um eine Tasse Kaffee mit ihm zu trinken. Alida denkt sich nichts dabei und geht mit. In dem Zimmer angekommen, verschwindet der Mann, angeblich um Kaffee zu kochen. Nach drei Minuten kommt er wieder – nackt. »Ich hatte Angst«, beschreibt Alida ihre Empfindungen. »Mir war klar, daß ich als kleine zierliche Frau nichts gegen so einen großen, starken Mann ausrichten kann. Also dachte ich mir: ›Jetzt mußt du schlau sein.‹« Sie ist schlau, verbirgt ihren Schrecken und lächelt. »Oh, du siehst aber schön aus«, heuchelt sie Begeisterung und fängt an, mit ihm zu flirten. Nach einer Weile sagt sie: »Ich freue mich schon, aber ich gehe vorher kurz mal bei dir duschen«, steht unbehelligt auf und hat im nächsten Augenblick schon das Zimmer verlassen.

»Ich konnte kaum fassen, daß der auf mein Spiel hereingefallen ist«, erinnert sie sich. Zu jener Zeit war ihr ihr schauspielerisches Talent noch nicht bewußt. Bewußt hingegen war ihr ihre Intelligenz, die sie ja auch gezielt eingesetzt hat.

»Damals, in meinen ersten Monaten in Berlin, war ich noch reichlich naiv«, urteilt die heute über 30jährige. Die 1,38 Meter große ungeschminkte Frau mit den kurzen dunkelblonden Haaren, dem Buckel, den großen blaugrauen Augen, der kräftigen Stimme und den dünnen Armen wird meist für jünger gehalten. »Die Leute schätzen mein Alter auf 14 bis 25«, wirft sie locker ein. Solch eine Bemerkung nebenbei fällt selten bei ihr. Bei dem meisten, was sie erzählt, läßt die Betonung vermuten, daß sie das Gesagte für ganz besonders wichtig hält. Sie strahlt Selbstsicherheit aus und betont nicht nur ihre Worte, sondern auch diese Selbstsicherheit. »Ich bin exzentrisch, anstrengend und eigenwillig«, urteilt sie über sich selbst. Sie spricht ruhig, aber nicht langsam, mit einem breiten, westfälisch klingenden Tonfall.

Auch daß sie nie im bürgerlichen Rahmen »ersticken« und schon immer etwas Besonderes sein wollte, verkündet Alida. Nach dem Abitur meinte sie deshalb, ihre Heimatstadt am Rhein, die sie als provinziell empfand, verlassen zu müssen. »Berlin – da geht die Post ab«, dachte sie damals. Fasziniert von Demos und Hausbesetzungen, war sie froh, im Wintersemester 1980 an der Hochschule der Künste einen Studienplatz für das Fach »Gesellschafts- und Wirtschaftskommunikation« zu erhalten. »Das ist Marketing«, fügt sie erklärend hinzu.

»Die Zulassung habe ich im Nachrückverfahren, also kurzfristig bekommen«, berichtet sie. Kurzentschlossen flog sie mit ihrer Tante in die Stadt an der Spree, um eine Wohnung zu suchen. »Ich habe gleich gemerkt, daß Berlin eine bekloppte Stadt ist: links ein Frauenbuchladen, rechts der Straßenstrich. Aber genau das habe ich gesucht: das Ungewöhnliche, das Abenteuer. Schließlich wollte ich 20 Jahre meines Lebens nachholen.«

Kleiner Tyrann im Korsett

Damit meint sie die Jahre, die sie in Nordrhein-Westfalen verbrachte. 1958 kam sie mit einer pränatalen (vorgeburtlichen) Schädigung zur Welt: Skoliose (Wirbelsäulenverkrümmung) mit extremer Buckelbildung. Aus Erzählungen weiß sie, daß sie als Säugling ein Jahr lang in einer Kinderklinik lag. Sie erinnert sich, daß sie als Kind immer kränklich und schwächlich war. Nachts mußte sie in einem Gipsbett schlafen. Später mußte sie 24 Stunden am Tag ein Korsett tragen. So versuchte man, die Buckelbildung zu verhindern.

Das Korsett bezeichnet Alida als traumatische Erfahrung: »Das Korsett mit Eisenstangen reichte vom Becken bis unters Kinn. Ständig mußte ich es tragen, bis ich 15 Jahre alt war. Die inneren Organe konnten sich nicht richtig entfalten und wurden gestaucht. Ich konnte nicht gerade gehen damit, und die entstehenden Druckstellen bereiteten mir dauernd Schmerzen. Was habe ich das Ding verflucht!« stößt sie inbrünstig hervor. Noch heute leidet sie

zeitweise unter Phantomschmerzen an den ehemaligen Druckstellen. Die ganze Quälerei half aber nichts: Während der Pubertät bildete sich der Buckel.

Das Korsett behinderte ihren kindlichen Bewegungs- und Spieldrang. Außerdem wurde sie von ihrer Mutter überbehütet, so daß Alida als Kind außer zu ihrer zwei Jahre jüngeren Schwester kaum Kontakt zu anderen Kindern hatte. Damals sei sie noch schüchtern und verklemmt gewesen, erzählt sie. Sie schämte sich für ihre Behinderung, war eine brave Schülerin und wollte nicht auffallen. »Ich habe viel gelesen und war der reinste Bücherwurm.«

Anders verhielt sie sich ihrer Schwester gegenüber: »Ich habe mich zu Hause sehr tyrannisch und dominant benommen. Mein Vater war sowieso selten da. Als ich zehn Jahre alt war, haben sich meine Eltern scheiden lassen. Dann war er ganz weg. Also übernahm ich die Vaterrolle und war ein richtiger kleiner Tyrann. Darunter hatte meine Schwester zu leiden.«

Das änderte sich, als die beiden Mädchen älter wurden. Alidas Schwester entwickelte sich zu einer Schönheit: »Wenn meine Schwester irgendwo auftauchte, sprangen sofort 20 000 Männer um sie herum«, erzählt Alida. »Um mich sprang keiner herum. Ich mußte immer erst eine Leistung bringen.« Aus ihrem Ton ist keine Kränkung, keine Verbitterung herauszuhören. Auf Nachfrage gesteht sie ebenso ruhig und sachlich: »Ja, ich war neidisch und eifersüchtig auf sie. Ich war neidisch, weil sie bei Männern so erfolgreich war. Da konnte ich nicht konkurrieren. Sie setzte sich irgendwohin, brauchte nichts zu tun und hatte schon 20 Verehrer. Ich saß daneben und wurde nicht beachtet.«

Bei diesem Thema fällt Alida ihr Vater ein, der aus Sardinien kommt: »Mein Vater ist so ein richtiger Macho, ein typischer größenwahnsinniger Italiener. Der hat immer gesagt: ›Ich habe zwei Töchter. Die eine ist die Schönste von die Welt. Die andere ist die Intelligenteste, und die Intelligenteste, sie wird werden Professorin.‹«

Von klein auf lebte Alida also mit der Vorstellung, besonders intelligent zu sein. Diese Überzeugung half ihr in der brenzligen Situation mit dem nackten Mann im Studentenwohnheim in Berlin, diese Überzeugung hat sie bis heute nicht verlassen und wird deutlich, wenn sie sagt: »Manchmal empfinde ich mich als einen der wenigen klar denkenden Menschen in diesem Land zwischen lauter Verrückten« oder wenn sie die Entscheidung des Bundestages über den Sitz von Regierung und Parlament kommentiert: »Wenn ich erst mal Ministerin bin, möchte ich auch lieber in Berlin residieren als in Bonn.« Auf »residieren« besteht sie, denn: »Ich wohne nicht, ich residiere.«

Berlin soll's also sein, weil sie Berlin kennt. Dort hat sie fünf Jahre ihres Lebens verbracht, fünf wichtige und aufregende Jahre. Zunächst wohnte sie in einem Appartement im Studentenwohnheim, das sie nach langer, vergeblicher Suche mit ihrer Tante fand. »Ich hatte oft Angst«, sagt sie und erklärt: »Das Appartement lag im Erdgeschoß. Jemand erzählte mir, daß meine Vorgängerin in ihrem Zimmer überfallen und vergewaltigt worden ist. Außerdem lebten im Wohnheim fast nur Männer, davon sehr viele Ausländer. Das war mir alles unheimlich.« Ihre bösen Vorahnungen bestätigten sich, als sie sich zum Kaffee auf das Zimmer des Kommilitonen einladen ließ. Mit List entging sie knapp einem erzwungenen Geschlechtsverkehr.

Sexualität, allerdings auf freiwilliger Basis, kannte sie schon. Sie war 20 Jahre alt, als sie ihren »ersten Sexualpartner, fester Freund kann man dazu nicht sagen«, kennenlernte. »Ich bin ein Spätzünder«, gesteht sie. In der Pubertät war dieses Gebiet für sie noch sehr angstbesetzt: »Die Klassenkameradinnen erzählten von ihren Erfahrungen: ›Ich hab' mit dem… und hab' mit dem…‹, der Orgasmus war super, der Mann war absolute Spitze.‹ Ich wußte ja nun gar nicht, was das alles ist, und konnte nicht mitreden.« Alida fühlte sich durch die Gespräche der anderen Mädchen unter Druck gesetzt und wollte auch ganz gerne mal Erfahrungen sammeln. Andererseits hatte sie Angst. »Ich fragte mich, wie wohl ein Mann auf meinen Körper, der ja nun nicht dem Schönheitsideal entspricht, reagieren würde. Ich hatte Angst vor Ablehnung und habe meine Beziehungen zu Jungen nie auf Sex abgecheckt.«

Unbewußt vermied sie es, eventuell abgelehnt zu werden, indem sie mit einem Jungen ausging, der kein sexuelles Interesse an ihr oder anderen Frauen hatte: »Das war ein sehr hübscher, femininer Junge. Heute vermute ich, daß er schwul war und wahrscheinlich Angst vor Frauen hatte. Wir sind ins Theater und hierhin und dorthin gegangen, aber da ist nichts gelaufen.«

Das änderte sich erst, als sie 20 Jahre alt war. Mit einem Rehpinscher-Mischling ging sie über die Felder spazieren, als eine Stimme aus dem Maisfeld rief: »Hallo!« Sie blieb stehen, sah sich um, konnte niemanden entdecken und ging weiter. Wieder erklang die Stimme aus dem Maisfeld: »Hallo!« Wieder sah sie niemanden. Plötzlich kam ein Mann aus dem Maisfeld herausgeschossen, in der Hand noch einen Maiskolben, an dem er knabberte. »Ich kenne dich doch«, sprach er Alida an. »Du bist doch so ein hübsches Mädchen. Darf ich mit dir spazierengehen?« Alida fühlte sich geschmeichelt, außerdem sah der etwa 30jährige Mann gut aus.

Er wurde zu ihrem ersten Sexualpartner. »Verliebt war ich schon in ihn«, sagt sie zögernd und verbessert sich gleich: »Nein, das war eher eine Schwärmerei. Mit echter Liebe hatte das nichts zu tun.« Der Mann war Witwer und suchte eine Frau zum Heiraten, die sein Kind betreute. »Dazu hatte ich überhaupt keine Lust«, stellt sie fest. Die Verbindung hielt nicht lange, denn für Alida ergab sich die Chance, nach Berlin zu ziehen. Das war ihr wichtiger, als mit dem Mann aus dem Maisfeld zusammenzusein.

Dominant und gleichzeitig sehr weiblich

Zunächst hielt Berlin nicht, was sie sich davon versprochen hatte: Sie bekam keinen Kontakt zu solchen Leuten, wie sie es sich vorgestellt hatte und wünschte; das Studium war ihr zu praxisfern; und mit ihrer Wohnsituation war sie auch nicht glücklich. Da las sie von einem »Kommunikationsworkshop«, vermutete eine berufliche Weiterbildungschance und meldete sich an. »Ich kam in eine große Wohngemeinschaft von Künstlern«, beschreibt sie ihre Erlebnisse beim Workshop. »Die Bewohner luden fremde Menschen ein, damit die das Leben in der Wohngemeinschaft kennenlernen konnten. Wir haben an dem Wochenende Theater gespielt, gemalt, Reden gehalten. Das hat mir gefallen. Vorher hatte ich mich noch nie mit künstlerischen Disziplinen beschäftigt.« Alida entdeckte erstmals ihr kreatives Potential, das sie von der Zeit an bis heute immer weiter vervollkommnet hat.

Aber auch auf einem anderen Gebiet machte sie ungewohnte Erfahrungen: »Ich war eingebunden in eine offene, direkte Kommunikation. Das war zum Teil auch anstrengend.« Sie erzählt ein Beispiel: »Die Leute waren nicht so verlogen, sondern sind auf mich zugekommen und haben gefragt: ›Hör mal, wie siehst du denn eigentlich aus? Ich habe erst mal ein bißchen Angst vor dir, denn du siehst ja nicht ganz normal aus. Darf ich dich mal anfassen? Darf ich auch das Ding da hinten mal anfassen, damit ich die Angst vor dir verliere und damit ich normal mit dir umgehen kann?‹«

Alida war von der ehrlichen, aufgeschlossenen Gemeinschaft beeindruckt und spielte mit dem Gedanken, dort einzuziehen. Da sie noch unsicher war, nahm sie erst einmal an einem wöchentlichen Malkurs in der Gemeinschaft teil. »Besonders faszinierten mich die Frauen, die dort lebten. Ich habe gemerkt, daß die irgendwie anders waren als die Frauen, die ich sonst kannte. Da gab es starke, dominante Frauen – dominant nicht im Sinne von autoritär –, die gleichzeitig auch sehr weiblich waren. Aber sie waren nicht in der typischen Frauenrolle des ›Sich-Kleinmachens‹ und ›Für-jemanden-da-Seins‹ gefangen, sondern lebten befreit und unabhängig.« Frei und unabhängig leben, das war genau das, was sich Alida für sich selbst wünschte.

So zog sie schließlich aus dem Studentenwohnheim aus und in die Künstlerwohngemeinschaft ein. Diese Gemeinschaft hatte ihre Regeln: Besitz in jeder Form wurde abgelehnt und als Ausdruck des Patriarchats betrachtet. So gab es nur Gemeinschaftseigentum. Das gefiel Alida, denn ihr Ideal ist das Urchristentum. Sie hat sich viel mit Philosophie und dem Christentum beschäftigt. »Vielleicht wollte ich einen Sinn in meiner Behinderung finden oder einen Lebenssinn«, mutmaßt sie. »Auf alle Fälle wollte und will ich mich als Mensch weiterentwickeln. Auf diesem Weg waren die Jahre in der Wohngemeinschaft eine Etappe.«

Sich als Mensch weiterentwickeln will Alida auch heute noch. Sie legt eine Pause ein, in der sie ihre damalige Situation mit der heutigen vergleicht. Damals in Berlin hatte sie sich noch nicht mit ihrer Behinderung auseinandergesetzt. Sie versuchte noch, so »normal« wie möglich zu wirken, und ging schwierigen Situationen unbewußt aus dem Weg. Heute steht sie zu sich und ihrer Behinderung: »Ich will meinen Buckel nicht mehr verstecken. Ich bin ohne die Behinderung nicht denkbar. Jetzt will ich nicht mehr groß und schön sein. Ich weiß, daß ich o. k. bin, so wie ich bin.« Sie jagt nicht mehr der Normalität der anderen nach. »Das wäre eine Lebenslüge. Ich will meine Lebenslügen abbauen.« Dazu gehört auch, daß sie bewußt registriert, was um sie herum geschieht, wie die Leute im oberflächlichen Kontakt auf behinderte Mitmenschen reagieren. Da sie intensive persönliche Beziehungen hat, in denen ihre Behinderung keine Rolle spielt, sind ihr die ›normalen‹ Reaktionsweisen ihrer Mitmenschen nicht so wichtig, und sie braucht sie nicht mehr zu verdrängen: »Die Leute, denen ich begegne, starren mich an, sind dann peinlich berührt und gucken weg. Ich merke, daß ich abgelehnt werde, daß ich etwas Besonderes an mir habe.«

Als sie in die Berliner Wohngemeinschaft einzog, waren ihr diese Mechanismen noch nicht so bewußt. Sie empfand eher noch ein Schamgefühl für ihren Buckel und versuchte, mit ihrer Behinderung nicht aufzufallen. Gleichzeitig entdeckte sie ihre Freude am Theaterspielen, ihr künstlerisches Talent und genoß die Möglichkeit der Selbstdarstellung, die ihr in der Wohngemeinschaft geboten wurde.

Keine Gretchen-Rolle, aber »ungeahnte Möglichkeiten«

Was ihr in der Gemeinschaft nicht gefiel, war der Zwang zur Gemeinsamkeit: Es gab keine Privatsphäre, alles wurde zusammen gemacht. Dem entzog sie sich, indem sie vorgab, arbeiten zu müssen. Inzwischen hatte sie nämlich neben ihrem Studium einen Job als Telefonverkäuferin angenommen. Telefonisch versuchte sie, Anzeigenkunden zu gewinnen. Anfangs mangelte es ihr an Überredungskunst. Doch bald bekam sie bei jedem zweiten Telefongespräch einen Auftrag, wobei sie keinen Auftrag unter 2000 Mark abschloß. Sie gehörte zu den Topverkäufern der Firma. »Ich bin einfach clever«, davon ist sie überzeugt.

Ebenso ist sie davon überzeugt, ein individualistischer und ganz

besonderer Mensch zu sein, der besser und genialer ist als viele andere. »Es gehört zu einem Künstler dazu, exzentrisch zu sein«, stellt sie trocken fest. »Und ich bin Künstlerin.« Ihre ersten Schritte auf der Bühne wagte sie in Berlin in der Künstlerwohngemeinschaft. Autodidaktisch lernte sie dazu und spielt heutzutage auf verschiedenen Bühnen in Westdeutschland.

Die Behinderung sieht sie nicht als Hindernis für ihre Karriere als Schauspielerin: »Im Gegenteil. Ich biete dem Regisseur doch ungeahnte Möglichkeiten, wenn er bewußt mit meinem Körper arbeitet.« Theoretisch könne sie jede Rolle spielen, »aber die Gretchen-Rolle im Faust würde ich nicht bekommen«. Dafür hat sie andere Rollen bekommen, beispielsweise die Rolle der »Mami« in der Pantomime »Mami geht baden«. In diesem Stück symbolisiert »Mami« die Mutter Erde. Die Erde ist nicht mehr unversehrt, was durch Alidas Behinderung zum Ausdruck gebracht werden soll.

Ihr künstlerisches Talent beschränkt sich nicht aufs Theaterspielen: Alida hat schon ein Buch geschrieben, ein Schneckenbuch. »Lis und Leo – ein Märchen für Erwachsene« lautet der Titel. Das Märchen handelt von der Liebe zwischen der Schneckin »Lis« und dem Schneckerich »Leo«, von einem geplanten Krieg, den die Schneckinnen durch List verhindern, und von dem Streit zwischen verschiedenen Schneckenfronten, der wiederum aufgrund weiblicher Initiative durch einen künstlerischen Wettbewerb ersetzt wird. Alida hat das Buch spritzig und witzig geschrieben, und sie wirkt, als sei das Schneckenmotto »gut gelaunt und ganz gelassen« auch für ihr eigenes Leben ein Leitspruch.

Sie schaut optimistisch in die Zukunft, glaubt an sich und ihre kommende Karriere. Zur Zeit studiert sie Theater-, Film- und Fernsehwissenschaft im Rheinland. Daneben tritt sie auf kleineren Bühnen auf und unterrichtet als Dozentin an der Volkshochschule. Sie leitet beispielsweise Literaturworkshops und Gesprächskreise über bestimmte Aspekte von Behinderung. »Letztens habe ich einen Gesprächskreis über die Sexualität behinderter Frauen angeboten. Wegen mangelnder Beteiligung ist der leider nicht zustande gekommen.«

Selbst hat sie einige Erfahrungen im sexuellen Umgang mit Männern in Berlin gesammelt. »In der Wohngemeinschaft wurde angeblich freie Sexualität gelebt. Monogamie wurde genau wie Besitz als Ausdruck des Patriarchats angesehen und abgelehnt.« Alida wollte alles kennenlernen, was es gibt, und auch diese neue Lebensform ausprobieren. »Offiziell gab es keine festen Zweierbeziehungen, aber bald habe ich gemerkt, daß die freie Sexualität von niemandem wirklich gelebt wurde.« Die meisten Bewohner und Bewohnerinnen der Gemeinschaft hatten untereinander feste Beziehungen, die von Zeit zu Zeit wechselten.

So hielt es auch Alida. Ihr wurde aber allmählich immer bewußter, daß sie anders war als die anderen Frauen: »In der Wohngemeinschaft lebten mehr Frauen als Männer. Deshalb haben sich die Frauen die Männer einfach genommen, wenn sie wollten.« Bei der buckligen Alida ging das nicht so leicht, denn etliche der Männer konnten einfach nicht mit ihr schlafen. »Manchmal habe ich mich mit welchen richtig abgemüht.« Daß das frustrierend ist und das weibliche Selbstwertgefühl nicht gerade stärkt, sagt sie nicht.

Als frustrierend bezeichnet sie eine unerfüllte Liebe zu dem Griechen Nikos aus der Wohngemeinschaft: »Ich war sehr verliebt in Nikos und wollte gerne mit ihm. Das hat er auch gemerkt, aber er konnte oder wollte nicht. Dann habe ich gesehen, wie er mit anderen Frauen rummachte. Das hat mich total frustriert. Diese Spannung, die da zwischen uns war, haben wir auf eine andere Ebene verlagert. Nikos war sehr unordentlich und ließ seine Sachen einfach überall rumliegen. Ich habe sie dann genommen, in dem ganzen Haus verteilt und Zettelchen drangeheftet: ›Nikos' Chaos.‹« Sie lacht, als sie das erzählt. In der ganzen Wohngemeinschaft war bekannt, daß Alida und Nikos im Clinch lagen. Ihr ist bewußt, daß der eigentliche Grund für die ständigen Sticheleien auf einer anderen Ebene lag, nämlich auf der sexuellen.

Im Laufe der Jahre, die Alida in der Wohngemeinschaft lebte, wurde ihr zunehmend klar, daß sie eigentlich irgendwie doch nicht richtig dazugehörte. »Weil mehr Frauen als Männer in der Gemeinschaft lebten, herrschte unter den Frauen eine Konkurrenzsituation.« Sie beschreibt die Frauen zwar als ausgesprochen solidarisch untereinander, durch das ungleiche Geschlechterverhältnis war die Solidarität aber wohl begrenzt. »Ich konnte nicht mit den anderen Frauen konkurrieren. Ich hatte meine Schwierigkeiten mit den Männern, und wenn mir einer gefiel, hatte ich oft das Gefühl: ›Den kannst du sowieso nicht kriegen.‹« Was machte Alida? Sie setzte wieder ihren klugen Kopf ein und handelte sich keine unnötigen Frustrationen ein: Sie entzog sich der Konkurrenz und verhielt sich den Männern gegenüber asexuell. »Vieles spielte sich in der Wohngemeinschaft auf den langen Fluren ab. Ich ging also über den Flur, ein Mann kam mir entgegen. Wenn dann eine andere Frau dazukam, liefen automatisch kleine Konkurrenzspielchen ab. Das habe ich vermieden, indem ich mich betont neutral verhalten habe. Ich habe mich selbst außerhalb gestellt, fühlte mich aber oft auch von den anderen außerhalb gestellt.«

Damals litt sie darunter, daß sie nicht mit den anderen Frauen konkurrieren konnte. Heute ist sie nichtbehinderten Frauen im Wettstreit um Männer zwar immer noch unterlegen, aber ihre Einstellung dazu hat sich gewandelt. »Ich finde mich wirklich toll«, sagt sie. »Ich falle doch sowieso aus dem Rahmen in jeder Hinsicht. Da habe ich es doch gar nicht nötig, mich der Konkurrenz zu stellen.«

In Berlin wollte sie noch konkurrieren können. Nicht nur, wenn es um Männer ging, sondern auch, wenn körperliche Kräfte gefragt waren. Als die ganze Wohngemeinschaft umzog, schleppte sie am ersten Tag mit ihren dünnen Armen so viel und so schwer, als sei sie eine Athletin. Das Resultat: Mit einem geklemmten Nerven und höllischen Schmerzen von Kopf bis Fuß landete sie auf der Intensivstation.

So fühlte sie sich in der Wohngemeinschaft immer unwohler. Sie spielte mit dem Gedanken auszuziehen, wollte dann aber auch nicht mehr in Berlin bleiben: »Ich hatte einige Leute aus der Wohngemeinschaft richtig liebgewonnen. Es wäre für mich zu schmerzlich gewesen, noch in derselben Stadt zu wohnen, aber nicht mehr mit den lieben Menschen zusammen.«

Während sie noch überlegte, wohin sie ziehen könnte, lernte sie in einem Urlaub »einen tollen Mann« aus Westdeutschland kennen. Sie saß mit einer Freundin in einem Café, als der jüngere Mann hereinkam. »Er ist sofort auf mich geflogen. Später waren wir allein, hatten ein ganz vertrautes Gefühl und haben uns noch am ersten Abend fürchterlich gestritten.« So verlief die Beziehung auch in der Folgezeit. Entweder herrschte große Harmonie zwischen Alida und ihrem Freund, oder es tobte der heftigste Streit.

»Zurück in Berlin, konnte ich mir den Typ nicht aus dem Kopf schlagen. Da lag ein Zettel vor mir mit der Telefonnummer drauf, und die lachte mich so an, daß ich anrief.« Kurze Zeit später zog Alida aus der Wohngemeinschaft aus und mit ihrem Freund im Rheinland zusammen. »Das ging nur einige Monate gut. Ich bin ein schwieriger Mensch, und er ist genauso. Wir haben es bald nicht mehr miteinander ausgehalten.« Alida zog also wieder aus der gemeinsamen Wohnung aus und zu einer Freundin.

Alida und ihr Freund können nicht miteinander leben, aber sie können auch nicht ohne einander leben. In all den Jahren, die seit der Trennung vergangen sind, haben die beiden Liebenden / Streitenden den Kontakt zueinander behalten und es manchmal wieder miteinander versucht. Aufgegeben hat sie diese Beziehung noch nicht: »Vielleicht hat unsere Liebe später mal eine Chance, vielleicht auch nicht.«

Wo Alida ganz große Chancen hat, das sind andere Frauen. Aber das kann sie nicht recht begeistern. »Frauen haben mich schon sehr verfolgt«, erklärt sie. »Ich reagiere immer geschockt auf die Liebeserklärungen von Frauen.« Davon hat es schon mehrere gegeben. Alida vergleicht: »Männer haben mich noch nie so angemacht wie Frauen. Die Frauen sagen, daß ich schöne Augen, eine erotische Ausstrahlung und viel Charme habe. Außerdem sei ich witzig und sensibel.«

Für sie sind Liebeserklärungen von Frauen eher angstbesetzt. Zum einen, weil sie in jeder Frau eine Mutterfigur vermutet und sich vor einer Überbehütung wie in ihrer Kindheit fürchtet. Zum anderen hat sie Angst vor einer zu engen Bindung: »Männer kann man leichter handhaben. Frauen können sich besser auf Situationen einstellen und in andere Menschen einfühlen. Eine Beziehung zu einer Frau wäre totaler, weil ich nichts vorspielen könnte. Das wäre mir zu gefährlich.«

Da hält sie sich lieber an Männer, vor allem an den einen. Alida sieht traurig aus, als sie sagt: »Ich bedaure es heute noch, daß es mit uns nicht geklappt hat. Es war sehr schmerzlich, und es ist immer noch schmerzlich. Ich habe mich emotional immer noch nicht von diesem Mann gelöst und weiß: ›den oder keinen.‹« Sie weiß, was es bedeutet, viele kurze, wechselnde Beziehungen zu haben, und hat für sich erkannt, daß der häufige Wechsel nicht die richtige Lebensform für sie ist.

Was sie erschreckt, ist ihre starke Bindung an den Mann. »Als ich gesehen habe, wie er mit einer anderen Frau über die Straße gegangen ist, bin ich furchtbar eifersüchtig geworden«, erzählt sie. »Daß ich solche Emotionen haben kann – unfaßbar.« Sie schüttelt den Kopf. »Ich bin zu abhängig von ihm«, stellt sie fest, denn sie erwartet von ihrem Freund, daß er sie »mindestens zehnmal täglich anruft und mindestens hundertmal sagt, daß er mich total liebt. Wenn das nicht passiert, bin ich ganz leicht beleidigt und monatelang eingeschnappt.« Da sie soviel Abhängigkeit schrecklich findet und auf keinen Fall will, hat sie auch schon ihre Konsequenzen gezogen: »Ich habe mich dafür entschieden, erst mal mit mir selbst ins reine zu kommen. Im Moment will ich gar keine Partnerschaft.«

Sie kommt auch allein klar. Sie lebt immer noch bei der Freundin, bei der sie nach der gescheiterten Liebesbeziehung einzog. Ihr Terminkalender ist genau wie ihr Leben ausgefüllt. Neben Studium, Dozentinnentätigkeit und Schauspielerei mischt sie sich in die sogenannte Lebensrechtsdiskussion ein. »Wir alle kranken daran, daß zuviel geschwiegen wird. Ich sage, auch wenn es unpopulär ist, daß ich gegen Abtreibung bin. Die eugenische Indikation ist ein himmelschreiendes Unrecht.« Um deutlich zu machen, daß jedes Leben lebenswert ist, hat sie Texte von behinderten Menschen zusammengetragen und will sie als Buch herausgeben.

Von ihren vielfältigen Aktivitäten betreibt sie die Schauspielerei mit besonderer Leidenschaft. Gefragt, was sie gerne einmal spielen würde, überlegt sie nicht lange, erklärt aber erst mal: »Ich habe immer Schwierigkeiten, mich als Frau zu sehen, und denke immer: ›Ich darf das nicht‹, also ich darf nicht richtig Frau sein. Mich würde es aber unheimlich reizen, mich aufzumachen mit Strapsen, ausgeschnittenem Kleid und Ohrringen. Das traue ich mich aber nicht, früher gar nicht und jetzt auch nur ein bißchen.« Alidas Worte stimmen mit ihrer Erscheinung überein. Sie ist schlicht gekleidet, ungeschminkt und trägt keinen Schmuck. »Wenn ich mich so aufgemacht hätte, würde ich in die Stadt gehen und Reaktionen testen oder mich in eine Bar setzen und gucken, was kommt. Mich reizen die Extreme. Andererseits will ich das alles auch nicht, denn mit so einer nuttenhaften Aufmachung verbinde ich auch den Objektstatus und die Angst, nicht mehr Frau meiner selbst zu sein.«

Aus diesem Dilemma könnte sie die Bühne retten. »In der Wohngemeinschaft in Berlin habe ich mich nur dann getraut, wirklich Frau zu sein, wenn wir Theater gespielt haben. Jetzt würde ich gerne mal eine Hure spielen, eine Edelhure, die es nicht unter 2000 Mark macht, die sich die Kerle einfach nimmt und sie benutzt. Und nach zwei Stunden: pfui, weg!«

Marie

Eine genauso gute Mutter
wie jede andere

»Wenn ich ›hopp‹ sagte, hoben die Kinder den Popo an, und ich konnte ihre Hosen wechseln. Vorher hatten sie sich so hingelegt, daß ich sie gut erreichen konnte. Hinterher stellten sie sich hin, und ich konnte ihre Hosen wieder hochziehen.« So wickelte Marie ihre zwei Töchter von deren erstem Lebensjahr an. »Wenn die Kinder kleiner sind, ist es schwierig, wenn man als behinderte Mutter Wert auf Perfektion legt. Das habe ich nie getan. Ich hatte einen Stubenwagen von beachtlicher Höhe und konnte die Kinder zu mir herüberziehen und genauso auch wieder zurückrollen. Mit fünf Monaten helfen sie schon mit, wenn man das fördert. Wenn man alles gut vorbereitet hat, können sie auch nicht herunterfallen.«

Die ›Kinder‹ sind inzwischen erwachsen und leben nicht mehr bei ihrer Mutter. Marie sitzt während unseres Gespräches in ihrem knallroten Sportrollstuhl. Durch eine Brille blicken ihre Augen verschmitzt aus dem von einer blonden Kurzhaarfrisur umrahmten Gesicht. Sie spricht mit hoher Stimme ein reines Hochdeutsch, das sie etwas breit zieht. Sie redet langsam, wobei sie den Dingen, die ihr wichtig sind, eine besondere Betonung gibt. Wir unterhalten uns in ihrer geräumigen Eigentumswohnung in einer norddeutschen Kleinstadt, in der sie seit 1986 allein mit Kater ›Garfield‹ lebt. In diesem Jahr zog ihr Mann nach 26jähriger Ehe aus. Die Ehe wurde 1988 zwar geschieden, die finanziellen Verhältnisse sind aber immer noch nicht endgültig geklärt, so daß Marie befürchtet, aus finanziellen Gründen nicht in ihrer Wohnung, in ihrer vertrauten Umgebung wohnen bleiben zu können.

Wegen des finanziellen Aspektes bedauert sie es heute, keine Berufsausbildung abgeschlossen zu haben. Sie brach eine gerade begonnene Ausbildung im Verwaltungsbereich ab, weil sie mit ihrer ersten Tochter, Hanna, schwanger wurde. Das war 1960, als

Marie 26 Jahre alt war. Sie heiratete und wurde Hausfrau und Mutter. »Mein Mann war froh, daß ich schwanger geworden war, denn er war eifersüchtig auf meine männlichen Kollegen. Und ich hatte als Mädchen gelernt, daß es so sein muß, wie der männliche Partner es wünscht, also geschah alles nach seinem Willen. Damals begann das totale Jasagen«, erinnert sie sich.

Also bin ich!

Ihre mädchenspezifische Erziehung erhielt sie in einem niedersächsischen Dorf. Dort wurde sie im November 1934 geboren. Bis auf den frühen Tod ihres Vaters, Marie war damals sieben Jahre alt, verlief ihre Kindheit zunächst wie die anderer Kinder auch.

»Mit 14 erkrankte ich an Kinderlähmung. Das bedeutete, daß ich meine Jugend, also genaugenommen die nächsten vier Jahre, in Kliniken verbrachte«, erzählt sie ohne sichtbare Gemütsbewegung, so als referiere sie Geschichtsdaten. Sie erinnert sich: »Meine Mutter hat phantastisch reagiert. Sie hat mir so viel Zuwendung gegeben, wie ich mir nur wünschen konnte. Ich habe ihr nicht angemerkt, wie schockiert, wie schrecklich getroffen sie war. Das hat mir erst später eine ihrer Freundinnen erzählt.«

Zunächst ging es Marie körperlich sehr schlecht: Sie konnte zu Beginn ihrer Erkrankung keinen Finger rühren, und es dauerte vier Jahre, bis sie allein im Rollstuhl sitzen konnte. Nachdem sie vier Jahre lang in Kliniken gelebt hatte, kam sie wieder nach Hause, wo sie zurückgezogen und einsam mit ihrer Mutter und ihrer Schwester, die drei Jahre jünger ist, lebte. Fünf Jahre lang war sie zu Hause. Sie half ein bißchen im Haushalt und las viel. »Auf dem Land war das eben so. Die Gleichaltrigen hatten einfach andere Interessen. Die gingen tanzen und heirateten früh. Außerdem hatten sie einfach Berührungsängste. In meiner Generation sind Vorbehalte auch heute noch viel verbreiteter als bei jüngeren Menschen. Und auf dem Land ist es noch mal härter als in der Stadt.« Außer zu Mutter und Schwester hatte Marie ein wenig Kontakt zu den Freundinnen ihrer Schwester, den Bekannten ihrer Mutter und deren Kindern.

Trotzdem sei sie sehr selbstbewußt gewesen, berichtet sie. Die Mutter habe sie auch früh selbst entscheiden lassen. Die jüngere Schwester hatte unter der selbstbewußten Marie zu leiden: Sie wurde teilweise herumkommandiert und tyrannisiert. Die Behinderung schmälerte Maries Selbstbewußtsein nicht. Sie empfand anderen Mädchen gegenüber keine Minderwertigkeitskomplexe. »Vielleicht war das auch so, weil ich Äußerlichkeiten nie überbewertet habe«, vermutet Marie heute. »Jedenfalls fand ich mich recht gut.« Das führt sie, genau wie ihre Fähigkeit, die Behinderung anzunehmen, hauptsächlich auf ihren Glauben zurück: »Gott hat mich zuerst geliebt, und er hat sich etwas dabei gedacht, daß ich so bin, wie ich bin. Also bin ich! Meine Behinderung habe ich unter diesem Gesichtswinkel annehmen können. Ich brauchte nie zu fragen: ›Warum?‹ Ich habe es immer gewußt. Und mein Selbstbewußtsein ist also schlichtweg Selbstwertgefühl in seiner ureigensten Bedeutung. Diese Kraft habe ich nicht erlernt oder erkämpft, sie ist geschenkte Gnade.«

Marie besitzt die Fähigkeit, das Leben so zu nehmen, wie es kommt, und das Beste daraus zu machen. Sie strahlt viel Gelassenheit aus. Als das Telefon klingelt, erzählt sie ungerührt weiter und bemerkt nebenbei: »Das lassen wir heute läuten.« Beim dritten Anruf an diesem Vormittag erklärt sie: »Sonst geht das hier noch turbulenter zu.«

Gelassen reagiert sie auch auf die körperlichen Schwächen, die sich mit zunehmendem Alter einstellen. Während sie in jüngeren Jahren den ganzen Haushalt allein in Ordnung hielt, braucht sie heute Hilfe dafür. Denn bedingt durch Verschleißerscheinungen wie Wirbelsäulenbeschwerden, kann sie nicht mehr ihre Wohnung vom Rollstuhl aus staubsaugen. Außerdem könne sie sich kaum noch auf den Beinen halten, was früher kurzfristig möglich gewesen sei, erklärt sie. Auch die Kraft in den Armen nehme ab. Trotzdem versorgt sie sich weitgehend selbst und empfindet es als angenehm, nur noch ihren eigenen Bedürfnissen gerecht werden zu müssen. So kann sie ohne Zeitdruck die notwendigen Dinge erledigen und eine Pause einlegen, wenn ihr danach ist.

Früher war das anders, vor allem als die Kinder, die in zweijährigem Abstand geboren wurden, noch klein waren. Damals war Marie voll damit ausgelastet, die Kinder und den Haushalt zu versorgen. Deshalb stellte sie sich gar nicht die Frage, wie sie die Kinder spazierenfahren könne, denn dazu war gar keine Zeit. »Den Kindern ist das auch gar nicht so wichtig. Die sind mit Balkon oder Garten auch zufrieden. Als die Töchter dann laufen konnten, sind sie zum Friseur oder zum Einkaufen mitgekommen.«

Um ganz für ihre Kinder da sein zu können, brach Marie ihre begonnene Berufsausbildung ab. Sie hatte zwar noch in der Klinik ihren Hauptschulabschluß nachgeholt, dann schienen ihre Lähmungen aber zunächst zu gravierend, um überhaupt eine Ausbildung absolvieren zu können. »Zu der Zeit war es noch so, daß nur Berufe wie Schneiderin oder etwas Ähnliches in Frage kamen. Das konnte und wollte ich nicht. Als es sich dann herausstellte, daß es für eine behinderte Frau auch möglich war, einen Beruf im Büro- oder Verwaltungsbereich zu erlernen, habe ich mit 23 Jahren solch eine Ausbildung angestrebt.«

Ihren Mann lernte die 24jährige Marie kurz vor Ausbildungsbeginn in einer Klinik kennen. Auch er war an Polio erkrankt und ist durch ein gelähmtes Bein behindert. Ihrem Mann war sofort klar: »Das ist die Frau meines Lebens.« Umgekehrt waren Maries Gefühle ihrem gleichaltrigen späteren Mann gegenüber zunächst nicht so eindeutig. Das änderte sich im Laufe der Ehejahre. Die gegenseitige Frage der Eheleute, ob sie einander nochmals heiraten würden, beantworteten beide auch nach vielen gemeinsamen Jahren noch mit einem eindeutigen ›ja‹. Sie versicherten sich, einander zu brauchen. Ihre anfängliche Zurückhaltung ihrem späteren Mann gegenüber erklärt Marie mit ihrer damaligen Jugend: »Ich fühlte mich noch so jung und wollte mich nicht gleich fest binden.«

Aus demselben Grund war kurz zuvor die Beziehung zu Maries erstem Freund Hans zerbrochen: Hans und Marie lernten sich kennen, weil die Mütter befreundet waren. Das geschah in der Zeit, als Marie sonst fast keinen Kontakt zu Gleichaltrigen hatte. So wurde diese Beziehung für sie und ihr Selbstwertgefühl sehr wichtig. Aber die Umwelt nahm es nicht einfach hin, daß der nichtbehinderte Hans eine behinderte Freundin hatte: »Er wurde von entfernteren Freunden und Nachbarn geächtet. Seine Mutter war gegen unsere Beziehung. Dann erhielten wir sogar einen Brief von der Polizei, in dem stand, unsere Beziehung solle unterbleiben. Bis heute weiß ich nicht, ob der Brief tatsächlich von der Polizei stammte oder vielleicht von seiner Mutter. Aber ich weiß noch, daß in dem Papier tatsächlich das Wasserzeichen der Polizei zu erkennen war. Jedenfalls war das alles sehr verletzend für mich«, erzählt Marie. Sie sitzt reglos in ihrem Rollstuhl, hält ihren Blick gesenkt, ihre sonst resolute Stimme hat einen weichen Unterton bekommen. Gefragt nach der Reaktion ihrer eigenen Mutter, kommt wieder Leben in den Körper: Sie richtet sich auf und äußert mit großer Selbstverständlichkeit und auch ein wenig stolz: »Die war mir total hörig. Ich konnte machen, was ich wollte. Alle meine Entscheidungen wurden widerspruchslos akzeptiert. Vielleicht war das auch so, weil sie wegen des frühen Todes meines

Vaters allein zwei Kinder großziehen mußte und keine männliche Stütze hatte.«

Die Beziehung zu Hans endete nach drei Jahren. Hans lernte eine andere Frau kennen und drängte Marie, sich zu entscheiden: Sie solle ihn heiraten, oder es sei Schluß. Marie fühlte sich zu jung zum Heiraten, Hans zog in eine andere Stadt zu der anderen Frau und heiratete sie. Den Kontakt zueinander haben Hans und Marie bis heute aufrechterhalten.

Marie heiratete schließlich auch, nachdem sie schwanger wurde. »Ich war als Hausfrau und Mutter glücklich und würde unter denselben Bedingungen noch mal so leben«, äußert sie heute. »Nur in der Partnerschaft würde ich einiges anders machen und nicht mehr um des lieben Friedens willen klein beigeben.« Sie beschreibt ihren Mann als vorsichtigen Menschen, der »eher bequem« und immer »leicht muffig«, manchmal aber auch »cholerisch« sei. Sich selbst sieht sie als unternehmungslustig und energiegeladen, was er als »zänkische Art« bezeichnet hat.

Marie spricht über die Zeit, als ihr Mann 1986 auszog: »Das traf mich wie ein Blitz aus heiterem Himmel.« Heute weiß sie, daß der Himmel auch vorher nicht ganz heiter war, denn die Eheleute verbanden wenige gemeinsame Interessen, und sie hatten sich auseinandergelebt. »Trotzdem habe ich nach der Trennung eineinhalb Jahre lang durchgehangen. Ich habe keine Perspektive mehr gesehen. Morgens saß ich im Bett und sagte mir: ›Du bist nicht liebenswert.‹ Immer fragte ich mich: ›Leben oder sterben? Leben oder sterben? Leben oder sterben?‹« Doch Marie lebt. Denn dank ihres Glaubens konnte sie sich schließlich fürs Leben entscheiden. Sie erkannte: »So bist du, und so mußt du sein.«

Als ihr Mann sie verließ, waren die Kinder schon ausgezogen. Dazu sagt Marie: »Ich konnte sie gut loslassen, weil mir ihre Liebe so sicher ist.« Die beiden Töchter, Hanna und Brigitte, sind nicht behindert. Sie wuchsen mit einer behinderten Mutter auf. Davon berichtet die Mutter: »Meine jüngere Tochter sagt heute schon mal, daß es manchmal hart war, schon als Kind mithelfen zu müssen. Sie mußte zum Beipiel schon mit sieben Jahren Gardinen aufstecken. Aber sonst waren die beiden sehr offen und erzählten stolz von mir. Als ein Lehrer mal behauptete, die Frauen hätten sich ihre Küchen alle so unpraktisch eingerichtet, meldete sich Hanna und sagte: ›Meine Mutter nicht. Die fährt im Rollstuhl und kommt in ihrer Küche bestens klar.‹ Daraufhin kam die ganze Klasse, um meine Küche zu besichtigen.«

Die Küche ist wirklich sehenswert: Der großzügige Raum bietet genügend Wendemöglichkeiten. Spüle, Arbeitstisch, die Herdplatten sind unterfahrbar, so daß Marie als Rollstuhlfahrerin nahe herankommt. Ein Backofen steht separat in halber Höhe. Schränke und Regale sind halbhoch, damit alles für sie erreichbar ist. Nicht nur die Küche, die gesamte Wohnung, in die die Familie 1970 einzog und in der Marie nun allein mit Kater ›Garfield‹ lebt, ist auf ihre Bedürfnisse zugeschnitten: Die Türen sind besonders breit und mit Knöpfen zum Zuziehen versehen. Die Fensterhebel wurden nach unten versetzt. Es fehlen die sonst obligatorischen Rechtshebel. Die Badewanne ist extra hoch. So konnte ihr Mann sie früher leichter hinein- und herausheben. Heute muß dabei ein installierter Lifter helfen. Gleich neben der Eingangstür lagert sie in einem kleinen Raum ihre Hilfsmittel. Hier steht auch ihr »Mini-Trac«, ein motorisiertes Gerät, das sie mit wenigen Handgriffen vor ihren Rollstuhl montiert und so ohne Kraftaufwand einkaufen oder zu Veranstaltungen oder Besuchen fahren kann. Wenn sie mit ihrem Mini-Trac die Wohnung verläßt, führt zunächst eine haarnadelförmige, langgestreckte Rampe von der Parterrewohnung hinunter aufs Straßenniveau. Auch die Rampe wurde sofort beim Kauf der Wohnung gebaut, damit die Mutter die Wohnung selbständig verlassen konnte.

Beflügelt und doch dreimal benachteiligt

Innerhalb der Kleinstadt kommt Marie mit dem Mini-Trac überall hin, wo sie hinwill. Für größere Fahrten ist sie auf den Fahrdienst angewiesen. Offensichtlich fühlt sie sich in ihrer Mobilität nicht eingeschränkt. Sie genießt aber nicht nur ihre Bewegungsfreiheit: »Im Moment fühle ich mich beflügelt durch all die Möglichkeiten, die ich habe. Ich habe eine große innere Freiheit und kann leicht

auf andere Menschen zugehen. Ich bin politisch aktiv, ich arbeite beispielsweise in der Frauengleichstellungsstelle. Dann habe ich noch Kontakt zu den Lehrern meiner Kinder und rede in der Schule über Behinderung. Außerdem besuche ich Seminare: Märchenseminare oder auch Selbsterfahrungsseminare. Und ins Theater gehe ich auch gerne«, beschließt sie die Aufzählung ihrer vielfältigen Aktivitäten.

Trotzdem hat sich etwas verändert, seit sie allein lebt: »Früher besuchten wir Freunde oder wurden besucht. Jetzt habe ich den meisten Kontakt zu anderen Menschen, wenn ich zu irgendeiner Veranstaltung hingehe. Danach gehe ich nach Hause und bin wieder allein. Das kommt bestimmt, weil ich nun älter bin und ohne Mann lebe.«

Marie empfindet ihr zunehmendes Alter, sie ist Jahrgang 1934, vor allem in bezug auf eine eventuelle neue Lebensgemeinschaft als Hindernis: »Eine behinderte Frau ist mindestens dreimal schlechter dran als ein behinderter Mann, wenn es darum geht, eine neue Partnerschaft einzugehen. Ein behinderter Mann in meinem Alter würde immer wieder eine neue Frau finden, denn bei einem Mann spielen Faktoren wie Alter und Behinderung kaum eine Rolle. Ich habe verminderte Chancen als Frau, verminderte Chancen als behinderte Frau und altersbedingt noch mal weniger Chancen.«

Im Moment wäre sie allerdings gar nicht bereit, auf ihre neugewonnenen Freiheiten zu verzichten. Trotzdem hat sie Sehnsucht nach einem lieben Mann. »Das ist doch kein Widerspruch«, sagt sie etwas beschwörend. »Es ist eben beides da«, fügt sie schon selbstverständlicher hinzu und erklärt weiter: »Ich erlebe zwar Zärtlichkeit im Umgang mit anderen Menschen, aber es fehlt eben doch etwas.«

Diese Lücke kann auch Kater ›Garfield‹ nicht schließen, auch wenn er noch soviel maunzt und schmust. Den Kater brachte eines Tages Tochter Brigitte mit, als die ganze Familie noch zusammenlebte. Jetzt ist er der einzig verbliebene Wohnungsgenosse von Marie. Aber ein Kater genügt ihr eben nicht. Sie macht neben ihrer dreifachen Benachteiligung in bezug auf eine neue Beziehung auch ihre eigene selbstbewußte Art dafür verantwortlich, daß sich bislang noch nicht der richtige Partner für den weiteren Lebensweg eingestellt hat: »Viele sehen mich einfach als Kumpel, mehr nicht. Vielleicht bin ich das auch.«

Sie ist sich zwar ihrer verminderten Chancen als behinderte ältere Frau bewußt, für Marie ist das jedoch kein Grund, ihre Ansprüche herabzuschrauben. Jeden nimmt sie noch lange nicht: »Kürzlich hatte sich die Frau eines Nachbarn von ihrem Mann getrennt. Der kam dann zu mir und fragte mich, ob wir es nicht miteinander versuchen sollten. Das ist politisch so ein rechtsstehender Mensch, und ich bin politisch eher ketzerisch – wir hätten überhaupt nicht zusammengepaßt. Der dachte wohl, ich müsse froh sein, wenn ich überhaupt noch einen abkriege. Und das bin ich nicht.«

Trotz der Probleme, die ihr als behinderte ältere Frau auf ihrer Suche nach einem geeigneten Lebenspartner begegnen, blickt Marie dank ihres unerschütterlichen Gottvertrauens ganz zuversichtlich in die Zukunft: »Wenn es an der Zeit ist, dann wird schon jemand kommen.«

So lange kann sie gut warten. Denn Marie ist nicht einsam, weil sie kontaktfreudig und aktiv ist. Sie genießt das Kleinstadtmilieu, in dem sie lebt, denn »egal, wo man hingeht, man trifft immer wieder dieselben«. Wohl fühlt sie sich auch in ihrer Nachbarschaft. »Wir sind hier eine phantastische Hausgemeinschaft von 18 Parteien. Wie verbunden die mir sind, habe ich erst gemerkt, seit mein Mann weg ist. Ich kann abends um 10 Uhr anrufen und sagen, daß ich mich in der Telefonschnur verheddert habe. Dann kommt jemand. Es ist nicht so, daß mir die Frauen in den Topf gucken, aber wenn ich Hilfe brauche, kann ich mich melden.« Auch deshalb fürchtet sie, ihre Wohnung aus finanziellen Gründen verlassen zu müssen. Denn sie ist davon überzeugt, daß sie »so ein soziales Umfeld im ganzen Leben nicht wieder bekommt«.

Marie wird von den Menschen, die sie kennen, als vollwertiger Mensch mit besonderen Bedürfnissen akzeptiert. Das war auch schon so, als die Kinder noch klein waren. Niemand wunderte sich darüber, daß sie als behinderte Frau zwei kleine Mädchen erzog. Zumindest hat sie nichts davon gemerkt. »Die Umwelt hat mich wohl nicht als behindert empfunden«, erklärt sie sich diesen Umstand. »Das war alles ganz selbstverständlich.«

Selbstverständlich war für sie auch ihre Mutterrolle. »Ich war eine genauso gute Mutter wie jede andere.« Dem Einwand, behinderte Frauen könnten ihre Aufsichtspflicht nicht erfüllen, weil die Kinder ihnen jederzeit weglaufen könnten, hält sie lachend entgegen: »Meine Kinder haben einfach gespurt.« Sie erinnert sich: »Hanna saß vor der Haustür. Ich habe gekocht, hatte sie dabei im Auge und habe gesagt: ›Hanna, du mußt da schön sitzen bleiben.‹ Und sie saß da in der Sonne mit dem Puppenwagen neben sich.« Meine Gesprächspartnerin kann sich an keine Situation erinnern, in der es Schwierigkeiten gegeben hätte. Brigitte, die jüngere Tochter, war wohl etwas unternehmungslustiger als Hanna: »Die ging schon mal in die Nachbarschaft. Sie brachte dann aber die Nachbarskinder mit.«

Tochter Brigitte werden von ihrer Mutter Ähnlichkeiten mit dem Vater zugesprochen, die unternehmungslustige Ader hat sie aber wohl eher von ihrer Mutter geerbt: Letztere reiste mit dem Malteser Hilfsdienst nach Rom, was sie als einen Höhepunkt in ihrem Leben bezeichnet. Mit der »Erholungshilfe«, einer Organisation, die Reisen für behinderte Menschen organisiert, fuhr sie in den Bayerischen Wald. Von dieser Reise war sie allerdings nicht so begeistert: »Mit den Zivildienstleistenden verstand ich mich gut. Aber von den ehrenamtlichen Begleitpersonen fühlte ich mich bevormundet. Die haben uns mit ihrer Fürsorglichkeit fast erdrückt. Wir durften nichts selbständig machen. Immer waren sie da, handelten und entschieden für uns. Aber ich bin doch schließlich kein Sorgenkind«, empört sie sich.

Das Wort ›Sorgenkind‹ ist für Marie sowieso ein Reizwort: »Das bin ich nicht; das will ich nicht sein; und die ›Aktion Sorgenkind‹ mag ich auch nicht.« Dem Begriff des Sorgenkindes setzt sie ihre Vorstellung von ›Normalität – Behinderung‹ entgegen: »Ich fühle mich normal. Zum Teil behindern mich das Denken und Handeln der anderen viel mehr als meine körperlichen Einschränkungen. Es ist so anstrengend, immer begründen und erklären zu müssen, daß ich das übertriebene Mitleid der Mitmenschen nicht will. Das ist ein ständiger Kampf. Ich wünsche mir, daß alle Menschen freier und selbstverständlicher miteinander umgehen und behinderte Menschen nicht immer als etwas Besonderes angesehen werden. Dazu müßten nicht nur die baulichen Barrieren, die uns immer wieder behindern, fallen, sondern vor allem das Bewußtsein und das Herz der Menschen müßten sich ändern.«

Für sich selbst wünscht Marie am meisten, niemals zum Sorgenkind zu werden. Sie hat Angst davor, »klapprig und bettlägerig« zu werden. »Ich möchte nicht für alle Selbstverständlichkeiten auf Hilfe angewiesen sein. Ich möchte niemandem zur Last fallen. Ich möchte immer meine Kraft behalten.«

Zur Zeit hat sie die Kraft, die sie sich für immer wünscht, fühlt sich ›normal‹ und möchte auch von ihren Mitmenschen so gesehen werden. Einer, der das nie schaffte, war ihr Schwiegervater. »Der hat nicht einmal seinen eigenen Sohn annehmen können«, der ja nach der Kinderlähmung ein gelähmtes Bein behielt. »Immer war mein Mann das schwarze Schaf in seiner Familie. Das hat sich dann auch auf mich und sogar auf unsere Kinder übertragen. Mein Mann mußte zweimal im Jahr dorthin fahren. Jedesmal habe ich gelitten, denn es gab richtigen Krieg. Wenn auch andere Enkelkinder dort waren und sich unsere beiden mit denen stritten, wurden vom Schwiegervater immer die anderen Enkelkinder bevorzugt. So hat er uns noch mal eins ausgewischt.«

Beim Großvater mußten Hanna und Brigitte darunter leiden, daß ihre Eltern behindert sind. Ansonsten ist Marie aber davon überzeugt, daß es ihren Kindern an nichts gemangelt hat. Wenn man die Fotos der beiden jungen Frauen betrachtet, die ihre Mutter stolz vorzeigt, so fallen die fröhlichen, offenen Gesichter auf. Wer die lebensfrohe und lebenstüchtige Marie nicht kennt und nur diese Bilder betrachtet, käme wohl nie auf die Idee, Hanna und Brigitte wegen ihrer behinderten Mutter zu bedauern.

Doris

Mir pfeift niemand hinterher!

»Suche einen phantasievollen Mann, dem im Gespräch mit einer Rollstuhlfahrerin mehr einfällt als die Frage: ›Wie fährst du denn Auto?‹« So ungefähr stellt sich Doris die Kontaktanzeige vor, die sie aufgeben will, um einen netten Mann zu finden. Sie wünscht sich nämlich jetzt mit Mitte 30 immer dringender einen Partner. »Früher dachte ich: ›Irgendwann werde ich auch einen finden; es ist mir einfach noch nicht der Richtige begegnet.‹ Aber ich bin immer viel unter Leuten gewesen und habe trotzdem keinen gefunden«, berichtet sie. Wenn sie dann mal einen Mann kennenlernt, interessiert der sich nur dafür, wie sie Auto fährt. »Ich kann zwar damit leben, daß die Leute fassungslos vor meinem Auto stehen, wenn ich einsteige und wegfahre. Aber die Gespräche, die sich nur um das zusätzliche Handbediengerät in meinem Auto drehen, die finde ich ätzend, die belasten mich.«

Neue Nahrung bekam ihre Sehnsucht nach einem Partner einige Monate vor unserem Treffen. Die junge Frau mit Brille und dunkelblonder Kurzhaarfrisur spricht mit einem leichten pfälzischen Akzent. Sie deutet auf ein Regal aus rohem Kiefernholz: »Dieses Regal ist schuld«, sagt sie halb lachend, halb anklagend. »Mit einem Kommilitonen habe ich es gekauft. Während ich dann in der Fachhochschule war, hat er hier alles umgeräumt und angefangen, das Regal aufzubauen.« Mit »hier« meint Doris ihr Ein-Zimmer-Appartement, das die Eltern ihr am Studienort gekauft haben, damit sie für die Zeit des Studiums eine geeignete Wohnung hat.

Sie spricht langsam, legt öfter längere Pausen ein und überlegt sich ihre Sätze gut, bevor sie sie ausspricht. Sie ist darum bemüht, nichts Falsches zu erzählen, und bedauert, nicht die objektive Wahrheit berichten zu können, sondern zwangsläufig ihre subjektive Sicht zu schildern. Es bedrückt sie, daß sie anderen Leuten dadurch des öfteren unrecht tut. »Es war ein Wahnsinnsgefühl«, fährt sie fort und erklärt: »Der hat hier nicht aus Neugierde rumgewühlt, sondern weil er es für mich schön machen wollte. Am nächsten Tag hat er dann noch einige Bretter zurechtgesägt, und ich habe in der Zeit für uns beide gekocht. Da habe ich gemerkt, wie schön es sein kann, wenn man gemeinsam mit einem anderen etwas macht, jeder das, was er oder sie kann.« Dadurch wurde ihr wieder schmerzlich bewußt, daß sie allein lebt. In anderen Phasen ihres Lebens konnte sie diese Lebensform durchaus genießen, aber nun will sie das nicht mehr. »Ich merke jetzt, daß ich etwas ändern muß. Aber ich weiß nicht, wie.«

In einer Sackgasse

Etwas hat sie allerdings in den letzten Jahren schon geändert, und zwar ihre beruflichen Umstände: Vor drei Jahren fing sie an zu studieren mit dem Ziel, Diplom-Umweltingenieurin zu werden. Zur Zeit befindet sie sich im sechsten und letzten Semester.

Ihr Weg zu dem jetzigen Studium war allerdings nicht ganz gradlinig: Nachdem sie 1977 mit 22 Jahren das Abitur hatte, wollte sie gerne Geschichte und Biologie studieren. Aber das Arbeitsamt riet ihr davon ab. »Die sagten mir, das sei eine 100prozentige Garantie für die anschließende Arbeitslosigkeit, wenn man nicht äußerst gut sei. Und ich wußte, daß ich das nicht bin.« Sie nahm von ihrem ursprünglichen Plan Abstand und bewarb sich um einen Ausbildungsplatz als Medizinisch-Technische Assistentin (MTA). »Alle MTA-Schulen, die ich angeschrieben habe, lehnten mich mit der Begründung ab, die Räumlichkeiten seien nicht rollstuhlgerecht.« Schließlich wandte sie sich an das Berufsförderungswerk in Heidelberg und erhielt einen Ausbildungsplatz.

Während der Zeit in Heidelberg wohnte sie in einem Appartementhaus, das auf die Bedürfnisse behinderter Bewohner eingerichtet war: »Es wurde geputzt, und man bekam die Assistenz, die man brauchte. Aber glücklicherweise interessierte es niemanden, wann ich abends ins Bett ging oder morgens aufstand.« Das war Doris nicht gewohnt. Sie hatte bis dahin entweder bei ihren Eltern oder in Wohnheimen für behinderte Menschen gewohnt. Sie genoß die neugewonnene Freiheit, und sie genoß es, erstmals in ihrem Leben ein Zimmer für sich allein zu haben. Noch heute schwärmt sie: »Das Zimmer war groß genug, so daß man auch mal etwas umstellen konnte. Ich habe also zunächst wüst umgeräumt. Und Bilder konnte ich erstmals aufhängen.« Sie wird jetzt noch aufgeregt, wenn sie sich an diese Zeit erinnert, und redet schneller als sonst. Doris erinnert sich auch noch an ihre damaligen Gedankengänge: »Ich habe gedacht: ›Jetzt erlerne ich einen Beruf und habe eine Wohnung. Damit nähere ich mich der ›Normalität‹, die natürlich für behinderte Menschen schwerer und anstrengender ist als für nichtbehinderte. Jedenfalls dachte ich, daß es dann von allein weitergeht.‹« Es ist aber nicht von allein weitergegangen, denn unter ›Normalität‹ versteht Doris auch, mit einem Mann zusammenzuleben.

Ihre berufliche Laufbahn ging aber weiter. Sie wurde MTA, zog in die Stadt am Rhein, in der ihre Eltern inzwischen wohnten, und suchte eine Arbeitsstelle. Sie meldete sich arbeitslos, und bald hatte das Arbeitsamt eine Stelle für sie am örtlichen Krankenhaus gefunden. Da sie bei ihren Eltern wegen etlicher Stufen vor dem Haus nicht wohnen konnte, zog sie in das Personalwohnheim des Krankenhauses, das zwar nicht auf behinderte Mitarbeiter eingerichtet war, in dem sie aber zurechtkam.

Doris unterbricht das Gespräch. Sie möchte ihr Korsett, das mir unter dem grünen Nicki bislang nicht aufgefallen ist, ablegen. Das Korsett trägt sie fast immer, um ihre Wirbelsäule zu stabilisieren. Sie kann sich nämlich aufgrund ihrer Querschnittlähmung im Bereich der oberen Brustwirbel, die von Geburt an besteht, nicht aus eigener Kraft aufrichten oder aufrechthalten. Ob die Behinderung auf eine embryonale Fehlentwicklung oder einen Unfall während der Geburt zurückzuführen ist, weiß man nicht. Ihrer Mutter fiel einige Wochen nach der schweren Geburt als erstem Menschen auf, daß etwas mit ihrem dritten Kind nicht stimmte. Die anderen lachten sie zunächst aus und meinten, sie sei hysterisch, bis es auch ihnen auffiel, daß Doris nicht strampeln konnte und sich untenherum nicht bewegte. Das Korsett findet sie zwar unbequem, und es behindert die freie Ausdehnung des Brustkorbs und damit die Atmung, aber sie vermutet, daß sie Probleme mit ihrem Rücken

bekommen würde, wenn sie sich dieses Hilfsmittels auf Dauer entledigen würde. Heute abend jedoch, an dem sie keine größeren körperlichen Aktionen mehr plant, will sie es sich bequem machen. Als Doris in ihrem violetten Rollstuhl an den Tisch zurückrollt, fällt mir auf, daß sie leicht zusammengesunken sitzt und etwas kleiner wirkt als vorher.

Dann fährt sie fort: »Als MTA fühlte ich mich unterfordert. Ich bekam Anweisungen, nach denen ich zu arbeiten hatte, und mußte nur Ergebnisse produzieren, ohne am Prozeß beteiligt zu sein. Ich war keine schlechte MTA, aber ich fühlte mich in einer Sackgasse.«

Erschwerend kam hinzu, daß sie zu ihren Arbeitskolleginnen keine festen Kontakte aufbauen konnte: »Das waren etablierte Frauen. Einige davon waren älter als ich, die meisten hatten ihre Kerle. Weißt du«, sagt sie mit einem Glucksen in der Stimme und einem ironischen Lächeln um den Mund, »die gehörten zu den Frauen, die sich ohne ihre Kerle nichts kochen können. Die kochen nur, wenn ihre Männer zum Essen kommen«, fügt sie erklärend hinzu. »Außerdem gab es auch andere Unterschiede: Ich stand politisch weiter links als die.«

Nur eine Kollegin war nicht verheiratet. Sie lebte mit ihren über 50 Jahren immer noch bei ihren Eltern. »So wollte ich nicht alt werden. Das war für mich ein abschreckendes Beispiel. Nach acht Jahren Arbeit als MTA habe ich die Arbeitszeit auf halbtags reduziert und in der gewonnenen Zeit studiert.« Sie roch in die Fächer Ethnologie, Pädagogik, Soziologie und Biologie hinein, verhandelte mit ihrem Chef und erreichte, daß sie an zweieinhalb Tagen pro Woche und nicht täglich vier Stunden zur Arbeit ging. An der Uni hatte sie jedoch immer das Gefühl, »hier gehöre ich nicht hin«, weil sie gleichzeitig noch arbeitete. Besonderen Spaß machte ihr Biologie – »ich habe Blut geleckt« –, aber ein ganzes siebenjähriges Studium zu absolvieren, hielt sie in ihrem Alter von über 30 Jahren für sinnlos. Also schaute sie sich um und entdeckte ihr jetziges Studienfach »Umweltschutz«.

Nun mußte sie ihre MTA-Stelle endgültig kündigen und sich darauf einlassen, vom Bafög-Geld zu leben. »Mein Bruder war neidisch«, beschreibt sie die Reaktionen ihrer Mitmenschen. »Meine Mutter hat erst gebremst. Als sie dann aber merkte, daß sie mich nicht umstimmen konnte, hat sie mich unterstützt und mir dieses Appartement gekauft.« Besonders ermutigend reagierte ihr Chef im Krankenhaus. »Er sagte, daß er es toll finde. Das war sehr bedeutungsvoll für mich, denn er wußte, wie ich arbeite, und offensichtlich traute er mir das Studium zu.«

»Ich ringe darum, als sexueller Mensch anerkannt zu werden«

»Dieses Studium ist das Richtige für mich«, befindet sie. Bald wird sie erstmals an einer längeren Exkursion teilnehmen: »Ich bin mal gespannt, wie das wird.« Sie lacht. »Das gibt noch ein Abenteuer in drei Akten.« Problematisch ist es, eine geeignete Übernachtungsmöglichkeit zu finden. Aus diesem Grund hat sie bislang an keiner mehrtägigen Exkursion teilgenommen. Sie berichtet von der Organisation der bevorstehenden Fahrt: »Ich war dabei, als unser Dozent telefonierte, um eine Unterkunft zu organisieren. Er fragte nach den Türbreiten und wollte genau die Zentimeterzahlen wissen. Die Gesprächspartner am anderen Ende der Leitung wurden ungeduldig und meinten, das klappe schon. Jetzt fahren wir auf Risiko. Er war völlig fertig hinterher. Es hat mir so gutgetan, daß er das auch mal erlebt hat. Die Leute wissen doch sonst gar nicht, was es bedeutet, in diesem Staat behindert zu sein.«

Doris freut sich auf die Exkursion. Sie versteht sich gut mit ihren Kommilitonen und kommt auch mit den Männern unter ihnen aus: »Hier habe ich nette Männer kennengelernt. Mit denen kann man reden, und seltsamerweise tun sie tatsächlich die Dinge, um die man sie bittet. Ich selbst habe durch den zwanglosen Umgang mit Männern und Frauen auch einiges dazugelernt. Jetzt spreche ich sie an, nicht nur, wenn ich gerade Hilfe brauche. Früher hätte ich mich das nicht getraut. Heute lade ich manchmal jemanden zum Essen ein.«

Sie kennt den Ursprung ihres negativen Männerbildes, das sie durch ihre Erfahrungen im Studium ein wenig korrigiert hat: In der Zeit als MTA suchte sie Anschluß, den sie bei ihren Arbeitskolleginnen nicht fand. Sie bezeichnet sich selbst als Menschen, der seine Befriedigung in erster Linie über soziale Kontakte und weniger aus der Arbeit bezieht. Um Kontakte zu knüpfen, schloß sie sich in dieser Phase einer Frauengruppe an, in der sie die einzige Frau mit Behinderung war. »Ich wollte sehen, was ich hier in dieser Gesellschaft soll und wer ich überhaupt bin. Es wurde darüber diskutiert, wie ›frau‹ mehr Mensch werden kann, und ich habe in einer politischen Arbeitsgruppe mitgearbeitet.«

Heute weiß sie, daß sie mit den Frauen in der Frauengruppe nicht viele Gemeinsamkeiten hatte: »Da war ja ein riesiger Unterschied zwischen mir und den anderen Frauen. Die regten sich über Anmachen auf, und ich regte mich auf, weil ich nie angemacht werde oder nur saudumm. Mir pfeift schließlich niemand hinterher. Ich ringe ja erst mal darum, überhaupt als sexueller Mensch, als Geschlechtswesen anerkannt zu werden und mich selbst anzuerkennen. Ganz unterschiedlich waren auch die Positionen in bezug auf Arbeit: Nichtbehinderte Frauen müssen darum kämpfen, arbeiten zu ›dürfen‹. Viele Männer sähen sie lieber nur in der Küche und bei den Kindern. Behinderten Frauen dagegen werden Kinder und Küche gar nicht erst zugetraut. Deshalb sollen sie berufstätig sein. Die Interessen waren also auf mehreren Ebenen ganz unterschiedlich.«

Sie macht eine längere Pause und schaut vor sich hin. »Die Frauengruppe ist für mich noch nicht abgeschlossen. Ich habe noch keine klare Position dazu: Auf der einen Seite finde ich die feministische Arbeit, die gemacht wird, natürlich ziemlich wichtig.« Sie schweigt wieder und sieht so aus, als tobe in ihr ein Kampf. Dann hebt sie mit einem Ruck ihren Kopf: »Wenn ich dann aber mit Frauen rede und sie beobachte, fällt mir auf, daß bei vielen ein großer Unterschied zwischen Theorie und Praxis besteht. In der Diskussion arbeiten sie die ›Strukturen und Mechanismen der Unterdrückung‹ auf, in der gelebten Beziehung verhalten sie sich diplomatisch. Manchmal kann ich da nur noch den Kopf schütteln.« Doris ist offensichtlich bemüht, diese Worte ruhig zu sprechen. Während sie diese Sätze sagt, funkeln ihre Augen, die ungewohnt laute Stimme überschlägt sich, und ich habe den Eindruck, daß noch eine ganze Menge Wut und Enttäuschung dahintersteckt. »Ja«, bestätigt sie meinen Verdacht. Aber in ihrem Bemühen um Richtigkeit möchte sie nicht mehr dazu sagen. Nach einer Pause fährt sie ruhiger fort: »Na, jedenfalls hatte ich ein Männerbild im Kopf, bei dem zuviel Macht und zuviel Ohnmacht eine Rolle spielen, allmählich sehe ich die Sache aber etwas anders.«

Das heißt nicht, daß sie heutzutage die Männer anhimmelt. Sie bemängelt, daß die meisten völlig phantasielos sind. Außerdem ist es ihr bewußt, daß viele Männer Frauen primär nach äußerlichen Gesichtspunkten wählen, um sie vorzeigen zu können. Sie ist davon überzeugt, daß sie selbst nicht vorzeigbar ist: »Mein Gesicht, na ja, das geht ja noch«, beschreibt sie sich selbst. »Aber mein Körper ist wirklich krumm und schief. Mit einer Wespentaille kann ich auch nicht dienen.« Krumm ist sie, weil ihre Wirbelsäule verbogen ist, vermutlich weil auch Rücken- und Bauchmuskeln von der Lähmung betroffen sind. Sie gibt noch zu bedenken, daß ihr Empfindungsvermögen von der Brust abwärts gestört ist. Aber das sieht sie nicht als entscheidendes Problem an: »Wenn man gestreichelt wird, kann man das auch sehen. Das tut dann gut. Und ich selbst fände es auch sehr schön, liebevoll einen anderen Menschen berühren zu können.«

Ihr eingeschränktes Gefühl und ihre schlechte Meinung über ihren Körper könnten sie jedenfalls nicht mehr bremsen, wenn sie einen entsprechenden Partner fände. Früher war das anders: »Ich habe meinen Körper als technisches Gerät empfunden, das es zu beherrschen gilt. In meinem Kopf war und ist eigentlich immer noch: ›Ich bin minderwertig.‹ Als ich jünger war, hatte ich Berührungsängste und wollte gar nicht, daß mich jemand anfaßt. Heute kann ich mir sexuelle Berührung vorstellen.« Sie geht davon aus, daß sie sich selbst besser wird akzeptieren können, wenn jemand ihr zeigt, daß er sie liebhat und akzeptiert. Sie weiß aber auch, daß das eigentlich nur möglich ist, wenn sie sich selbst mag. »Ein ätzender Kreislauf«, kommentiert sie.

Also hat sie auf ihrer Suche nach einem Mann mit zwei Bildern zu kämpfen: Mit dem negativen Selbstbild und bis vor kurzer Zeit mit einem negativen Männerbild, das ihr in der Frauengruppe vermittelt wurde. Doris überlegt, ob es wohl ein Fehler von ihr war, sich der Frauengruppe anzuschließen. »Ich weiß nicht.« Sie zögert. »Vielleicht habe ich mir dadurch selbst etwas verbaut.« Wieder denkt sie eine Weile nach, schenkt sich erst mal einen Tee ein und sagt dann entschieden: »Ich bereue nichts. Auch die Frauengruppe nicht – schließlich sind mir da die zwischenmenschlichen Mechanismen bewußter geworden.«

Ein wenig bedauert sie es allerdings, daß sie erst so spät angefangen hat zu studieren, zu spät, wie sie meint. »Vielleicht war ich damals nach dem Abitur noch nicht reif genug«, vermutet sie. Doris genießt es, jetzt den Umgang mit Männern und Frauen einfach auszuprobieren. »Das tut mir echt gut. Vorher war das halt nicht so einfach. Ich war immer ›gut gehortet‹ in diesen Internaten und so.«

Damit meint sie vor allem ihre Kindheit und Jugendzeit: Doris wuchs zunächst mit ihren beiden älteren Geschwistern, einem Bruder und einer Schwester, im Elternhaus auf. Mit Mühe konnte sie wohl krabbeln, das Haus verließ sie im Kinderwagen. Da die Eltern nie in einer rollstuhlzugänglichen Wohnung wohnten, konnte Doris das Haus nie selbständig verlassen. Als sie von diesem Punkt erzählt, wird sie ärgerlich: »Meine Eltern haben bis heute nicht kapiert, daß ich schwerbehindert bin.«

Um das Verhalten ihrer Eltern zu verdeutlichen, erzählt sie eine Begebenheit, die etwa zehn Jahre zurückliegt: »Als ich mit 25 Jahren die Ausbildung zur MTA in Heidelberg abgeschlossen hatte, wollte ich wieder nach Hause kommen und bei meinen Eltern wohnen. Vor dem Haus sind fünf oder sechs Stufen, und ich wollte, daß sie mir eine Rampe bauten. Das haben sie nicht gemacht. Es gab Krach und Tränen, aber bis heute komme ich nicht ohne Hilfe in das Haus. Meine Eltern haben gesagt, es sei nicht möglich. Das stimmt nicht – mit etwas Phantasie hätte man da was machen können.«

Sie schildert, was solch ein Verhalten bei ihr auslöst: »Ich fühle mich mit meiner Behinderung nicht richtig ernst genommen. Das war immer so, und deshalb nehme ich mich selbst auch oft nicht ernst und empfinde mich nicht als vollwertig.«

Die Eltern akzeptierten nach Doris' Ansicht zwar nie ihre Behinderung, die Mutter kämpfte aber darum, daß ihre jüngste Tochter in die Regelschule eingeschult wurde. »Die Schule um die Ecke nahm mich nicht auf mit dem Argument: ›Das ist hier keine Krankenpflegeanstalt.‹ Also schob meine Mutter mich jeden Morgen im Kinderwagen quer durch die Stadt, setzte mich in der Schule auf einen Stuhl und holte mich mittags wieder ab. Das war

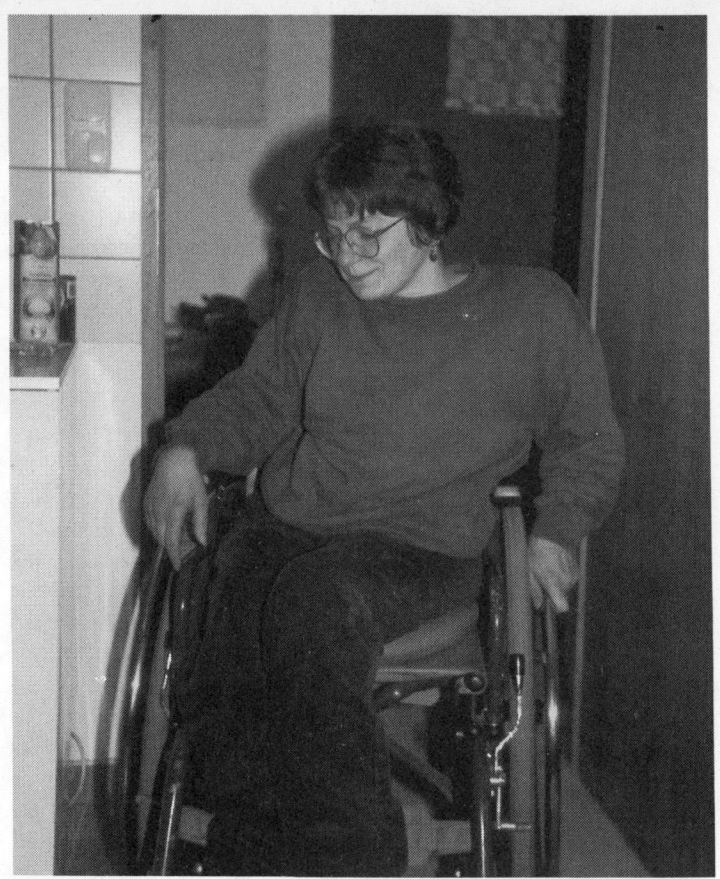

totaler Streß für meine Mutter, sie wurde krank, und meine Eltern meldeten mich bei einer Körperbehindertenschule in Aachen an.«

Damals konnte Doris noch nicht selbständig leben: Lange Zeit hatte sie gar keinen Rollstuhl, später nur einen geliehenen »Riesenkasten« von der Bundesbahn. Niemand hatte ihr je beigebracht, allein zurechtzukommen, beim An- und Ausziehen, beim Waschen und Toilettengang half ihr ihre Mutter. Diese Unselbständigkeit wirkte sich in Aachen negativ für sie aus: »Diejenigen, die sich nicht allein zurechtmachen konnten – es ist verrückt –, wurden ganz früh, schon vor fünf Uhr nachmittags, noch vor dem ·Abendbrot ins Bett gebracht. Die anderen kamen um sieben oder acht.« Sieben Jahre lang bis zum Hauptschulabschluß lebte sie in Aachen in einer reinen Mädchengruppe, die sich mit Puppen ihre Märchenwelt aufgebaut hatte. »Ich hatte viel Heimweh«, erinnert sie sich. »Jedesmal, wenn ich nach den Ferien wieder nach Aachen gefahren wurde, habe ich auf der ganzen Strecke nur geweint. Das war immer ein mittleres Drama.«

Damit sie nicht bereits nachmittags ins Bett mußte, setzte sie ihren Ehrgeiz darein, selbständiger zu werden. Zunächst half ihr eine Freundin, dann merkte sie plötzlich: »Es geht auch alles so schön allein. Später waren Fachleute in einer Klinik völlig fertig, weil ich krumm und schepp bin, aber alles allein kann«, berichtet sie nicht ohne Stolz.

In Aachen hatte sie zu Jungen nur Kontakt während des Schulunterrichts, oder wenn man sich im Park zufällig begegnete. »Da gab es welche, die mit mir anbändeln wollten. Aber die haben mir nicht gefallen. Da bin ich ziemlich eigen, muß man schon sagen.«

Eigen war sie damals und ist es auch geblieben. Bei näherer Betrachtung fällt nämlich auch ihr auf, daß sich einige Männer schon für sie interessieren. »Aber die sind so bescheuert, die will ich nicht.« Sie hat bei ihrer Partnersuche nicht nur das Handicap der Behinderung, sondern ist darüber hinaus auch noch eine Frau mit Ansprüchen. Ihr fällt ein, wie sie kürzlich in einer Kneipe angequatscht wurde: »Auch die Intellektuellen sind so bescheuert. Da war irgend so ein Blöder, der wollte mir seinen Gürtel schenken. Dann wollte er mit mir Händchen halten und sagte: ›Die Kraft, die du hast, die möchte ich haben, gib mir deine Hand.‹ Ich habe geantwortet: ›Ich muß schon selbst sehen, wo ich meine Kraft herhole.‹ So ein Quatsch, den die da treiben. Dann wollte er auch noch knutschen, das ist wirklich total hart.«

Grundsätzlich als hart und schwierig empfindet sie auch die Kontakte zu nichtbehinderten Menschen, wenn man sich gerade kennenlernt: »Wenn jemand einen Rolli sieht, hat er oder sie erst mal eine Blockade. Also muß ich deren Unsicherheit abbauen und meine auch. Aber ich bin doch auch kein Wundertier.«

Erste Erfahrungen im Umgang mit der nichtbehinderten Umwelt sammelte Doris, als sie nach dem Hauptschulabschluß auf ein Gymnasium wechselte, das auch behinderte Schüler aufnahm. »Da war ich wieder unglücklich. Ich wurde mit meinen 16 Jahren in die siebte Klasse gesteckt und konnte mit den viel jüngeren Mitschülern nichts anfangen. An die älteren wagte ich mich nicht ran, denn ich bin nicht so ein ›Hoppla, jetzt komm' ich‹-Typ. Die anderen konnten auch nichts mit mir anfangen und schon gar nichts mit meiner Behinderung.«

Auch die Lehrer bewiesen nach ihrer Schilderung nicht viel Verständnis für die Handvoll behinderter Schüler. »Ich weiß noch, daß ich vor einer Physikklausur nur fertig war. Ich hatte wohl einen kleinen Nervenzusammenbruch. Ich konnte Physik gar nicht«, erzählt sie und lacht dabei. »Jedenfalls habe ich nur in der Schule rumgehangen und geheult. Da kam der Vertrauenslehrer für Behinderte und meinte, ich hätte gar keinen Grund zu heulen. Ich solle mir doch mal die armen contergangeschädigten Kinder ansehen.«

Als sie das Gymnasium besuchte, wohnte sie in einem Behindertenwohnheim in einem Nachbarort. Dort lebte sie mit anderen Mädchen in einer ›Gruppe‹ und teilte mit anderen ein Zimmer. Essenszeiten mußten eingehalten werden, die Freizeit wurde in der Gruppe gestaltet. Doris legte sich mit der Gruppenleiterin an: »Die wollte als Mutter behandelt werden. Zum Beispiel sollten wir sie am Muttertag ehren. Das mochte ich nicht. Außerdem regt mich dieses ›soziale Getue‹ auf. Die finden es toll, wenn sie die Behinderten in Scharen spazierenfahren. Ich kam mir oft so ausgeliefert vor.«

Sie wurde also auch in dieser Zeit, bis sie mit 22 Jahren ihr Abitur machte, ›gut gehortet‹, denn außerhalb der Schule hatte sie wenig Gelegenheiten, Kontakte zu Jungen zu knüpfen. Ab und zu war sie in einen ihrer Mitschüler »verknallt, aber ich habe mich nie getraut, etwas zu sagen«.

Auch nach dem Abitur konnte sie diese Hemmung nicht ablegen und traute sich nach wie vor nicht, die Männer anzusprechen, die ihr gefielen. Dafür macht sie nicht nur ihre Behinderung verantwortlich, weil auch die meisten nichtbehinderten Menschen gehemmt sind, wenn sie auf das andere Geschlecht zugehen sollen oder wollen. Während der MTA-Ausbildung in Heidelberg und ihrer späteren MTA-Tätigkeit im Krankenhaus hatte sie fast ausschließlich Kontakt zu anderen Frauen und kam gar nicht in die Verlegenheit, einem Mann ihre Sympathie kundtun zu müssen.

Einen Freund wünscht sie sich zwar schon seit ihrer Jugend, aber die Erfahrungsberichte anderer Frauen halfen ihr auch zeitweise, ihr Alleinsein zu schätzen: »Wenn ich manche Frauen hab' reden hören, dann war ich ja so glücklich, wenn ich abends nach Hause gekommen bin und meine Ruhe hatte. Ich habe es genossen, daß kein Mensch da war, keiner mir Druck machte und ich nicht anderer Leute Socken waschen mußte. Es war so schön, machen zu können, was ich wollte.«

Doris weiß, daß sie allein leben kann, zeitweise hat ihr das auch gut gefallen. Aber jetzt will sie das nicht mehr, und sie ist wild entschlossen, diesen Zustand so bald wie möglich zu verändern. Zur Zeit antwortet sie auf Kontaktanzeigen, die ihr gefallen. Mit einem der Männer hat sie sich kürzlich getroffen. »Der hatte eine Anzeige aufgegeben, in der nicht die üblichen Klischees standen. Das hat mir gefallen. Alle anderen sind sportlich und naturliebend – so ein Schmarren steht da drin. Aber nachdem ich ihn kennengelernt habe, denke ich, daß wir nichts füreinander sind.«

Sie hält sich selbst für »flippig und unternehmungslustig«. Sie will Anregungen haben und geht gerne ins Kino, ins Theater, in eine Musikveranstaltung. »Er ist wohl eher ein häuslicher Mensch«, charakterisiert sie ihre flüchtige Bekanntschaft. »Der geht nicht ins Kino, sondern wartet, bis es den Film auf Video gibt. Sicher ist das ein netter, anständiger Mensch, aber ich würde Unruhe in sein Leben bringen. Man soll's nicht meinen, aber ich glaube, ich bin viel mobiler als der. Ich mag aber nicht, wenn alle Impulse nur von mir ausgehen.«

Sie legt eine Pause ein. Draußen ist es inzwischen dunkel, der Tee ist kalt geworden. »Ich glaube nicht an die Liebe auf den ersten Blick. Zumindest bin ich kein ›Erster-Blick-Mensch‹.« Deshalb hat sie den häuslichen Mann noch nicht ganz abgeschrieben.

Sie spielt auch mit dem Gedanken, selbst eine Kontaktanzeige aufzugeben. Allerdings befürchtet sie, daß sich dann »nur so ›Soziale‹ melden, wenn ich schreibe, daß ich behindert bin. Mit solchen Leuten will ich nichts zu tun haben. Ich unterhalte mich gerne und spreche auch gerne soziale Themen durch, aber ich will niemanden mit einem Samariterkomplex, der meint, ein gutes Werk tun zu müssen.« Solche Menschen mußte sie in ihrer Kindheit und Jugend lange genug aushalten. Dazu zählt sie neben einigen Gruppenleiterinnen auch ihren Vater, der stolz war, wenn er sich draußen mit ihr blicken ließ. Ihrer Ansicht nach wollte er damit demonstrieren, wie gut er mit der Tatsache, eine behinderte Tochter zu haben, fertig wurde. Wegen der »sozialen Freaks« hat sie sich bislang auch noch keiner Behindertengruppe angeschlossen, denn »die Gruppen, die ich kennengelernt habe, traten nur in Horden auf, und ›soziale‹ Leute waren immer dabei. Die regen mich auf.«

Dennoch sieht sie eigentlich keine andere Möglichkeit mehr, bald einen Partner kennenzulernen, als die der Kontaktanzeige. Eine Freundin will ihr helfen, den Text zu formulieren. »Auf alle Fälle muß in irgendeiner Form drinstehen, daß ich mich über mehr als über das Handbedienungsgerät in meinem Auto unterhalten will. Das haben mich schon tausend Leute gefragt, und ich habe es schon tausendmal erklärt.«

Es ist mittlerweile spät geworden. Nachdem ich noch einige Fotos von Doris gemacht habe, verlasse ich sie. Oder, besser gesagt, ich will sie verlassen. So leicht ist das nicht, denn mein Auto ist zugeparkt. Doris nimmt ihren Schlüssel mit und kommt aus ihrer Wohnung, um mir zu helfen. Sie rollert los, um nachzusehen, ob bei einem ihrer Nachbarn noch Licht brennt. Auf der gegenüberliegenden Straßenseite entdecke ich inzwischen zwei junge Männer, die ich herbeirufe und um Hilfe bitte. Sie sind nett: Einer setzt sich ans Steuer meines Autos, der andere schiebt den Wagen aus der Parklücke. Doris ist nun auch herbeigekommen, bibbert in der nächtlichen Kälte und schaut zu. Die beiden Männer verladen meinen Rollstuhl ins Auto und rücken noch einen Müllcontainer zur Seite, um mir die Ausfahrt zu erleichtern. Erstaunlicherweise fragen sie mich nicht, wie mein Handbedienungsgerät funktioniert. Sofort wandert mein Blick zu Doris hinüber. Die aber ist schon wieder in ihrer Wohnung verschwunden. Wahrscheinlich hat sie zu sehr gefroren, denke ich mir. Als ich im Auto auf die Straße rolle, bringen die beiden jungen Männer den Müllcontainer wieder in die Ausgangsstellung zurück. Vor meinem inneren Auge sehe ich Doris, wie sie an ihrem Tisch neben dem neuen Regal sitzt und über der Formulierung für die Kontaktanzeige brütet.

Carolin

Du mußt doch dankbar sein

Den Präsidenten der Vereinigten Staaten oder den Papst zu treffen kann nicht wesentlich schwieriger sein. Freitag abend bimmelt das Telefon: »Hier ist Carolin«, erklingt eine helle, zarte Frauenstimme. »Den Termin morgen muß ich absagen. Ich habe überraschend doch Wochenenddienst.« Wir verlegen unser Treffen in Carolins kurzen Pfingsturlaub. Doch weder aus dem Treffen noch aus dem Urlaub wird etwas, denn Carolin muß arbeiten. Nach mehreren vergeblichen Anläufen beschließen wir, ihre langen Sommerferien abzuwarten, die sie zu Hause verbringen will, um zur Ruhe zu kommen und ihre privaten Verpflichtungen aufzuarbeiten.

Dann, in den Sommerferien, hat sie tatsächlich Zeit. Wir treffen uns in ihrer Zwei-Zimmer-Wohnung, in der sie seit über zehn Jahren wohnt. Die zierliche Carolin mit den schulterlangen, glatten blonden Haaren empfängt mich in einem blauen Rollstuhl, der altmodisch und für sie zu groß wirkt. »Ich habe mich an dieses Modell gewöhnt und komme gut damit zurecht«, erklärt sie angesichts meiner Verwunderung mit ihrer zarten und doch sehr festen Stimme. »Ich möchte gar keinen anderen Rolli haben.« Sie bewegt sich in dem fahrbaren Untersatz, indem sie sich mit den Füßen, die heute in schwarzen Clogs stecken, von der Erde abstößt. Mit ihren dünnen Armen kann sie das Gefährt nämlich nicht bewegen, zum einen, weil sie wenig Kraft hat, zum anderen, weil sie die Arme wegen einer Versteifung der Ellbogengelenke nicht anders als ständig angewinkelt halten kann. Die Gelenke der Beine sind nicht versteift, und gelähmt ist Carolin auch nicht, aber zum Stehen und Gehen fehlt ihr die Kraft. Arthrogryposis multiplex congenita oder auch angeborene »Krummgelenkigkeit« nennt sich ihre Muskel- und Gelenkerkrankung, über deren Ursachen man nichts Genaues weiß.

Nach der komplizierten Geburt der ungewollten Carolin 1952 im Rheinland war ihre Mutter vorübergehend drei Monate lang gelähmt. Die Eltern fühlten sich mit der behinderten Tochter überfordert und gaben sie deshalb ins Heim. Carolin verbrachte ihre Kindheit entweder in Kliniken oder in einem Kinderheim katholischer Nonnen in Köln. »Irre, was man früher ausgehalten hat«, staunt sie heute noch, als sie an die ersten sieben Jahre ihres Lebens zurückdenkt, und erklärt: »Genau wie in den Kliniken bin ich mit den anderen Kindern im Kinderheim nur verwahrt worden. Wir wurden alle vernachlässigt, hinsichtlich der medizinischen und psychischen Betreuung hat man uns regelrecht verwahrlosen lassen, manche Kinder sind mit Schlägen und Essensentzug sogar mißhandelt worden. Wenn jemand traurig war, wurde er nicht getröstet, sondern ausgeschimpft und verhauen. Aber wir Kinder haben das nicht hinterfragt, denn wir kannten nichts anderes. Alles war selbstverständlich, das war unsere Welt.«

Carolins Welt, das war jahrelang fast nur das Bett. Eingesperrt durch Eisengitter, verbrachte sie wie alle kleinen Kinder im Heim ihre Tage im Bett. Im Bett aß sie, im Bett spielte sie, zur Verrichtung menschlicher Bedürfnisse wurde ihr ein Schieber untergeschoben. Im Sommer wurde das Bett auf den Balkon gestellt.

Carolin hat sehr unter dem Verhalten ihrer Eltern, vor allem unter dem ihrer Mutter gelitten, denn sie wurde mit ihrer Behinderung abgeschoben und abgelehnt. »Die Behinderung war bei meinen Eltern immer ein Tabu-Thema«, berichtet sie. Während das Kind Carolin die Mutter noch bewunderte, begegnete die erwachsene Tochter ihrer Mutter mit Verachtung. Jetzt aber verurteilt sie die Mutter nicht nur, sie kann deren Verhalten in der damaligen Zeit auch verstehen. »Meine Mutter konnte nicht anders. Es waren noch Relikte aus der Zeit davor wirksam. Die Umwelt hätte es meiner Mutter, die in einer sehr konfliktbeladenen Beziehung mit meinem Vater lebte, nicht leichtgemacht, wenn sie mich behalten hätte.« Carolin spürte, daß sie eigentlich nur lästig war, und reagierte unbewußt darauf: »Ich war ein angepaßtes, ruhiges, braves, ängstliches Kind, das keine zusätzlichen Sorgen bereiten wollte.«

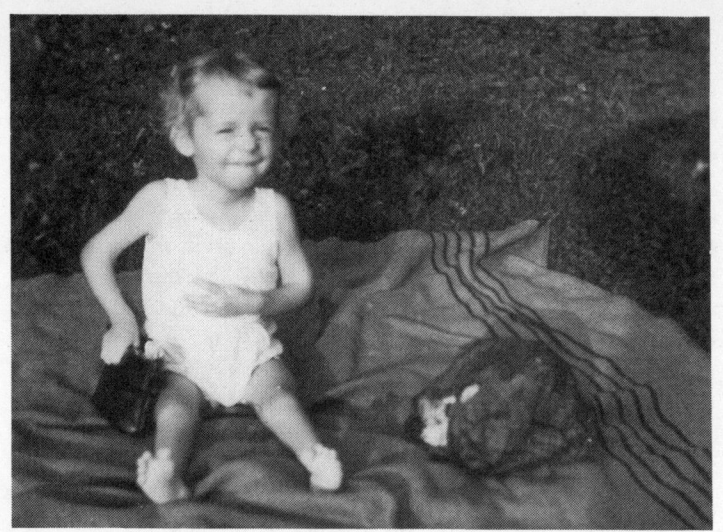

Diesen Eigenschaften hat sie es zu verdanken, daß sie unter den brutalen Erziehungsmethoden im Kinderheim nicht noch stärker zu leiden hatte. Auch den anderen Kindern gegenüber verhielt sie sich schüchtern und zurückhaltend, denn sie war immer die Schwächste von allen. Carolin weiß noch, daß sie als Kind oft traurig war und viel geweint hat. Etwas freudiger wurde ihr Dasein, als ihr Bett am Waschbecken stand. In dieser Zeit konnte sie die Zahnpasta erreichen und an die anderen Kinder verteilen, was ihr so etwas wie eine Machtposition einbrachte. Mit fünf Jahren hatte sie sich eine gewisse Stellung in der Kindergemeinschaft gesichert: »Ich bin richtig frech geworden. Wir waren sechs Mädchen in einem Zimmer, und ich war plötzlich auch mal dominant.« Sie lacht, als würde sie sich heute noch über ihre damalige ungewohnte Stärke freuen. »Sonst war das ja eher umgekehrt«, fügt sie hinzu. »Ich weiß noch«, erzählt sie kichernd weiter. »Es ging darum, welches Lied gesungen wurde. Ich hatte ein Fähnchen, saß in meinem Bett und gab mit dem Fähnchen den Takt an. So habe ich mich mit meinen Liedern durchgesetzt.«

Diese starke Phase hielt nicht lange an: Plötzlich kam zu ihrer sonstigen Behinderung eine Lähmung hinzu. Heute vermutet sie, daß es sich um eine vorübergehende Querschnittlähmung gehandelt hat, eventuell als Hospitalismussyndrom, also als körperliche Reaktion auf die Verwahrlosung im Heim. Damals kümmerte sich niemand darum, eine Diagnose wurde nicht gestellt. Aufgrund der Lähmung passierte ihr öfter ein »Malheur«, wie sie sich ausdrückt. Das heißt, sie machte in die Hose, was die Schwestern als Ungezogenheit interpretierten. Sie wurde geschlagen und von den anderen Kindern ausgelacht. Ein Jahr lang quälten sie die Lähmung und die unangenehmen Folgen, ein Jahr, das sie als besonders schlimme Zeit ihrer Kindheit in Erinnerung hat.

Der Kontakt zu den Eltern beschränkte sich in ihrer Kindheit auf Wochenendbesuche der Eltern im Heim. Dabei durften Carolin und ihre Eltern aber nur durch eine Scheibe oder ein halbgeöffnetes Fenster kommunizieren. »An einem Besuchstag hatten meine Eltern mir einen Block mitgebracht. Die Übergabe war durch das Fenster sehr erschwert. Aber schließlich war es gelungen, den Block durch den Spalt zu schieben, und erleichtert registrierte ich, daß er neben mir auf dem Boden lag.« Begründet wurden diese Reglementierungen bei den Elternbesuchen von der Heimleitung mit angeblicher Infektionsgefahr.

Das Kinderheim unterhielt auch eine »Heim- und Sonderschule«, in die Carolin eingeschult wurde. Ihre Situation verbesserte sich ein wenig, weil sie nun ihr Bett verlassen durfte, und die Wochenenden verbrachte sie als Schulkind außerhalb des Heims bei ihren Eltern. Als sie das Heim erstmals verließ, schrie sie nur noch, denn sie hatte große Angst: Straßenbahnen, Autos, die vielen fremden Menschen – das alles kannte sie nicht.

In dieser Zeit konnte sie auch ein bißchen laufen, meistens bewegte sie sich jedoch auf einem Dreirad fort. Einen Rollstuhl hatte sie damals noch nicht. Wenn sie mit dem Dreirad umkippte, bekam sie zu ihren sonstigen Schmerzen noch eine Ohrfeige. In dieser kinderfeindlichen Umgebung geriet Carolin an eine Lehrerin, die ihre Intelligenz erkannte und sie förderte. Das war ihr großes Glück. Diese Lehrerin setzte es sich in den Kopf, ihre begabte Schülerin solle das Gymnasium besuchen, und übte nachmittags mit ihr, damit sie es schaffen konnte.

Gefragt, was sonst aus ihr geworden wäre, braucht Carolin nicht lange zu überlegen: »Oft war die Rede davon, daß ich Weißnäherin werden sollte. Vielleicht auch Konfektionsschneiderin, aber dafür war ich zu ungeschickt. Oder Telefonistin. Aber wahrscheinlich Weißnäherin.« Gelebt hätte die Weißnäherin Carolin auch als Erwachsene in einem Heim.

Der Kontrast zu ihrem heutigen tatsächlichen Leben ist riesig: Sie lebt nicht in einem Heim, sondern in ihren eigenen vier Wänden. Die Wohnung mit Balkon ist hell, wirkt für die 56 Quadratmeter sehr groß und ist mit Kiefernmöbeln eingerichtet. Das Wohnzimmer steht voller Bücherregale, in denen kaum Literatur über behinderte Menschen, dafür um so mehr feministische Literatur zu finden ist. An den Wänden hängen von Freundinnen und Freunden selbstgefertigte Zeichnungen, an den Kacheln im Bad kleben Sticker mit Friedenstauben. Bald wird Carolin umziehen, denn sie hat sich eine Eigentumswohnung in derselben Stadt gekauft. Das Geld dafür verdiente sie sich nicht als Weißnäherin, sondern als Diplompsychologin.

Seit Oktober 1988 füllt sie ihren derzeitigen Aufgabenbereich als Angestellte aus. Es war nicht so leicht für Carolin, diese Stelle zu bekommen: Obwohl sie schon etliche Jahre Berufserfahrung vorzuweisen hatte, bekam sie auf ihre bundesweiten Bewerbungen eine Absage nach der anderen. »Einmal erhob der Betriebsrat Einspruch, weil er fürchtete, man könne mich mit einer Patientin verwechseln«, erzählt sie. »Gleichzeitig wollte der Chefarzt mich nicht einstellen, weil er mit einer behinderten Psychologin um sein Renommee fürchtete. Nur der leitende Psychologe hätte gerne mit mir zusammengearbeitet. Bei mehreren Absagen bekam ich das Argument zu hören, aufgrund meiner Behinderung sei ich nicht belastbar und deshalb für die Stelle nicht geeignet. Mindestens vier Stellen hätte ich mit Sicherheit bekommen können, wenn ich nicht behindert wäre.« Carolin bewarb sich weiter, denn sie hatte die Erfahrung gemacht, daß sie als Psychologin geeignet ist und mit den Patienten erfolgreich arbeiten kann.

Eines Tages sah sie die Ausschreibung einer Stelle, die sie inhaltlich sehr ansprach. Also bewarb sie sich. Bald stellte sich heraus, daß niemand von den Bewerbern qualifizierter war als sie. Sie machte sich große Hoffnungen auf diesen Job – da schrieb der Vertrauensmann für Schwerbehinderte in seinem Gutachten, daß Carolin als behinderte Psychologin nicht geeignet sei. »Das war sehr kränkend und demütigend für mich«, erinnert sie sich. »Ausgerechnet der Vertrauensmann der Schwerbehinderten schreibt das – allerdings, ohne mich zu kennen.« Carolin war deprimiert und mutlos. Ein Bekannter wollte ihr helfen und organisierte ein Treffen zwischen Carolin und besagtem Vertrauensmann. »Als der mich kennenlernte, war er wegen seines Gutachtens sehr betroffen. Deshalb setzte er sich für mich ein, als wieder eine Psychologenstelle zu besetzen war.« Sie bekam die Arbeit, zunächst mit einem Drei-Monats-Vertrag, dann als Arbeitsbeschaffungsmaßnahme (ABM), dann als Dauerstelle.

Trotzdem ist es keine reguläre Stelle, denn sie wurde vom Arbeitsamt bezuschußt und wird jetzt aus einem Etat bezahlt, der für Sonderfälle gedacht ist. »Mein Selbstwertgefühl hat stark darunter gelitten, daß ich nicht regulär bezahlt werde. Man nannte mich anfangs ›der geschenkte Barsch‹. Das ist dann zu einem geflügelten Wort geworden. Für mich bedeutet das, daß ich nicht ganz vollwertig bin. So habe ich mich oft gefühlt.« Carolin arbeitet jetzt schon mehrere Jahre auf diesem Arbeitsplatz. Inzwischen hat sie ihren festen Arbeitsbereich. »Ich weiß rational, daß ich wirklich gebraucht werde. Das erlebe ich ja auch täglich. Aber emotional hat sich das noch nicht ausgewirkt. Ich lebe immer noch mit dem Gefühl: ›Ich muß dankbar sein, daß ich die Stelle habe. Und ich muß mich auch als dankbar erweisen.‹«

Nicht gebrochen, aber gekrümmt

Sie weiß genau, woher sie die Einstellung hat, immer dankbar sein zu müssen: »Vom Internatsleiter in Hessen, dort, wo ich aufs Gymnasium ging, bekamen wir immer wieder zu hören: ›Ihr seid keine vollwertigen Mitglieder der Gesellschaft, und ihr werdet es niemals werden. Eure Körper sind nichts. Ihr habt nichts verdient und dürft nicht klagen. Ihr könnt euch nur dankbar zeigen und durch eure geistigen Leistungen einen Beitrag leisten.‹ Gefragt waren in diesem Internat der evangelischen Diakonie damals nur gute Leistungen, Unauffälligkeit und vor allem Dankbarkeit. Das vergißt man nicht. Das prägt. Es ist ein Wunder, daß ich nicht gebrochen, sondern nur gekrümmt bin.«

Gekrümmt ist Carolin im wahrsten Sinne des Wortes. Als sie auf Betreiben ihrer Kölner Lehrerin und durch den Einsatz ihrer Eltern in das seinerzeit einzige Internat für behinderte höhere Schüler nach Hessen wechselte, bekam sie ihren ersten Rollstuhl. Dieser war aber nicht angepaßt und viel zu groß für sie. Aus Sparsamkeitsgründen verschaffte man ihr kein geeigneteres Gefährt. Um sich in diesem Modell fortbewegen zu können, mußte sie sich stark zu einer Seite lehnen. In dieser Fehlhaltung verkrümmte sich ihre Wirbelsäule. Bald litt sie ständig unter Rückenschmerzen und konnte dem ohnehin schwierigen Leben gar keine Freude mehr abgewinnen. Außerdem wurden die inneren Organe gequetscht, so daß die Niere nicht mehr richtig funktionierte, die Lungenfunktion eingeschränkt war und sich Funktionsstörungen des Herzens einstellten. Diesmal wurden Ärzte zu Rate gezogen. Ein halbes Jahr lang steckte man Carolin in ein Streckkorsett, um die Wirbelsäule wieder zu begradigen. Der Erfolg der Tortur, die Carolin mit ihrer schwachen Konstitution nicht lange durchhielt, ist heute noch zu sehen: eine Kieferfehlstellung, die sich in einem ausgeprägten Überbiß äußert. Die Wirbelsäulenverkrümmung, Skoliose genannt, ist geblieben. Carolin hat gelernt, mit ihren Rückenschmerzen zu leben, die sie mal mehr, mal weniger quälen.

Regelmäßig wurde sie in ihrer Jugendzeit krankengymnastisch behandelt, wobei sie die Therapiemethoden der damaligen Zeit als brutal und phantasielos beschreibt. Nicht behandelt wurde die Anorexie, also die Magersucht, die sie in der Pubertät entwickelte. »Ich hätte dringend eine Psychotherapie gebraucht«, weiß sie heute. »Mit 16 Jahren wog ich nur 27 Kilo bei meiner Größe von 1,52 Metern. Ohne Skoliose wäre ich mindestens 1,65 Meter groß. Niemand hat sich darum gekümmert. Als ich mit 19 Jahren Abitur machte, war ich sogar stolz darauf, nur 31 Kilogramm zu wiegen.«

In ihrer Internatszeit, die mit einer sehr schwierigen Eingewöhnung begann, machte sie aber nicht nur negative Erfahrungen. »Erstmals habe ich ein bißchen kennengelernt, was Leben bedeuten kann. Erstmals durfte ich spontan und Kind sein. Erstmals hatte ich mit einem eigenen Nachttisch, einem Hängeregal und einem Schrankdrittel so etwas wie einen Privatbereich. Erstmals habe ich über mich nachgedacht, erstmals Wünsche geäußert, mich erstmals gestritten.«

Streit gab es von Zeit zu Zeit mit den beiden Mädchen, mit denen sie knapp acht Jahre lang ein Zimmer teilte. Wenn die anderen böse auf Carolin waren, kämmten sie sie nicht. Das konnte sie damals noch nicht allein, weil sie die Ellbogengelenke nicht strecken kann. Heute bedient sie sich dafür eines Hilfsmittels. Aus der Verbindung der drei Mädchen, die eine wichtige Zeit miteinander verbrachten, sind Lebensfreundschaften geworden.

Wie ich Carolin während unseres Gesprächs erlebe, wie sie entspannt auf ihrer Couch sitzt, offen von sich erzählt, einfühlsam und interessiert zuhört, kann ich mir gut vorstellen, daß sie intensive Beziehungen zu anderen Menschen aufbauen kann. Aus ihren blaugrünen Augen schaut sie mich durch die dünnen Brillengläser aufmerksam an. Ich hätte wohl auch Vertrauen zu ihr, wenn sie meine Psychotherapeutin wäre. Jedenfalls vermittelt sie mir das Gefühl, daß sie gut mit ihren Klienten umgehen kann.

»Ich war für niemanden attraktiv«

Carolin bestätigt meine Vermutung: »Wenn ich selbst sicher auftrete, haben die Patienten keine Probleme mit mir. Mitunter habe ich sogar das Gefühl, daß sie mir mit einem besonderen Vertrauensvorschuß begegnen, weil sie wahrscheinlich davon ausgehen, daß ich schon einiges durchgemacht habe. Schwieriger ist es manchmal, von Kollegen und Vorgesetzten als gleichberechtigte Kollegin anerkannt zu werden. Für viele ist es nicht selbstverständlich, daß eine behinderte Frau durchaus eine kompetente Kollegin sein kann.«

Probleme gab es schon bei ihrer ersten Stelle. Ein halbes Jahr, nachdem sie 1979 ihr Studium als Diplompsychologin beendet hatte, bekam sie eine Stelle auf ABM-Basis. »Mein Chef war der Meinung, mir sei es als behinderter Frau nicht möglich, klinisch zu arbeiten. Das bedeutete, daß ich keinen Kontakt zu den Patienten haben durfte. Angeblich kämen die Patienten mit meiner Behinderung nicht zurecht. Ich wurde behandelt, als hätte ich eine anstekkende Krankheit. Auch die Schwestern und anderen Therapeuten distanzierten sich zunächst von mir.« Da sie nicht klinisch arbeiten durfte, wurde sie für Forschungsarbeiten eingesetzt. Sie mußte die Erfahrungen mit Patienten auswerten, die andere gemacht hatten. Die anfänglich ablehnende Haltung ihrer Kolleginnen und Kollegen lag wohl auch darin begründet, daß sie die Stelle durch die Vermittlung und den Druck des Arbeitsamtes bekommen hatte. Im Laufe der Zeit änderte sich jedoch die Einstellung, besonders die der Frauen: »Das Arbeitsklima dort war sehr sexistisch. Das Ansehen stieg mit der Zahl der Angebote, die man bekam. Für die Projektleiterin war ich so gesehen ungefährlich, weil sie nicht mit mir zu konkurrieren brauchte. Auch die anderen Frauen faßten schnell Vertrauen zu mir und erzählten mir alles, weil ich als geschlechtsneutrales Wesen angesehen wurde.«

Das kannte sie bereits seit ihrer Pubertät. In der Schulzeit hatte ihre Zimmergefährtin und Freundin einen Freund, Carolin nicht. Erst wünschte sie sich, es ihrer Freundin gleichzutun und auch einen Freund zu bekommen, dann merkte sie aber, daß sich die Jungen nicht für sie interessierten und sie immer im Schatten ihrer Freundin blieb. Sie kapselte sich ab, verkroch sich hinter ihre Schulbücher und wurde magersüchtig. »Damals war ich dürr, krumm, schief und eckig. Außerdem hatte ich fast ständig Rükkenschmerzen«, beschreibt sie sich selbst in dieser Zeit.

Hinzu kam, daß sie unvorteilhaft gekleidet war. »Meine Mutter kaufte für mich, als ich 25 Kilo wog, richtige Omaklamotten, Größe 42 oder 44. Mein Körper sollte versteckt werden, meine weiblichen Formen durfte man nicht sehen.« Carolin interpretiert dieses Verhalten ihrer Mutter als unbewußte Aggressivität ihrer behinderten Tochter gegenüber. »Sie war neidisch auf meine Schulbildung, denn sie selbst durfte nur die Volksschule besuchen.« Die Mutter versuchte, Carolin möglichst geschlechtsneutral zu erziehen. Als es dann nicht mehr zu übersehen war, daß sich das Kind zur Frau entwickelte, äußerte sich die Mutter abfällig über die Brüste der Tochter und verstärkte deren Schamgefühl mit dem Satz: »Ein Mann wird dich sowieso nicht angucken.«

In diesem Punkt hatte sich Carolins Mutter allerdings geirrt. Ihren ersten Kuß bekam Carolin in der Abiturnacht. Sie war vollkommen überrascht, als sie erfuhr, daß der Junge sie schon länger mochte. »Ich habe das gar nicht gemerkt, weil ich die Möglichkeit für mich vollkommen ausgeschlossen hatte.«

Mit diesem Kuß begann und endete die Beziehung zu dem Jungen, denn sie zog zum Studium in eine andere Stadt um, und nach ihren Angaben begann nun das richtige Leben. Mit anderen ging sie essen oder ins Kino und saß bis nachts um zwei Uhr in der Küche des Studentenwohnheims. Anfangs war sie sehr zurückhaltend, gehemmt und unauffällig. Wenn Leute erfuhren, daß sie Psychologie studierte, reagierten sie überrascht: »Du? Ausgerechnet du studierst Psychologie?« Heute ist sie froh, daß sie sich damals nicht von diesem Studiengang abbringen ließ, denn mit ihrem Beruf ist sie zufrieden. Die Studentin Carolin war immerhin schon etwas mutiger als die Schülerin, denn sie wagte es, den Führerschein zu erwerben, was sie sich vorher noch nicht zugetraut hatte.

Ihre Beziehungswünsche, die sie als in der Studentenzeit sehr ausgeprägt bezeichnet, galten einem Medizinstudenten, der in demselben Studentenwohnheim wohnte. »Ich wollte unbedingt den strahlenden, schönen, attraktiven Medizinstudenten haben. Ich war sehr an Äußerlichkeiten orientiert und machte mir die Normen zu eigen, die mir selbst das Leben erschwerten. Denn ich war für niemanden attraktiv.« Vielleicht habe sie aber auch Gelegenheiten ausgelassen, überlegt sie, weil sie zu sehr auf den Medizinstudenten fixiert war.

Zu ihrem ersten Sexualpartner wurde ein schottischer Student, der sich drei Wochen in der Bundesrepublik aufhielt. »Ich habe mich riesig gefreut, daß da jemand war, der sich für mich interessierte. Ich habe mich gar nicht gefragt, ob ich ihn überhaupt mochte. Ich hätte mich auch geschämt und nicht getraut, nein zu sagen.«

Mit dem nächsten Freund tat sie sich zusammen, weil sie unbedingt einen Freund haben wollte und noch darauf hoffte, mit anderen Beziehungen den begehrten Medizinstudenten eifersüchtig zu machen. »Diese Beziehung war sehr kompliziert, denn mein Freund hatte starke psychische Probleme. Aber unter uns behinderten Frauen – in dem Studentenwohnheim lebten mehrere behinderte Studentinnen und Studenten – herrschte Konkurrenzdruck und Imponiergehabe. Das Ansehen stieg, wenn man einen nichtbehinderten Partner vorweisen konnte.« Eine Zeitlang beugte sich Carolin diesem Druck, aber nach einigen Monaten hielt sie es mit dem Freund nicht mehr aus und beendete die Beziehung.

Integriert und akzeptiert

Wir unterbrechen erst einmal das Gespräch, denn wir beide haben Hunger bekommen. Dafür hat sie vorgesorgt und beginnt, einen Salat zuzubereiten. In der kleinen Küche kommt sie zurecht, denn die Utensilien, die sie häufig braucht, stehen in einer erreichbaren Höhe. Jetzt erst fällt mir auf, daß nicht nur Carolins Ellbogengelenke, sondern auch die Fingergelenke versteift sind. Die Finger der rechten Hand kann sie kaum, die Finger der linken Hand etwas mehr bewegen. Mit der linken Hand schält sie dann auch die Gurke und zerkleinert die Tomaten. Eine routinierte Hausfrau wäre bei diesen Handgriffen wahrscheinlich etwas schneller, mich verblüfft aber, wie geschickt Carolin das Essen zubereitet, denn als voll berufstätige Frau kocht sie nur selten und hat daher wenig Übung.

Während des Essens erzählt sie mir von ihrer zweiten Stellung, die man ihr nach der für sie unbefriedigenden Forschungsarbeit ohne Patientenkontakt anbot: Vier Jahre lang arbeitete sie als Stationspsychologin in einer Fachklinik. Diese Zeit war für ihre berufliche Entwicklung und ihr Selbstbewußtsein sehr wichtig. Erstmals arbeitete sie mit Patienten und stellte fest, daß sie es konnte. »Ich hatte ein tolles Verhältnis zu den Kollegen und zu den Patienten. Ich war richtig integriert und akzeptiert.«

Als sie dort schon mehrere Jahre gearbeitet hatte, starb ihre Mutter. Der Vater war schon länger tot, so daß Carolin nach dem Tod der Mutter keine Verwandten mehr hatte. Sie sei nicht sehr traurig gewesen, berichtet sie. Schon Jahre vorher hatte sie sich mit der Mutter, die sie als Kind verehrte und um deren Anerkennung sie lange vergeblich rang, zerstritten, und sie hielt nur noch minimalen Kontakt. Ob sie sich so ganz ohne Angehörige und ohne

Partner nicht einsam fühlt, interessiert mich. »Manchmal fühle ich mich ganz allein. Dann empfinde ich eine tiefe Traurigkeit und Einsamkeit. Aber ich habe intensive feste Freundschaften, die zum Teil schon über Jahrzehnte bestehen. Das ist ganz wichtig, ja lebensnotwendig für mich.«

Etwa mit dem Tod der Mutter veränderte sich ihre berufliche Situation, in der sie sich vorher so wohl gefühlt hatte. Es ging bergab. »Die Personalstruktur änderte sich, man wollte mich loswerden. Da ich als behinderte Arbeitnehmerin ohne triftige Gründe nicht zu kündigen bin, setzte man mich unter psychischen Druck.« Was damit im einzelnen gemeint ist, möchte Carolin nicht näher beschreiben. Auch jetzt noch fühlt sie sich dazu verpflichtet, sich ihren ehemaligen Kollegen gegenüber loyal zu verhalten, obwohl diese ihr das Leben schwermachten.

Carolin wollte sich damals zwar nicht kleinkriegen lassen, aber sie reagierte auf den Psychoterror mit körperlichen Symptomen. Über ein halbes Jahr lang hatte sie Durchfall, der sich auch mit den stärksten Medikamenten nicht mehr behandeln ließ. Dann bekam sie noch eine Bronchitis, die sich zur Lungenentzündung entwickelte. Da gab sie auf, wollte dem Druck nachgeben und von sich aus kündigen. »Alle, auch meine behinderten Freunde, haben mir davon abgeraten. ›Mach das nicht. Du mußt doch dankbar sein, daß du überhaupt eine Stelle hast. Wenn du jetzt kündigst, bekommst du nie wieder Arbeit.‹ Aber ich konnte nicht mehr und habe gekündigt.« Carolin war so kaputt, daß sie ein ganzes Jahr lang brauchte, um sich körperlich zu erholen. In diesem Jahr bemühte sie sich überhaupt nicht um eine neue Stelle und bewarb sich nicht, sondern schonte sich und versuchte, wieder zu Kräften zu kommen.

Erholen mußte sie sich vor allem von der zum Schluß unerträglichen Arbeitssituation und ihren körperlichen Reaktionen darauf. Zusätzlich hatte sie in dieser Zeit aber auch eine Liebesbeziehung zu verarbeiten, die doch eigentlich so schön war und nur an den Umständen scheiterte: Als sie noch ihren »Traumjob« hatte und noch nicht völlig entnervt war, verliebte sich Carolin auf einem Kongreß in einen Kollegen. »In dieser Beziehung stimmte alles. Wir liebten einander, verstanden uns gut, und auch sexuell gab es keine Probleme, woran vorher mal eine einjährige Beziehung zu einem behinderten Mann zerbrochen war. Bei diesem Kollegen habe ich gespürt, daß er mich und meinen Körper meinte und daß auch mein Körper begehrenswert sein kann.« Dieser Freund half ihr, ihren behinderten Körper als etwas Natürliches zu spüren, was für sie eine intensive und wichtige Erfahrung war. Mit ihm erlebte sie, daß eine Behinderung nicht dafür entscheidend ist, ob eine Partnerschaft gelingt oder nicht.

Carolin war stolz, ihr Selbstvertrauen wuchs: Sie war beruflich erfolgreich, für einige Freundinnen und Freunde eine wichtige Vertrauensperson und nun auch noch attraktiv für diesen Mann, der allerdings nach eigenen Angaben mit seiner Frau und den zwei Kindern ein glückliches Familienleben führte. Dieser Punkt belastete Carolin sehr. Angeblich wußte die Frau von dem Verhältnis ihres Mannes, Carolin glaubte das nicht so recht. Vor allem der Gedanke an die Kinder bedrückte sie so sehr, daß sie die eigentlich so glückliche Beziehung schon nach vier Monaten beendete.

Sie grübelt eine Weile über diesen Schritt und auch darüber, daß sie der Ehefrau gegenüber gar keine Eifersucht oder Rivalität empfunden hat. »Für mich war es nicht selbstverständlich, daß ich liebenswert bin. Ich war anspruchslos und einfach dankbar. Bestimmt hätte ich nicht kampflos auf den Mann verzichtet, wenn ich mehr Selbstvertrauen hätte und mich selbst für beziehungsfähiger hielte.«

Dieses Erlebnis liegt nun einige Jahre zurück, und inzwischen hat sie gelernt, wieder ein Stück mehr zu sich zu stehen. Neuerdings schließt sie Beziehungen zu Frauen nicht mehr so grundsätzlich für sich aus, wie sie es zu ihrer Studentenzeit noch tat: »Ich fand das immer toll, wenn Frauen so miteinander umgehen konnten. Aber für mich kam das nicht in Frage.« Kürzlich lernte sie eine behinderte Frau kennen, die sie stark beeindruckt hat. »Das war eine ganz interessante, bunte, legere Frau, die in ihrem behinderten Körper wohnte. Die Ausstrahlung dieser Frau mit ihrer reflektierten Antihaltung hat mir imponiert.«

So, wie Carolin von dieser Frau berichtet, bekomme ich den Eindruck, daß sie auch gerne so wäre. Aber noch ist sie zurückhaltend und auf keinen Fall bunt. Heute trägt sie eine weiße Hose und eine weiß-beige-karierte Bluse. Auch ihr derzeitig wichtigster Lebensinhalt, ihre Arbeit, trägt nicht gerade dazu bei, ihr Selbstvertrauen zu stärken.

»Bei der Arbeit werde ich ausgenutzt, denn man weiß, daß die berufliche Verwirklichung für mich wichtig ist. Gleichzeitig habe ich das Gefühl, von den Kollegen innerlich belächelt zu werden, weil ich mich ausnutzen lasse. Erst habe ich depressiv auf die Situation reagiert. Inzwischen ärgert es mich.« Es ärgert sie auch, daß es ja stimmt, wenn die Kollegen sagen oder denken, daß ihr der Lebensbereich Familie versagt ist.

Obwohl man an ihrem Arbeitsplatz weiß, daß ihr das berufliche Fortkommen wichtig ist, werden ihr Aufstiegsmöglichkeiten versperrt: »Ich darf beispielsweise nie zu Tagungen fahren. Wenn ich irgendwohin will, heißt es immer, das ginge nicht, ich sei unabkömmlich. Mein nichtbehinderter Kollege darf natürlich an Kongressen teilnehmen. Ich glaube, ich werde im Versteck gehalten, weil ich in deren Augen nicht vorzeigbar bin.«

Carolin ist davon überzeugt, daß ihre Lage eine andere und bessere wäre, wenn sie ein behinderter Mann wäre: »Bei einem Mann ist berufliches Engagement wichtig und wird unterstützt. Außerdem spielt bei Männern das Äußere keine so große Rolle. Als behinderter Mann würde ich beruflich bestimmt außerordentlich gefördert, und man würde mich vielleicht sogar bewundern. Frauen, denen ihr Beruf wichtig ist, werden dagegen abfällig als Emanze oder Blaustrumpf bezeichnet, oder man geht mitleidig davon aus, daß ihnen nichts anderes übrigbleibt, als ihre Bestätigung im Beruf zu suchen.« Carolins sonst so zarte Stimme wird bei diesen Sätzen lauter und bestimmender. Ihr Ärger ist unüberhörbar. Sie hat sich aufgerichtet und wirkt im Moment überhaupt nicht zerbrechlich oder gar schutzbedürftig, sondern wie eine Frau, die sich zu wehren weiß und entschlossen ist, das auch zu tun.

Carolin zählt sich selbst zu den Frauen, die ihre Bestätigung im Beruf suchen. Sie weiß, daß sie sich in ihrem Streben nach beruflicher Verwirklichung und Anerkennung verausgabt. Sie weiß auch, was sie eigentlich sucht: die liebevolle Zuwendung, die sie in ihrer Kindheit nicht bekommen hat. Bislang war sie aber nicht in der Lage, sich aus dem Teufelskreis zu befreien: Sie arbeitet mehr, um mehr anerkannt zu werden. Das geschieht auf Kosten ihrer Privatkontakte, die sie stark vernachlässigt, die sie aber gleichzeitig unbedingt braucht. Weil sie sich nicht genügend um ihre privaten Beziehungen kümmert, gewinnt der Beruf wieder verstärkt an Bedeutung, und sie arbeitet noch mehr.

Aber das soll nicht so weitergehen. Carolin hat sich fest vorgenommen, diesen Teufelskreis zu durchbrechen. Noch hat sie keine genaue Idee, wie das funktionieren soll, aber nach dem Urlaub soll es anders werden. Dazu sei sie fest entschlossen, sagt sie mir beim Abschied. »Ich habe in letzter Zeit für zwei gearbeitet und mich total überfordert. Körperlich und psychisch halte ich das nicht mehr lange durch. Schon jetzt habe ich dauernd Blutungen. Wenn man körperliche Symptome unter dem psychosomatischen Blickwinkel betrachtet, sie also als Ausdruck von innerpsychischem Geschehen sieht, dann bedeuten meine ständigen Blutungen soviel wie: ›Ich gebe mein Letztes!‹«

Nachwort

Konkrete Lebensbedingungen –
Doppelt diskriminiert

Weltweit rechnet man mit etwa 500 Millionen behinderten Menschen, Menschen also mit einer physischen, psychischen oder geistigen Beeinträchtigung, wobei der Anteil der behinderten Frauen in den meisten Ländern knapp unter 50 Prozent liegt. Exaktes statistisches Material ist allerdings nicht verfügbar. In der europäischen Gemeinschaft liegt der Anteil der behinderten Frauen bei etwa fünf Prozent der Gesamtbevölkerung.

In der alten Bundesrepublik sind insgesamt acht Prozent aller Frauen, also fast drei Millionen Frauen schwerbehindert. Außerdem gelten 300 000 weitere Frauen als leichter behindert. Der Grad der Schwerbehinderung bei Frauen ist statistisch durchschnittlich höher als bei Männern, 23 Prozent haben eine 100prozentige Behinderung, dagegen nur 20 Prozent der Männer. Die Mehrfachbehinderung ist bei Frauen mit 39,6 Prozent höher als bei Männern.

Soweit einige Zahlen, die verdeutlichen, daß Frauen mit Behinderung mit rund fünf Prozent der Bevölkerung durchaus nicht als kleine, zu vernachlässigende Minderheit zu betrachten sind. Welche konkreten Lebensbedingungen ergeben sich aber für diese Frauen aufgrund ihrer Behinderung?

»Frauen, seid lieber schön als klug, denn Männer können besser gucken als denken«

Dieser Szene-Spruch ist leider nur allzu berechtigt. Unter der dahinter liegenden Wahrheit haben Frauen mit Behinderung in besonderem Maße zu leiden. Die in diesem Buch mehrfach geäußerte Ansicht, behinderte Männer täten sich in bezug auf eine Partnerschaft leichter als Frauen mit Behinderung, läßt sich nämlich nicht nur durch Erfahrungen, sondern auch durch Zahlen untermauern: Während etwa 75 Prozent der behinderten Männer verheiratet sind, gilt dasselbe nur für jede zweite behinderte Frau.

Behinderte Frauen werden kaum als Frauen wahrgenommen. Sie gelten als geschlechtslose Neutren, was auch deutlich wird, wenn in der Behindertenpädagogik geschlechtsneutral von »den Behinderten« gesprochen wird. Das spiegelt die allgemeine Einstellung gegenüber behinderten Menschen, denn früher und zum Teil noch heute wurde und wird diesen jegliche Sexualität abgesprochen. In den 30er Jahren empfahl ein katholischer Prälat »die Sublimierung des Triebes im Sinne des christlichen Zölibats«. Ernst Klee schreibt 1974 in seinem Behindertenreport: »In der Tat werden Behinderte in der Erziehung oft noch als geschlechtsneutrale Wesen behandelt. Da ihre Sexualität ignoriert, zum Teil sogar geleugnet wird, können sie nicht darüber reden.«

Inzwischen wird offener mit der Sexualität behinderter Menschen umgegangen. Und dabei wird deutlich, daß Sexualität nicht gleich Sexualität ist. Der Heilpädagoge Alexander Sagi schreibt 1966, daß ein nichtbehinderter Mann mit einer behinderten Frau überfordert sei, da das Pflegen seiner Natur ohnehin nicht entspreche. Hingegen könne eine nichtbehinderte Frau mit einem behinderten Mann durchaus eine glückliche und dauerhafte Ehe eingehen. Ähnlich sieht das der Mediziner Heinrich Schade. Er schreibt 1977: »Frauen werden eher geneigt sein, pflegerisch mit Nachsicht, mit Geduld, mit aufopfernder Liebe Mängel, krankheitsbedingte Ungerechtigkeiten hinzunehmen als Männer.«

Die Benachteiligung der Frauen in bezug auf Sexualität wird selbst noch in neueren Werken wie »...Aber nicht aus Stein« von 1981 deutlich: Darin widmen die Autoren den männlichen Sexualfunktionen und deren Störungen 18 Seiten, während das entsprechende Thema aus weiblicher Sicht auf fünf Seiten abgehandelt wird. Die Autoren vertreten die Meinung, Frauen seien weniger genital orientiert, weniger triebhaft als Männer. Für Männer sei daher die sexuelle Befriedigung wichtiger als für Frauen.

Obwohl behinderten Frauen Sexualität abgesprochen wird und sie das Schönheitsideal nicht erfüllen, sind sie vor sexuellen Übergriffen keineswegs sicher. Sie sind dem Täter sogar noch hilfloser ausgeliefert, da sie sich oftmals nicht wehren können. Die Vergewaltigung behinderter Frauen wird tabuisiert und taucht folglich in keiner Statistik auf. Die meisten Betroffenen wagen nicht, Anzeige zu erstatten. Finden sie doch den Mut dazu, so erleben sie häufig, daß ihnen nicht geglaubt wird oder das Geschehen als ihr Wunsch interpretiert wird. Vor Gericht werden sie so zum zweiten Mal zum Opfer gemacht.

Das Image behinderter Frauen als Geschlechtsneutren bringt auch scheinbare Vorteile mit sich: Nichtbehinderte Frauen kämpfen seit Jahren für das Selbstbestimmungsrecht in bezug auf einen Schwangerschaftsabbruch und die Sterilisation. Da haben es Frauen mit Behinderung leichter: Von ihnen wird geradezu erwartet, daß sie ein Kind abtreiben lassen, wenn sie schwanger geworden sind. Auch dem Sterilisationswunsch einer behinderten Frau wird problemlos entsprochen.

Die Motivation, die hinter dieser scheinbaren Großzügigkeit steckt, entpuppt sich jedoch bei näherer Betrachtung als eine Form der Diskriminierung: Frauen mit Behinderung sind eben keine vollwertigen Menschen und sollen sich nicht auch noch fortpflanzen. Dementsprechend wird behinderten Müttern unterstellt, sie seien der Erziehungsaufgabe nicht gewachsen und könnten ihren Kindern keine gute Mutter sein.

»Frauen nehmen Männern die Arbeitsplätze weg«

Vielleicht ist dieses immer noch verbreitete Vorurteil mitverantwortlich dafür, daß Frauen mit Behinderung bei der beruflichen Rehabilitation gegenüber behinderten Männern vernachlässigt werden. Der Grundsatz deutscher Rehabilitationsträger »Reha vor Rente« gilt offensichtlich nur für Männer. Für die meisten behinderten Frauen, und seien sie noch so arbeitswillig, heißt es statt dessen »Haushalt vor Reha«.

Auch nichtbehinderte Frauen müssen beruflich im allgemeinen mehr leisten als ihre männlichen Kollegen, um dieselbe Anerkennung zu erfahren. Aber viele von ihnen, die sich im Privatbereich als Geliebte, Hausfrau und Mutter nicht verwirklichen können oder wollen, gehen in ihrem Beruf auf. Einigen gelingt es auch, eine ausfüllende Berufstätigkeit mit einem erfüllenden Privatleben zu verbinden. Nichtbehinderte Frauen haben also oft die Wahl: ›entweder – oder‹. Manchmal schaffen sie ein ›sowohl – als auch‹. Demgegenüber heißt es für viele behinderte Frauen ›weder – noch‹.

Bei Männern, ob behindert oder nicht, wird hingegen eingleisig der berufliche Werdegang gefördert. Schon bei den behinderten Auszubildenden sind Männer mit etwa 70 Prozent überrepräsentiert. Die geringe Zahl der Mädchen liegt nicht an deren Leistungsvoraussetzungen: 46 Prozent der weiblichen, aber nur 35 Prozent der männlichen Auszubildenden haben einen Hauptschulabschluß. Einen mittleren oder höheren Abschluß haben sogar 23 Prozent der behinderten Mädchen und nur zehn Prozent der Jungen absolviert.

Mit schlechter oder fehlender Berufsausbildung sind Frauen mit Behinderung auf dem Arbeitsmarkt das Schlußlicht: Ihr Anteil an allen behinderten Arbeitnehmern lag 1986 mit 26,3 Prozent etwa zehn Prozent niedriger als der Anteil erwerbstätiger nichtbehinderter Frauen an der gesamten arbeitenden Bevölkerung. Je qualifizierter die Stellung ist, um so weniger Frauen mit Behinderung sind anzutreffen. Dementsprechend liegt der Frauenanteil am unteren Ende der Arbeitsmöglichkeiten, nämlich in den »Werkstätten für Behinderte«, mit 40 Prozent recht hoch.

Längst haben Untersuchungen aufgeklärt, wie sich die miserable berufliche Situation behinderter Frauen verbessern ließe:

– Hausfrauen müßten beispielsweise ähnlichen Unfallversicherungsschutz genießen wie Hausangestellte. Dann gäbe es im Falle eines Unfalls für die anschließende Rehabilitation einen Kostenträger.

– Behinderten Frauen sollte für die Zeit einer Rehabilitationsmaßnahme eine Haushaltshilfe bewilligt werden. Statt dessen wird behinderten Frauen die Doppelbelastung Beruf und Haushalt genauso zugemutet wie nichtbehinderten Frauen. Eine Haushaltshilfe wird zur Zeit selten bewilligt, eher Männern als Frauen.

Deshalb verzichten betroffene Frauen teilweise freiwillig auf die Maßnahme.

– Rehabilitationsmaßnahmen sollten dezentral, also wohnortnäher und auch als halbtägige Maßnahmen angeboten werden, damit behinderte Frauen mit Familienpflichten daran teilnehmen können.

– Das berufliche Angebotsspektrum sollte verstärkt auch die Interessen der Frauen berücksichtigen. Als Wunschberufe geben Frauen mit Behinderung neben Berufen im Organisations-, Verwaltungs- und Bürobereich häufig Gesundheitsdienstberufe wie Arzthelferin, Krankenschwester, Krankengymnastin sowie Berufe aus dem Sozialbereich wie Pädagogin, Erzieherin, Altenpflegerin an. Das Rehabilitationsangebot beschränkt sich jedoch mit regionalen Abweichungen vielfach auf Metall-, Elektro- oder kaufmännische Berufe.

Diese Fakten sind längst bekannt. Zum Teil kostenneutrale Lösungsvorschläge, beispielsweise von der Hamburger Medizinerin Marianne Fritsch, sind erarbeitet worden und lagern vermutlich in irgendwelchen Schubladen. Es geschieht nichts, es verändert sich nichts, wahrscheinlich weil niemand wirklich Interesse an einer Veränderung hat – außer den betroffenen Frauen selbst natürlich. Da es vielen Frauen mit Behinderung weder im beruflichen noch im privaten Bereich möglich ist, sich zu verwirklichen und anerkannt zu werden, gelingt es ihnen nur selten, ein positives Selbstbild und Selbstwertgefühl zu entwickeln. Aufgrund der doppelten Diskriminierung als Frau einerseits und als Behinderte andererseits leiden viele von ihnen unter Minderwertigkeitsgefühlen. Deshalb finden bislang nur wenige von ihnen den Mut, auf die Mißstände aufmerksam zu machen und Rechte einzuklagen.

Hoffentlich trägt dieses Buch dazu bei, daß immer mehr Frauen mit Behinderung sich gegen die bestehenden Strukturen und Wertmaßstäbe wehren. Außerdem soll es bei möglichst vielen Menschen das Bewußtsein für die schwierige Situation behinderter Frauen schärfen, damit sich die konkreten Lebensbedingungen behinderter Frauen verbessern.

Literatur

Bücher

Arnade, S.: Weder flinke Hausfrau noch flotte Geliebte? Leben und Weg 5, 14–21, 1989

Arnade, S.: Doppelt diskriminiert. Zur Situation behinderter Frauen. Blätter der Wohlfahrtspflege 2, 50–51, 1991

Barzen, K., K. Lorbeer, P. Läseke, J. Wienhues und A. Zeller: Behinderte Frauen in unserer Gesellschaft. Reha-Verlag, Bonn, 1988

Beer, D.: Kritische Analyse der Lebensbedingungen körperbehinderter Frauen und ihre Auswirkung auf deren Identität – Praxiskonsequenzen für eine ganzheitliche Sozialarbeit. Dipl.-Arbeit, Darmstadt, 1989

Bundesarbeitsgemeinschaft für Rehabilitation (Hrsg.): Frauen in der beruflichen Rehabilitation. Tagungsbericht. Bundesarbeitsgemeinschaft für Rehabilitation, Frankfurt a. M., 1991

Bundesminister für Arbeit und Sozialordnung: Zweiter Bericht der Bundesregierung über die Lage der Behinderten und die Entwicklung der Rehabilitation. Deutscher Bundestag, Bonn, 1989

Bundesminister für Arbeit und Sozialordnung: Forschungsbericht: Frauen in der beruflichen Rehabilitation. Bundesminister für Arbeit und Sozialordnung, Bonn, 1988

Croxen John, M.: The Vocational Rehabilitation of Disabled Women in the European Community. EG-Kommission, Brüssel, 1988

Dechesne, B., C. Pons und I. Schellen: ... Aber nicht aus Stein. Medizinische und psychologische Aspekte von körperlicher Behinderung und Sexualität. Beltz Verlag, Weinheim und Basel, 1981

Deegan, M. J. und N. A. Brooks: Women and Disability. The Double Handicap. Transaction Books, New Brunswick (USA) and Oxford (U. K.), 1985

Degener, T.: Juristische (Vor-)Urteile. In: Gusti Steiner (Hrsg.): Hand- und Fußbuch für Behinderte. Fischer Taschenbuch Verlag, Frankfurt a. M., 1988

Diezinger, A., R. Marquardt, U. Schildmann und U. Westphal-Georgi: Am Rande der Arbeitsgesellschaft: Weibliche Behinderte und Erwerbslose. Leske und Budrich, Opladen, 1985

Eggli, U.: Herz im Korsett. Tagebuch einer Behinderten. Zytglogge Verlag, Bern, 1977

Ewinkel, C. und G. Hermes (Hrsg.): Geschlecht: behindert; besonderes Merkmal: Frau. AG Spak, München, 1986

Fritsch, M: Zwölf Forderungen. In: Reichsbund (Hrsg.): Die behinderte Frau – Außenseiterin der Gesellschaft? Reichsbund, Bonn, 1989

Habicht, G.: Die besondere Situation körperbehinderter Frauen in unserer Gesellschaft. Möglichkeiten und Grenzen der Behindertenarbeit. Dipl.-Arbeit, München, 1990

Kirchner, R.: Tagungsbericht über eine Veranstaltung zum Thema: Behinderte Frauen in unserer Gesellschaft. Landesarbeitsgemeinschaft Hilfe für Behinderte in Bayern, München, 1990

Klee, E.: Behinderten-Report. Fischer Taschenbuch Verlag, Frankfurt a. M., 1974

Kluge, K.-J. und L. Sparty: Sollen, können, dürfen Behinderte heiraten? Rehabilitationsverlag, Bonn-Bad Godesberg, 1977

Sagi, A.: Das körperbehinderte Kind. Freiburg i. Br., 1966

Schade, H.: Allgemeine Bemerkungen zu Fragen der Eheschließung und Nachkommenschaft bei Behinderten. In: Kluge, K.-J. und L. Sparty: Sollen, können, dürfen Behinderte heiraten? Rehabilitationsverlag, Bonn-Bad Godesberg, 1977

Schildmann, U.: Lebensbedingungen behinderter Frauen: Aspekte ihrer gesellschaftlichen Unterdrückung. Focus-Verlag, Gießen, 1983

Schlett, C.: ... Krüppel sein dagegen sehr. Lebensbericht einer spastisch Gelähmten. Fischer Taschenbuch Verlag, Frankfurt a. M., 1984

Schmidbauer, B.: Über die soziale Lage der behinderten Frauen und der Frauen, die Behinderte betreuen. Europäisches Parlament, Brüssel, 1989

United Nations: Women and Disability. Some Issues. Division for the Advancement of Women, Wien, 1990

Wienhues, J.: Behinderte Frauen: Einführung in ein wenig beachtetes soziales Problemfeld. Reha-Verlag, Bonn, 1988

Zeller, S.: Zur Lage der behinderten Frauen in Europa. Frauenforschung 4, 121–128, 1986

Zeitschriften

Behinderte in Familie, Schule und Gesellschaft 1, 1991
Courage 1, 1980
Emma 5, 1981
Helios 4, 1990
Pro Familia Magazin 1, 1990
Puls 1 und 2, 1991